滋賀の教育史

●寺子屋・藩校から小学校へ

木全清博
Kiyohiro Kimata

文理閣

はじめに

本著は、滋賀県教育史に関する私の三冊目の本である。この『滋賀の教育史―寺子屋・藩校から小学校へ―』は、滋賀県教育史の研究を教育実践史に焦点づけて、制度史や思想史に終わらない教育史研究として叙述したものである。前二著で書いたが、滋賀県はいまだに全国で唯一官製の都道府県教育史が刊行されていない県であり、全県的な基礎的な教育資料調査が行われていない。研究者にとっては、滋賀県教育史はどの研究領域に関しても未開拓の無限の沃野にあるといってもよい。滋賀県内の教育史資料を地道に発掘して、資料の分析と考察を行う意欲的な研究者が一人でも多く現れて、一歩でも二歩でも滋賀県教育史に関する知見を豊かにしてくれることを期待する。本著がその足場になれば、幸いである。

本著で扱うテーマは、近世の寺子屋・藩校から戦後の学校教育まで時期が広がっており、内容も学校設立・開校や教員像、子どもの就学実態の教育制度史、教科書史と地域教材史、カリキュラム（教則や教育課程）史と授業史など多様である。もともと統一的な視点と方法で書き下ろしたものでなく、一九九〇年代半ばから二〇一〇年代までの長期間の論文を三つの切り口からまとめたからである。

本著は、つぎの二つの点に特質を持たせて修正・加筆を加えて編んだ。一つは滋賀県に関わる地域教育史の未発掘の資料をもとにして、滋賀県教育史に関する研究を前進させること、二つは近代日本の教育史の制度面の表層をとらえるのでなく、滋賀県という地域における学校の教育現実をカリキュラム（教育課程）、地域版教科書、郷土教材集、授業の実態からとらえることである。

ここ数年の学校教育をめぐる教育施策の動きは、明治維新からアジア・太平洋戦争の敗戦まで戦前の七七年間、敗戦から二〇一五年現在まで戦後の七〇年間の近・現代日本の教育史の成功と失敗の経験からしっかりした教訓を汲み取っているとはいえない。とくにアジア・太平洋戦争の敗戦という日本近現代史の痛切な体験をあまりに軽々しくとらえすぎていないか。また、学校教育の実践は、目の前の社会事象にのみ引きずられて、「人間（ひと）を育てる教育」の本質を見失っているのではないか。一八七二（明治五）年の「学制」頒布から敗戦に至る戦前日本の教育史と、その反省をもとに築いてきた戦後日本の教育史の経験からもっと深く学び、今日の教育の基盤にすえなければならない。

本著で生活現実に結びつく地域の郷土教科書や郷土教育の授業実践や、市民倫理・価値形成に関わる修身教科書の変遷を考察したのは、こうした問題意識によるものである。明治初期から昭和戦前期への教育が、しだいに偏狭な国家主義と民族主義による軍国主義国家の形成から破滅に至り、その反省に立つ戦後直後の教育改革を経て戦後教育が築かれたことは、いくら強調してもしすぎることはない。二一世紀に入って、いじめ・不登校にみる教育問題も、学校統廃合問題も、学力テスト競争の問題も、根底に「手間ひまをかけた人間を育てる教育」を見失っているからではなかろうか。今こそ近現代日本の教育史からの教訓に学び直さねばならないと思う。

滋賀の教育史—寺子屋・藩校から小学校へ—◎目次

第1部

寺子屋・藩校から小学校・欧学校へ

第１章　近江における寺子屋の教育

はじめに

滋賀県下の寺子屋に関して、文部省『日本教育史資料』八（一八九二〈明治二五〉年）掲載の「私塾寺子屋表」に依拠して校数は四五〇校とされてきた。戦前・戦後の滋賀県下の市町村史や地域教育史に引用されることが多く、ながらく厳密な資料批判もなく、寺子屋研究での基本資料とされてきた。

しかし、野村知男による『日本教育史資料』八の実証的研究が行われた結果、滋賀県における寺子屋に四校の重複記載が明らかになった。重複記載の箇所は一様でなく、郡区名・所在地・習字師氏名などに見られると、野村は指摘した。彼は、「『日本教育史資料』掲載の「寺子屋表」の研究(4)―京都府・滋賀県編―」（近畿大学教職教養部『教育論叢』第八巻第二号　一九九七年）で、重複記載の寺子屋として次の四校をあげており、総数で滋賀県の寺子屋は、四四六校としている。

1　蒲生郡と神崎郡の両郡に、習字師清水恵吟経営の寺子屋を二カ所に記述、開業年・廃業年・生徒数が異なる

2　犬上郡法養寺村の寺子屋名沙金堂、習字師神野甚六経営の寺子屋を二カ所に記述、開業年・生徒数が異なる

３　犬上郡多賀村の習字師大岡宗延経営の寺子屋を二カ所に記述、開業年・廃業年が異なる
４　高島郡太田村の習字師清水本邦経営の寺子屋を二カ所に記述、開業年・廃業年の記載有無が異なる

野村の重要な指摘にもかかわらず、重複している寺子屋の内、どちらが正確な箇所かを判定するのは難しい。したがって、四カ所の開業年・廃業年・学科・旧管轄・生徒数に関して、以下では重複校数の四五〇校のままで記述せざるを得なかった。ただし、重複分の明確な教師数四人と、３及び４の生徒数については同一なので、数値を補正して掲げた。

『日本教育史資料』八の滋賀県の「私塾寺子屋表」の問題点として、従来から郡市町村ごとの資料精粗の大きい点が指摘されていた。郡によっては詳細に寺子屋数や実態が記載されている郡市（甲賀郡、神崎郡、彦根市など）がある一方、文部省調査（町村や県からの申達）が十分でない郡市（滋賀郡、東浅井郡、野洲郡、近江八幡市、長浜市など）がある。こうした問題点を自覚した上で、同資料の統計を使っていく。

以下では、『日本教育史資料』八と乙竹岩造『日本庶民教育史』下巻を基礎資料として、近江国全体の寺子屋教育を概観していく。[1]ゼミで共同研究を行った大槻真佐子「滋賀県における寺子屋の統計的研究」論文の統計資料と論述を一部修正のうえ使っていく。

１　近江における寺子屋の開業

(1)　寺子屋の開業年

滋賀県の寺子屋で最も早く開業したのは、天正年間（一五七三〜八〇年）の川越領高島郡北仰村（現高島市、旧今

津町）の「森之舎」で、経営者は神職の荻野光和であった。ついで、寛永年間（一六一四〜四四年）に彦根領神崎郡木流村（現東近江市、旧五個荘町）で、神官田中千秋の「梅廼舎《うめのや》」が開業している。一六二六（寛永三）年には、郡山領高島郡知内村（現高島市、旧マキノ町）で僧侶早水諦了が寺子屋を開業しており、この二つは一八七三（明治六）年まで続いている。

表１－１滋賀県一二郡の寺子屋開業年数の校数を見ると、一七〇〇年ごろから寺子屋の開業がはじまり、一八二〇年までは県下各郡で増え始めている。天保年間（一八三〇〜四四年）には急速に寺子屋が開校のピークを迎える。一八四二年の天保の改革から幕末にかけて、寺子屋の開業は大きく増大している。一八六一〜七〇年までが寺子屋開業が最も多くなる時期である。滋賀県の寺子屋は早くから県下全域の地域的広がりが見られたが、野洲郡や栗太郡は他の郡と比べると校数も少なく、開業年も遅い。

(2) 旧管轄による庶民教育への干渉

旧幕時代には、幕府領をはじめとし、彦根・膳所・水口・大溝・朝日山・西大路・山上の諸藩領、淀・郡山・仙台・金沢・豊橋その他諸藩の分領、旗本の采地《さいち》、延暦寺・多賀神社等の社寺領など

表1-1　滋賀県12郡における寺子屋開業年の校数（校）

開業年	1700以前	01〜1800	01〜10	11〜20	21〜30	31〜40	41〜50	51〜60	61〜70	71〜	不明	郡計
高島郡	2	1	1		2	3	1	7	7		2	26
滋賀郡		1		2	1	1	4	3	13		2	27
栗太郡							2	9	5			16
野洲郡					1	3	5	1	1	1	1	13
甲賀郡		1	1	2	6	3	20	20	17	1	25	96
蒲生郡		2	1			8	12	6	26	1	10	66
神崎郡	2	2	1	1	3	4	9	7	16	1	16	62
愛知郡	1	2		4	3	4	4	8	8		3	37
犬上郡		3	2	1	4	7	10	8	8		10	53
坂田郡		1	3		2	4	3	2	1			16
浅井郡			1	1		1	1		2			6
伊香郡		1	3	2	5	5	9	7				32
総計	5	14	13	13	27	43	80	78	104	4	69	450

があって、管轄は細かく分かれていた。こうした中にあって、彦根藩は早くから庶民教育に熱心であり、『日本庶民教育史』下巻には彦根藩の庶民教育について、次のように書かれている。

「江戸時代において寺子屋の教育に顧慮を与えた藩は極めて少なかったが、彦根藩はすでに寛政の頃からこれに注意を加えたことに於て近畿地方に異彩を放っている。即ち寛政八（＝一七九六）年に藩主井伊直中の時に手跡指南職仲間株を彦根市街に定めたことを始とし、爾後《じご》よくこれを監督した。（中略）斯くの如く寺子屋は別にこれを奨励したから、彦根藩に於ては藩学には庶民子弟の入学を禁じたのである[2]」

彦根藩では、藩校教育で統治者としての武士の教育に力を入れるとともに、寺子屋の設置・開校を「手跡指南職仲間」を作らせて庶民教育にも力を入れた。同時に、十二名の限定した寺子屋師匠たちに仲間株を持たせて、庶民教育の統制を図ったのである（『彦根市史』中冊　一九六二年）。

表1－2旧管轄別の寺子屋の数から分かるように、江戸時代における近江国の寺子屋の開校状況は、四五〇校の内、幕府領（天領）六二校、旧藩領二九三校、旗本采地一三校、社寺領四校、その他五四校、不明二三校であった。旧藩領での寺子屋の開校が圧倒的に多かった。

『日本教育史資料』八に記載された彦根領下の寺子屋は一六三校あり、滋賀県の寺子屋の三六・三％を占めている。次いで多いのは、幕府領の六二校、水口藩領三六校、膳所藩領二九校、郡山藩領一七校、淀藩領一三校、宮津藩領九校である。この他諸藩の庶民教育の様子について、次のように書かれている。

表1-2　旧管轄別の寺子屋の数（校）

旧管轄	数（校）	旧管轄	数（校）
幕府領	62	淀領	13
彦根領	163	郡山領	17
膳所領	29	仙台領	3
水口領	36	金沢領	2
大溝領	7	豊橋領	4
朝日山領	1	旗本采地	13
西大路領	2	社寺領	4
山上領	7	その他	54
宮津領	9	不明	23

「水口・大溝・朝日山・西大路・高須の諸藩にあっては、平民子弟の藩学に入るを許可し、且《かつ》寺子屋は何人と雖《いえど》も自由にこれを開設することを許した。唯山上藩のみは藩学への入学を禁じ、又士族は藩の許可を受くるのでなければ、私塾及び寺子屋を開くことが出来なかったのである(3)」

(3) 寺子屋の師匠（経営者）

滋賀県の寺子屋の状況を師匠（経営者）の身分から見てみる。最も多いのは僧侶で、一八三人である。次いで農民・庄屋が八二人、平民四九人、武士四七人、医師三二人、神官・神職一九人、商人九人、浪人・浪士五人、教導職二人、画工・宮守がそれぞれ一人ずつである。

近世の江戸時代には、一般庶民は寺請制度のもとで檀家組織に組み込まれていた。寺院は郡村にあっては庶民教化の重要な働きをもっており、その住職は代々子どもたちへの教育に携わることが多かった。寺院で住職が子どもたちに教育を行うのは、全国的な一般的傾向ではあったが、滋賀県でも早くから寺院で寺子屋が開かれ、住職が師匠となって教育する形態は自然な発展をしていった。

普段から懇意にしている寺院に村民が子どもの教育を委ねることが多く、農耕閑散期にのみ通う子どももあった。その他、庄屋又は文字の心得ある農民が経営した寺子屋では、農村部で一代限りのものが多かった。ただし、その中にも長く庶民教育にたずさわる者はあった。乙竹岩造は次のように述べている。

表1-3　寺子屋経営者の身分別人数

経営者	数（人）	経営者	数（人）
僧	183	医師	32
平民	49	神官	16
士	47	神職	3
浪人	5	農	81
教導職	2	官役	1
庄屋	1	工	1
画工	1	商	9
宮守	1	不明	12
卒	1		

「甲賀郡寺庄村の農民北田権五郎の寺子屋の如きは、創立は古いものではないけれども、三代相承《あいう》けてその業を継ぎ、当時の寺子屋には板間に筵《むしろ》を敷いたものが多かったに拘わらず、特に二棟の教室建て、全部畳を敷き、一六〇人内外の寺子を教えたのである(4)」

市街地では平民・商人など庶民の経営者が多く、先に述べた彦根町手跡仲間株の持ち主はいずれもみな町人であった。手跡指南職仲間は世襲的に代々引き継がれることが多かった（『新修彦根市史』第二巻通史編近世　二〇〇八年）。

城下においては、藩の祐筆《ゆうひつ》や小身武士の文字に長《た》けた者が、その勤務の傍ら自宅にて寺子屋を開いたものがある。膳所領滋賀郡錦村の竹内平太は、藩の祐筆を勤める傍ら自宅にて士庶の子を三代続いて併せ教えた。また、神官や医師の経営者も僧侶と同じように代々続いたものが多い。郡山領神崎郡宮庄村（東近江市、旧五個荘町）の中村宗司が開いた「時習斎」は一六九六（元禄九）年から一八七四（明治七）年まで代々受け継がれた。

2　近江における寺子屋教育のようす

(1)　生徒数

表１－４郡別の生徒数を見てみると、大規模な寺子屋を有する犬上郡が生徒数四三九九人（男二九〇六人、女一四九三人）と最も多い。

表1-4　郡別の生徒数（人）

郡名	生徒（男）	生徒（女）	郡計（人）
高島郡	671	266	937
滋賀郡	1368	867	2235
栗太郡	581	263	844
野洲郡	487	148	635
甲賀郡	2586	774	3360
蒲生郡	1777	704	2481
神崎郡	2122	859	2981
愛知郡	1310	429	1739
犬上郡	2906	1493	4399
坂田郡	886	274	1160
浅井郡	187	20	207
伊香郡	860	49	909
総計	15741	6146	21887

寺子屋の数では滋賀県下で一番多い甲賀郡が三三六〇人で二番目となっている。反対に、生徒数が最も少ないのは大溝領高島郡太田村（現高島市）の二人と、彦根領伊香郡下余吾村（現長浜市）の三人である。郡の総生徒数が最も少ないのは浅井郡で、寺子屋の数も滋賀県の中で一番少ない。浅井郡の中にも一二七人の生徒をもつ寺子屋があり、「松林堂」は一八一九（文政二）年から一八七一（明治四）年まで長期間続いている。

表１‐６を見れば分かるように、一一人から三〇人の寺子屋が一八四校と最も多い。次いで三一人から五〇人が多く、五〇人以下の生徒数の寺子屋は滋賀県下では三〇八校あり、全体の六八・五%になっている。特に、甲賀郡や蒲生郡は郡下の寺子屋数が一、二に多いが、そのほとんどが生徒数五〇人以下のもので二〇〇人を超えるものはない。生徒数が最も多いのは彦根領犬上郡正法寺村（現彦根市）「龍昇堂」の三五〇人、次に彦根領犬上郡彦根上魚屋町（現彦根市）の三三〇人である。しかし、「龍昇堂」の教師は一人としか記載されていない。二〇〇人を超える大きい寺子屋は、滋賀郡、野洲郡、神崎郡、犬上郡のように寺子屋の数がそれほど

表1-5　寺子屋の形態

寺子屋形態	数（校）
男子のみ	58
女子のみ	1
男女共学	386
不明	1
総計	446

表1-6　郡別の寺子屋別生徒数分布（校）

生徒数	～10	11～30	31～50	51～70	71～100	101～200	201～300	301～	不明	郡計
高島郡	2	11	6	3	2	1				25
滋賀郡		3	7	6	3	7	1			27
栗太郡		7	4	1	1	3				16
野洲郡		4	7	1		1				13
甲賀郡	5	53	22	8	6	2				96
蒲生郡	2	35	15	7	5	2				66
神崎郡	10	25	7	5	7	7	1			62
愛知郡	1	14	6	10	3	2			1	37
犬上郡		10	10	9	10	10		2		51
坂田郡	1	3	4	1	3	4				16
浅井郡	3	1	1			1				6
伊香郡	8	18	3	2		1				32
総計	32	184	92	53	40	41	2	2	1	447

多くないところに開かれている。

また、農村部では農閑期のみ通ってくる子どもたちも多くあった。寺子屋の就学率の男女差が大きいことも表1－4から分かる。女子の生徒数は、男子の生徒数の半分以下である。「女子には就学の必要なしとの観念が猶広く支配し、したがって就学せざるものその大多数を占め、また就学する者があっても、その出席は頗《すこぶ》る不規則であって、かつ男子の為に圧倒せられ、或いは虐待せられて、やがて廃学するに至る者多く、斯くて男女共学の寺子屋にあっても女児の数は男児の数に比べて甚だしく劣っている」(5)。乙竹は女子の不就学について、次の理由をあげている。貧困であること、身分が低い、本人が学問を好まない、親に教育の観念がない、百姓の子なるがため、家業多忙、身体的ハンディキャップ、家庭にて教えられる、孤児、兄弟姉妹の多いなど。

(2) 師匠数（教師数）

表1－7を見てみると、滋賀県において教師の人数一人の寺子屋は規模の大小にかかわらず、四二四校あり、滋賀県全体の九五％を占めている。最も多く四人の教師をもつ寺子屋は膳所領滋賀郡膳所村と、幕府領甲賀郡長野村（現甲賀市信楽町）である。どちらの寺子屋も、生徒数が一〇〇人前後の中規模の寺子屋である。

表1－8によると、小規模の寺子屋が多い甲賀郡や浅井郡、伊

表1-7　1校当りの教師数

教師数	校数	割合
1人	424	95％
2人	17	3.8％
3人	2	0.5％
4人	2	0.5％
不明	1	0.2％
総数	446	

表1-8　郡別の教師の数（人）

郡名	教師（男）	教師（女）	郡計	1人当り生徒数
高島郡	25	1	26	35.2
滋賀郡	28	6	34	65.7
栗太郡	16		16	52.9
野洲郡	14	1	15	42.3
甲賀郡	99		99	33.9
蒲生郡	66	4	70	35.4
神崎郡	59	5	64	45.9
愛知郡	35	1	36	48.3
犬上郡	51	6	57	76.3
坂田郡	16	1	17	68.2
浅井郡	6		6	34.5
伊香郡	32		32	28.4
総計	447	25	472	38.2

香郡、高島郡、蒲生郡の教師一人あたりの生徒数は三五人以下である。逆に、大規模な寺子屋があり、寺子屋の規模にあまり偏りが見られなかった郡は、一人の教師が七〇人前後の生徒を受け持っている。規模に偏りが少なく、大規模な寺子屋も存在したし、生徒数が最も多かった犬上郡では、教師一人あたり生徒数が七六人となっている。

また、寺子屋の規模には偏りがあるため、実際はもっと多くの生徒を一人で指導していた教師がいたはずである。例えば、最も生徒数が多い犬上郡正法寺村（前出）の「龍昇堂」の教師は一人である。一人で三五〇人の生徒を指導していたことになるが、おそらく助手を使っていただろう。滋賀県全体を見てみると、教師一人あたりの生徒数は三八人である。また、女性教師の数は少なく総計で二五人であり、女性教師の単独経営する寺子屋は八校で、九人の女性教師が男三一四人、女二五五人の合計五六九人の寺子を教えていた。女性教師のみの寺子屋は、大津、膳所、日野、五個荘、能登川など近江商人の町場にあった。他方、栗太郡や甲賀郡、浅井郡、伊香郡では女性教師は存在していない。

(3) 学科

女子の生徒や女性教師が少ないせいか、寺子屋で裁縫を教えているところは非常に少なく、二つだけである。逆に最も広く教えられていたのは読書、習字、算術の三つの学科である。読書では『実語教《じつごきょう》』、『童子教《どうじきょう》』、『庭訓往来《ていきんおうらい》』、『商売往来《しょうばいおうらい》』が中心的な教科書に使われ、他にも地名や仏書を使用したりしていた。習字の教材は平仮名が最も多く、『商売往来』や地名・街道名も利用されている。

表1-9　寺子屋で教えられていた学科

学科	数（校）	学科	数（校）
読書	99	読書・作文	1
読書・算術	76	読書・算術・習字	127
読書・習字	135	読書・算術・諸礼	2
読書・裁縫	1	読書・算術・講義・習字	1
読書・算術・裁縫	1	読書・算術・習字・諸礼	2

読書・習字の教材として『商売往来』や地名が多く使われ、「いわゆる近江商人の基礎教育には、至適最良の教材として著しく重んぜられた」[6]ことを知ることができる。教材教授の順序については、「幕領大津市松本生蓮坊の山伏牧野義弘の文湖堂は、幕領大津駅にて最も名高い寺子屋であったが、ここの順序は、平仮名・受取状・送り状・注文状・大津町名・村名尽・家名尽・京町尽・国尽・商売往来・消息往来《しょうそくおうらい》であった」[7]というものであった。

3　近江における寺子屋の廃業

滋賀県下の寺子屋の中で最も早く廃業したのは、一七九九（寛政一一）年の医師宮川元伸の彦根領愛知郡吉田村（現豊郷町）の寺子屋である。そこから一八六〇（万延元）年頃まで寺子屋の廃業は少ないように見える。しかし、先の表1-1と見比べると、滋賀県において寺子屋が普及し始めるのは一八四〇年代が最も多く、その時代に開業した寺子屋が一代は続いたならば、一八四〇年以降は寺子屋の数自体が少なく、一八四〇年から六〇年の間は新しい寺子屋がどんどん増えていった時代である。

一八六〇年以降、寺子屋の廃業が増え始める。一八四〇年代に

表1-10　滋賀県12郡における寺子屋廃業年の校数（校）

廃業年	～1800	01～50	51～60	61～70	1871	1872	1873	1874	1875	1876	不明	郡計
高島郡				5	2	3	10	5			1	26
滋賀郡			2	9	2	13	1					27
栗太郡			1	2		2	7	2	2			16
野洲郡			1	5		2	4		1			13
甲賀郡		3	1	8	5	9	13	44	13			96
蒲生郡				4	9	38	8	4	1		2	66
神崎郡			1	2	6	17	9	16	9	1	1	62
愛知郡	1	2		4	6	4	7	3	9		1	37
犬上郡			2	18	6	12	3	8	3		1	53
坂田郡				5	9			1	1			16
浅井郡		2		1	2			1				6
伊香郡		4	4	8	4	3	6	1	2			32
総計	1	11	12	71	51	98	68	85	41	1	6	450

表1-11　滋賀県の私塾寺子屋表

滋賀縣

私塾

郡	名稱	學科	舊管轄	所在地	開業	廢業	教師	生徒	隆盛年代	調査年代	身分	塾主氏名
滋賀郡	……	漢學	膳所領	北大路村	慶應元年	明治四年	男一	男三〇 女二〇	明治元年	明治元年	僧	園龍音
栗太郡	……	和學漢學	幕府領	部田村	文久三年	仝	男一	男三八 女五	仝	仝	平民	北川舜治
	太古堂	漢學筆道	膳所領	桐生村	……	……	男一	男三六 女一二	仝　三年	仝　三年	醫	山本清之進
甲賀郡	入孝學舍	和學漢學	水口領	水口北町	天保三年	文久二年	男一	男一〇〇	安政元年	安政六年	士	中村和周
	……	……	多羅尾領	多羅尾村	仝　元年	明治五年	男一	男三〇	……	明治五年	士	澤渡精齋
犬上郡	學修舍	和學漢學	彦根領	彦根勧定人町	嘉永四年	仝	男一	男六五	慶應三年	慶應三年	士	外村省吾
	白鷗莊	漢學	仝	仝　傳馬町	弘化四年	仝　元年	男一	男五〇	安政七年	仝　元年	士	田中桊
阪田郡	責善舍	和學漢學	幕府領	池下村	文化二年	仝　五年	男一	男五〇	……	明治四年	醫	木村寛翁

寺子屋

郡	名稱	學科	舊管轄	所在地	開業	廢業	教師	生徒	調査年代	身分	習字師氏名
滋賀郡	……	讀書	幕府領	大津中保町	文化十四年	安政五年	男一	男九〇 女四〇	嘉永元年	浪人	井田啓助
	……	仝	仝	仝　橋本町	天保十四年	明治五年	男一 女一	男八二 女八一	明治四年	平民	柳田カメ
	……	仝	仝	仝　阪本町	元文二年	仝	男一	男八九 女四三	仝　二年	平民	原田五郎助
	……	仝	仝	仝　葭原町	慶應元年	仝　四年	男一	男二五 女二〇	慶應三年	商	北川善藏
	……	讀書算術	仝	仝　丸屋町	仝	仝　二年	男一	男七〇 女五〇	仝　二年	商	西川平兵衛
	……	仝	仝	仝　西ノ宮町	明治元年	仝　六年	男一	男二〇 女一五	明治二年	商	早藤又平
	和暢軒	仝	仝	仝　丸屋町	天保十四年	慶應元年	男一	男九〇 女七〇	慶應元年	……	草川愛助
	斯文堂	仝	仝	馬場村	元治元年	明治五年	男一	男三〇 女二〇	明治二年	僧	松城賢珠
	文湖堂	仝	仝	松本村	弘化元年	仝	男一	男八〇 女五〇	仝　三年	僧	牧野義弘
	朱雀堂	仝	仝	仝	嘉永二年	慶應二年	男一	男三〇 女二〇	慶應二年	神官	和田定朗
	……	仝	……	大津北町	文久二年	明治四年	男一	男一三 女一五	明治四年	僧	本多照瑞

（以下略）

（出典：文部省『日本教育史資料』八　1892〈明治25〉年、478～479頁）

急激に増えた寺子屋が世代交代の時期をむかえ、世代交代ができず後継者がない寺子屋が廃業することになったと推測される。寺子屋普及の波は幕末から明治初年の一八七〇年ごろまで続き、新しい寺子屋がどんどん開業する中、廃業に追い込まれる寺子屋も多くなっている。

表1‐10を見ると、一八七二（明治五）年の廃業が最も多く、滋賀県の寺子屋の約二二％がこの年に廃業しており、その後次々と廃業している。一八七二（明治五）年に廃業が多いのは、同年八月に「学制」が発布されたからであり、「学制」によって寺子屋は廃止され、小学校へと移り変わっていくのである。次のように寺子屋が簡易型小学校に転換していく事例も見られた。「野洲郡中里村医師近松宇内の寺子屋もまた元禄年間の創始であって、累代相承けて明治五年に至り、同五年簡易型小学校の始めて設けられるや、宇内は寺子を率いてその内容を作り、更に一転して現時の小学校となったものである[8]」。

注

（1）文部省『日本教育史資料』八（一八九二〈明治二五〉年）と乙竹岩造『日本庶民教育史』下巻（目黒書店　一九二九〈昭和四〉年）が基本文献。前著の復刻版は一九七〇年に臨川書店から刊行。本論文中の表1～10は『日本教育史資料』八から大槻真佐子が作成し、本稿では著者が修正を加え作成し直した。
（2）乙竹岩造『同上書』四二六頁
（3）『同上書』四二六頁
（4）『同上書』四二八頁
（5）『同上書』四三二頁
（6）『同上書』四三八頁
（7）『同上書』四三八頁
（8）『同上書』四三〇頁

第2章　寺子屋の往来物教科書——庶民教育の入門教科書

はじめに——往来物とは何か

往来物または往来本とは、日本の近代以前の民衆教育で使用された教科書類のことである。すなわち、中世・近世の教育機関であった寺院や寺子屋などで手習いや読み書きで使われた教科書をさすものである。以下では、中世から近世にかけての初等教育を概観して、その中で入門教科書としての往来物とは何かを見ていく。

日本の庶民教育は、中世の寺院教育から輪郭がはっきりとしてくる。鎌倉時代・室町時代の寺院では僧侶になる教育だけでなく、武士たちの教育も行われていた。室町時代になると、武士たちの教育は家庭での教育から寺院へ通う形態へと変わっていく。『世鏡抄』によると、室町時代末期の寺院の日課は、午前中に「看経《かんきん》・手習《てならい》」、午後に「読書」、夜に和歌、物語、管弦《かんげん》などを学ぶとされている（看経とは、経文を黙読すること）。

戦国時代のある武将は、寺院で一年目にいろは、仮名文、真名字の「手習《てならい》」と、庭訓往来《ていきんおうらい》、式定《しきさだめ》、童子教《どうじきょう》、実語教《じつごきょう》、その他の往来物の「読書」、般若心経《はんにゃしんぎょう》・観音経などを学んだ上に、二年目に「読書」では論語など四書五経の漢籍類に加えて和漢朗詠集を、三年目に「読書」で万葉集、古今集、伊勢物語、源氏物語などに進んでいった（毛利家の家臣玉木吉保『身自鏡』）。手習・読書の最初に『実語教』『童子教』『庭訓往来』などがあげられている。

ところで、最も古い往来物は『明衡往来《めいこうおうらい》』である。著者とされる藤原明衡は平安時代の人であり、一〇六六（治歴二）年に七八歳で亡くなっている。このように往来物の成立は平安時代にさかのぼるものであるが、中世寺院の「手習」や「読書」の入門教科書として広く普及し発達していった。

往来物の特質と内容について見ていこう。往来物の特質は、消息すなわち手紙文であり、さまざまな消息文《しょうそくぶん》（手紙文）を集めた文例集である。中世の武士にとっては、生活上必要な知識として手紙でのやりとりが出来ることと、十分に読み書き出来ることが大切とされた。往来物の初期の形態は、基本的には書簡文例集の形であった。これが近世の農民・商人・職人になると、彼らにとって必要な書簡文集となる。初等教育の入門における「手習」、「読書」で、往来物の教科書が重視されたのである。

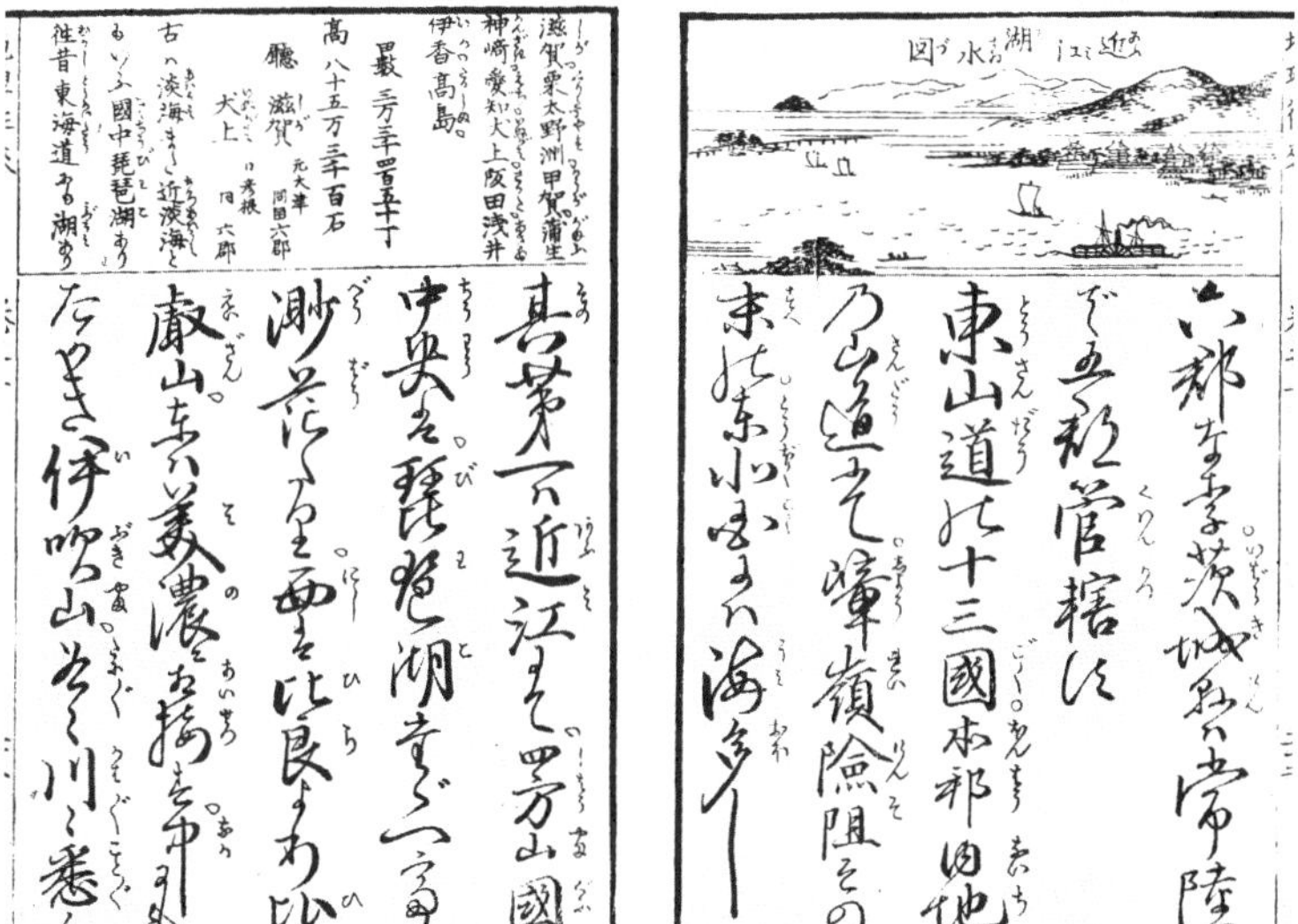

図2-1 『郡名産物　日本地理往来』

1『庭訓往来』――代表的な往来物

往来物の中でも、時期的にも室町時代から江戸時代の末期まで長期にわたって使用されたのが、『庭訓往来《ていきんおうらい》』である。この作者は不詳であり、著作年代も明確でないといわれる。しかし、現在では成立は室町時代初期にさかのぼるとされており、中世全般を通じて最も広く普及した往来物である。内容上、一般武士の生活全般にわたってのことが多く書かれている。『庭訓往来』には注釈書や解説書も多く、近世の江戸時代になっても各地の出版元から多数が発刊された。

今回展示の『庭訓往来』本は、一八〇〇（寛政一二）年刊の前川六左衛門編著本、一八一八（文化一五）年刊の浦谷伊三郎編著本、一八四六（弘化三）年本の三種類である。『庭訓往来』は武家社会を背景として著作されているが、直接武家的内容とだけ言えないものも含まれている。中世の庶民の日常生活の必要な知識内容、手紙文に必要な語句など各種の教材を書簡文体に盛り込んでいるといえよう。月別の書状で示している庭訓往来の内容は次のようである。

一月	新年の挨拶と武家の遊戯	二月	花見と詩歌	三月	武士の邸宅
四月	各種の職業及び商品	五月	武家の饗応と酒肴	六月	武家の教訓と武具
七月	各種の服装	八月	裁判・刑罰及び将軍の若宮参詣		
九月	禅宗以外の法会《ほうえ》と仏具	一〇月	禅宗の法会と仏具	一一月	病気と薬
一二月	任国とその事務				

２ 古往来の内容と分類

平安時代から室町時代末までに刊行されている往来物は、「古往来」といわれる。「古往来」は高橋俊乗、石川謙らの研究によれば、四類型に分類されるという。

(1) 明衡往来型

公家社会の公家同士の間の手紙を往復した書簡文の形式。多数の手紙文を集めた類型の往来物を、「消息文例型」と呼ぶ。明衡往来では六巻に二百通余の手紙が集められている。この類型では実際の手紙文を集録して作文の模範とするものである。

(2) 十二月往来型

この型の往来物は、手紙文を雑然と集める消息文例型から模範文を選択して、作文の模範文、手習の手本とした「模範文例型」といわれるものである。一月から十二月まで隔月往復一通ずつ合わせて二四通の模範書状を集めたものである。

(3) 消息詞型

手紙文に用いる語句、日常生活に必要な単語を集めた往来物である。

(4) 庭訓往来型

形式面では十二月往来のように、模範文例型をとりながら、単なる書簡文でなく文中に語句を取り込み、日常生活の必要な知識、手紙に用いる単語などを巧みに構成した往来物である。

以上のような中世の往来物が、さらに内容面で分化していき、手習、読書、習字を学ぶ階層も農民層などに一層広がって行くにあわせて、近世において著しく発展していった。

3　近世の寺子屋教育と近世往来物

中世においては寺院が庶民の教育機関であったが、近世においては農民、商人、職人などの教育機関として寺子屋が普及していく。寺院は子どもの通学した最初の教育機関であったが、江戸時代に通学形式の教育機関として町や村に多数の寺子屋が設立されていく。明治中期に編纂された『日本教育史資料』八（一八九二年）の調査は、近年の研究では未調査地域も多く、正確さに欠けるとされるが、江戸時代の寺子屋設立の概観を得ることができる。

寺子屋が著しく発達し普及する年代は、江戸時代中期の文化文政年間（一八〇四～一八三〇年）である。この時期に設立数が一〇六八校で、天保・弘化年間（一八三〇～一八四八年）の二八〇八校、嘉永・慶応年間（一八四八～一八六八年）の五八六三校となっていく。江戸時代全期間の設立数は一万一三三三校であるので、一九世紀初から幕末にかけて寺子屋が急速に普及していったことがわかる。

寺子屋において手習を中心とする初歩的な入門期の教科書として、往来物が使われた。江戸時代中期以降の寺子屋の著しい発達とともに、往来物の質的、量的な発展が見られた。

寺子屋における手習はまず「いろは」「数字」から始まり、次いでそれぞれの土地の町や村の名前を集めた「町名」「村名」、さらに山城・大和・河内などの「国尽《くにづくし》」、姓名に使う文字を集めた「名頭《ながしら》」などを学ぶ。寺子屋の先生であるお師匠さんが書いてくれた手本をもとに、文字を習い覚えていく。手習による習字で文字を読み、書くことを、学んでいくのである。

師匠による「書き手本」による基本的な手習が終わると、次に各種の往来物を学ぶことになる。江戸時代には多数の往来物が刊行され、書き手本に依らなくても買って学ぶことも出来た。買えない場合は写本によって、誰かのものを写していく。この種の往来物には、地理の教科書となるもの、歴史の教科書となるもの、修身の教科書となるものなど、「手習」手本であり、「読み物」であったりする総合的な内容であった。

近世往来物というのは、中世よりも内容面でさらに複雑に分化して発展した往来物をさす。江戸時代に成立した往来物を分類すると、「手紙文を主とするもの、語句を集めたもの、教訓的なもの、社会的・公民的なもの、地理的・歴史的・実業的・理科的など」に分かれる。とくに、近世では「地理的なものと実業的なもの」が往来物の中で、著しく発展している。これは江戸時代に庶民が旅をして移動する機会がふえたことに依る。寺院・仏閣の参拝や、名所旧跡の旅の増加、大名の参勤交代による街道の発達などにより、地名や物産、地方の都市・町村などの地理的知識が求められてきたからであった。

実業的往来物の発達では、庶民文化が急速に発展してきたことに依る。近世の代表的な往来物として『商売往来』と『百姓往来』がある。前者は商人に必須の知識を、後者は農民として必要な知識を学ぶ内容である。職人として必要な『番匠往来《ばんしょうおうらい》』や『諸職往来《しょしきおうらい》』など職業生活に必要な知識内容を授け、かつ教訓的な内容を教えようとした。

4 『商売往来』と『百姓往来』——近世往来物の代表

『商売往来』は、一六九三（元禄六）年に公刊され、京都の手習師匠堀流水軒の作といわれている。さきの「庭訓往来」と並ぶ二大往来物であり、往来物の中でも最も後半に普及している。重版・異版は五〇種類以上といわれており、注解本や絵解き本も多く、『新商売往来《しんしょうばいおうらい》』・『女商売往来《おんなしょうばいおうらい》』・『増続商売往来』など類書・改纂本も多い。

『商売往来《しょうばいおうらい》』の冒頭は、次のようである。「凡商売持扱《もちあつかい》文字《もじ》、員数取遣之日記《いんずうとりやりのにっき》、證文《しょうもん》・注文《ちゅうもん》・請取《うけとり》・質入《しちいれ》・算用帳《さんようちょう》・目録《もくろく》、仕切《しきり》之覚也」。これに続いて「先両替之金子《まずりょうがえのきんす》・大判・小判・一歩・二朱……」と金銭のこと、五穀《ごこく》・商品・その他日用品・日用用語などを列挙している。末尾は、商人の心得である挨拶や応答、饗応などに注意を払い、柔和にすべきであること、高利を貪《むさぼ》る者や人の目をかすめる者は天罰を蒙《こうむ》り、重ねて人が尋ねてこないことを説いている。

『百姓往来《ひゃくしょうおうらい》』は、農民の心得ておくべき生活上の基本知識を学ばせる教科書である。その冒頭は、「凡百姓取扱文字、農業耕作之道具者、先鋤《まずすき》、鍬《くわ》、鎌《かま》……」から始まり、農家の生活に関係深い語句を学ばせ、その末尾は農家としての心得を説いている。次のような文章で締めくくっている。「不掠人之地《ひとのちをかすめず》、不致穏田《おんでんいたさず》、正直第一之輩者《しょうじきだいいちのやからは》、終子孫永成富貴繁昌之《ついにしそんながくふうきはんじょうの》家門《かもん》、平生仏神叶冥慮事《へいぜいぶっしんめいりょにかなうこと》、不可有疑也《うたがいあるべからざるなり》」。

『商売往来』と『百姓往来』の末尾は、封建社会

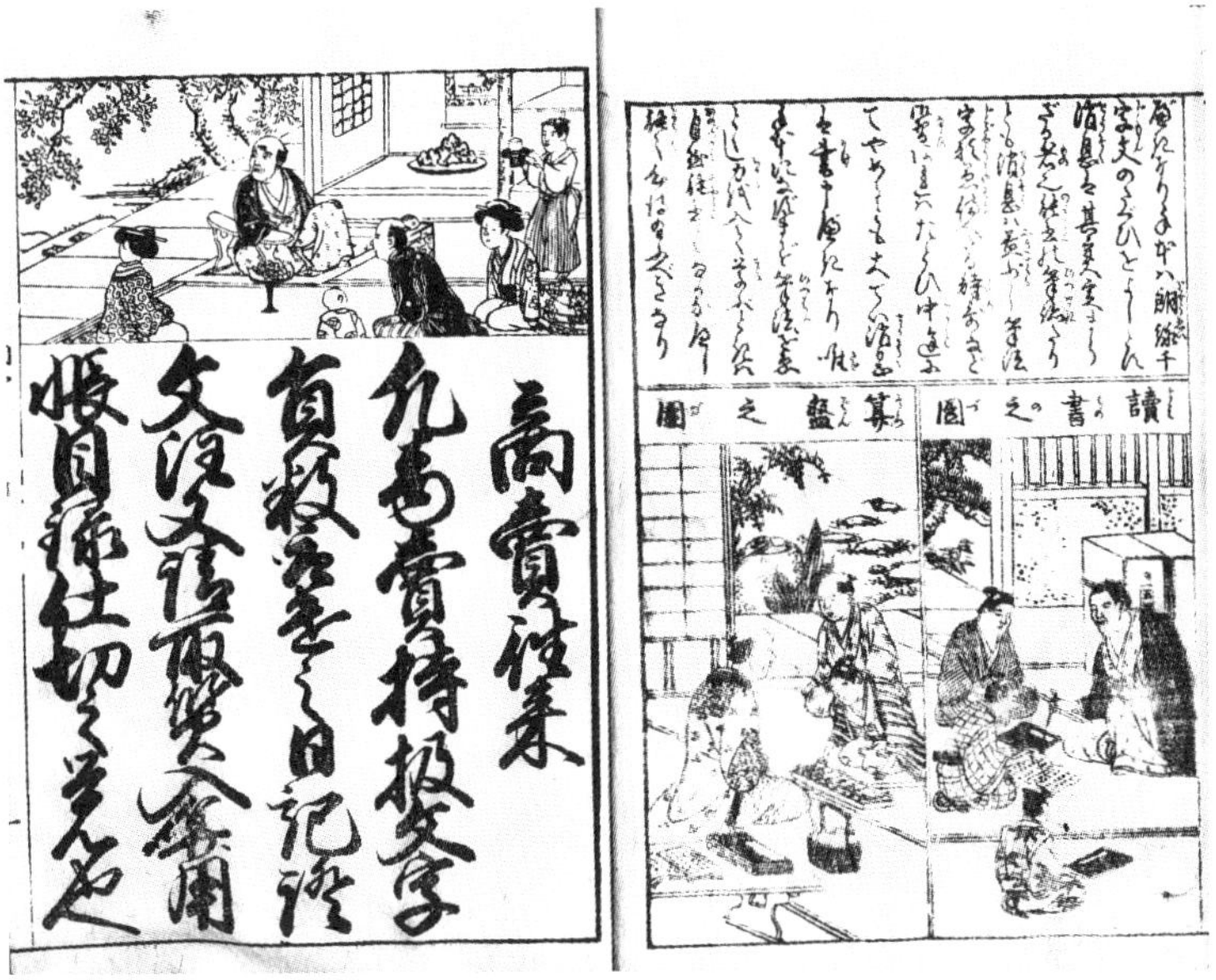

図2-2 『大字新版　商売往来』

における身分に応じた行き方の心得を説いている点で共通している。近世の身分制社会における被統治者階級の生活と思想を表すものである。

5　『女実語教』・『女大学』・『女論語』——女子教訓往来物

江戸時代の近世往来物には、女子教訓書が多数見られる。近世における封建社会での女性の心得を往来物で説くものであり、家庭における女子のあり方や女性道徳を強調している。『女実語教』は、寺子屋の入門期手習で使用された「実語教」の女性向け教訓往来物である。『実語教』は五言詩形式で、「山高故不貴《やまたかきがゆえにとうとからず》　以有樹為貴《きあるをもってとうとしとなす》　人肥故不貴《ひとこえるがゆえにとうとからず》　以有智為貴《ちあるをもってとうとしとなす》」で始まりものであるが、『女実語教』は「父母は天地のごとし、舅《しゅうと》姑《しゅうとめ》は月日のごとし、夫はたとへば君のごとし、女は猶《なお》従者のごとし、父母には朝夕に孝を尽し、舅姑には恭《うやうやし》くつかふまつれ、夫婦あらそひ嗔《いか》ることなかれ、理をまげて夫にしたがへ」と述べている。近世封建社会における女子の家庭道徳が要求している価値観が明瞭に出されている。

『女大学』・『女論語』においても、封建社会を維持するために女子の家庭道徳を三従の教えとして説いている。『女大学』では「夫女子は、成長して他人の家へ行、舅姑に仕《つかえる》ものなれば、男子よりも、親の教忽《ゆるがせ》にすべからず」、『女論語』では「夫女子は、十歳よりかつて外に出すべからず」と述べている。

おわりに

このように近世往来物の内容から、近世社会で求められる封建社会の倫理や価値観を入門期の学習から、学ばせようとしていることがわかる。また、寺子屋の量的な発展にみるように江戸時代の社会は中期以降確実に発展していき、これに併せて子どもの学習内容を往来物教科書の分化として充実させていく。身分別の生活必須の知識を与えるために、身分制社会の枠内で必要とされる知識を学ばせていったことがわかる。それは社会変革や改革という面の指向性は見られなかったが、子どもたちに現実の生活世界を生き抜き、広範な社会展望を得ていく基礎的な力を与えていく可能性を持ったものと言えよう。

さらに、近世の往来物は、明治初期の近代学校の誕生後にも、明治期の往来物として継承されていく。一八七二（明治五）年の学制頒布により小学校が設立・開校され、「小学教則」が制定される。教則に基づく入門教科書が使用されていくが、江戸時代からの往来物の系譜に連なるものが数多くある。また、新たに明治期往来物として編纂・発行されたものもあがっている。

〈補遺〉

彦根城下の手跡指南職の力石弥左衛門家に伝来する「書籍覚」（一八五八＝安政八年）には、二〇〇冊の寺子屋教科書が記録されている。『楷書千字文《かいしょせんじもん》』『女躾方《しつけかた》文章』等の手習文章四〇冊、『庭訓』『菅相丞往来』等の往来物一三冊、『女今川』等の女訓書一八冊、『七夕詩歌』等の詩歌四一冊、『御成敗式目』等の教訓状一二冊他、多数が書き上げられている（堀井靖枝「彦根城下の手跡指南職―一二人の寺子屋師匠たち―」『近江地方史短信』Vol.３　二〇一一年五月）。

第3章　彦根藩校弘道館の教育と藩校蔵書

はじめに

滋賀大学図書館教育学部分館には、全国的にも貴重な二つのコレクションがある。一つは明治初期からの現在までの旧教科書コレクションであり、戦前・戦後の各教科の約八五〇〇冊の教科書資料である。もう一つのコレクションは、彦根藩校弘道館《こうどうかん》蔵書の資料類である。

こちらは、教育学部前身の滋賀県師範学校の図書館から引き継ぐ希覯本《きこうほん》であり、彦根藩が廃藩置県後、彦根県→長浜県→犬上県→滋賀県と変遷するなかで、滋賀県学務課から師範学校附属書籍縦覧所に管轄が移された蔵書類である。

戦前においては、滋賀県立の師範学校蔵書として保存管理され、戦中の一九四三（昭和一八）年に滋賀師範学校が官立（国立）になるとともに、資料は国立に移管された。戦後の一九四九（昭和二四）年に滋賀大学開学により、学芸学部図書館の蔵書となった。

これまでに彦根藩校弘道館蔵書は公開展示されることはなく、滋賀大学学芸学部図書館編『蔵書目録　古書之部』（一九五二年）として蔵書目録の形でのみ世に知られていた。大津市膳所錦（現附属学校園の敷地）に学芸学部校舎があった時代に編集されたもので、現在の石山キャンパス移転より以前に、弘道館蔵書目録として手書きで作成された。その後、学内予算で弘道館の蔵書整理が行われ、全冊がケースに収納されていった。

旧教科書の公開展示に併せて、弘道館蔵書の一部（『近江名所図絵』、『東海道名所図絵』、伴蒿蹊《ばんこうけい》『閑田耕筆《かんでんこうひつ》』、滋賀県の管内地図など）が部分的に展示されてきたが、組織だって弘道館の蔵書資料を公開展示することはなかった。二〇〇七年度に弘道館蔵書最初の展示を行うにあたって、藩校弘道館の教育とはどのように行われていたかを概観して、藩校弘道館の蔵書が廃藩置県後にどのような変遷をたどって、現在に至ったかを明らかにしていく。

1　彦根藩校「稽古館《けいこかん》」の設立

彦根藩校の設立は、第一一代藩主井伊直中《いいなおなか》の時、一七九九（寛政一一）年にさかのぼる。藩校設立でいえばけっして早いほうではなく、宝暦年間（一七五一〜六三年）以前に近畿諸藩では彦根藩に先だって藩校を開学させたところは数校あり、全国では三三校が数えられる。寛政年間（一七八九〜一八〇〇年）では五〇校程度といわれた。彦根藩校は、一七九九年に「稽古館」の名称で設立された。

井伊直中は、藩校設立にあたり僧海量《かいりょう》（開出今町真宗覚勝寺住職）を全国の藩校調査に派遣して、萩の明倫館《めいりんかん》や熊本の時習館《じしゅうかん》など各地の藩校の制度を調査させた。その上で、熊本藩校時習館の制度をモデルにして稽古館を一一月一八日に創設した。これに先立ち、七月に掟書三箇条を示して、文武両道の藩士の人材養成の目的を明らかにした。藩校の性格を知る上で、掟書三箇条は重要であり、封建時代の教育の本質をよく示している[1]。

一　文を学ぶの肝要は孝悌忠信《こうていちゅうしん》の道を基として治国安民《ちこくあんみん》の旨に通達し、国用に可立様可相励事

一　武を講ずるの肝要は弓馬剣槍の芸を学び、礼儀廉恥《れいぎれんち》を基として武道専ら可致研究事

一　生質《せいしつ》不器用にして文事武芸を習芸する事能はず候とも、五倫の道に叶《かな》ひ行状正敷《ぎょうじょうただしく》候へば恥辱《ちじょく》とすべからざる事

彦根藩士で一五歳以上三〇歳以下の者を入学させて、文武両道の知識・技芸を授けると共に人間としての教育を行った。彦根藩校の教育は、学科において他藩の藩校とは異なる特色を持っていた。学科の基本を儒学に置くとともに、国学を重視している点である。儒学重視は幕藩体制下において譜代大名中の譜代の彦根藩校では当然であるが、開校当初から荻生徂徠《おぎゅうそらい》の学統をくむ古文辞学派《こぶんじがくは》の学問を尊重していたことは興味深い。

彦根藩校の国学重視の姿勢は、藩校の開学の時点からの人脈によるものであった。藩校開設に関わった僧海量《かいりょう》は、著名な加茂真淵《かものまぶち》門下生であり、歌学、漢学に造詣の深い僧侶であり、藩校初代頭取の三浦元苗は本居宣長門下生で、国学者であった。

藩校開校の準備は一七九六（寛政八）年から進められ、一七九七（寛政九）年から二年間かけて、内曲輪《うちくるわ》西端の地に敷地二三六三坪、建坪七七七坪の建物が建てられた。このように時間がかかったのは、一七九〇（寛政二）年に幕府が寛政異学《かんせいいがく》の禁《きん》を出して朱子学のみを正当とし、一七九九（寛政一一）年に湯島聖堂《ゆしませいどう》に新廟の建築工事を行ったことと関係しているとの説がある。すなわち、譜代藩彦根は、幕府に相当な遠慮をしながら藩校開学にこぎつけたといわれる(2)。

2　彦根藩校「弘道館」の教育と蔵書

開校当初から彦根藩校は、儒学における「古文辞学派」の系統に立っていたので、藩校教育は『四書』・『孝経』・『春秋左氏伝』・『史記』・『漢書』などを教科書にしていた。第一二代藩主井伊《いい》直亮《なおあき》の時、藩士の意見を徴して藩校改革に着手して、一八三〇（天保元）年に「稽古館《けいこかん》」は「弘道館《こうどうかん》」に改められた。しかし、弘道館ではなお寛政異学の禁にとらわれず、儒学では古学重視の立場を貫いた。弘道館の教授として古学派の伴徒義、平尾義などが活躍した。また、国学者の小原君雄《おはらきみお》、村田泰足などが鈴屋《すずのや》（本居宣長《もとおりのりなが》）の学流を唱道した。

第一三代藩主井伊《いい》直弼《なおすけ》が大老になった一八五八（安政五）年になり、学風改革が行われた。六〇年間続いた古学派が廃止され、寛政異学の禁に則って朱子学に取って代わった。他方で、直弼は国学には深く傾倒して、長野《ながの》義言《よしこと》を重用した。義言との間で『古学問答録』を著したり、和学として歌道、俳句、詩などに関心を寄せた。一八六〇（万延元）年の桜田門外の変が起こり、その余波で藩校弘道館は、一八六二（文久二）年七月より二カ月間一時閉鎖された。閉鎖は短期間であり、すぐに再開され幕末まで弘道館は維持された。

明治維新後の一八六九（明治二）年に弘道館は「文武館《ぶんぶかん》」と改称し、翌年に「学館《がっかん》」と再改称し、「中学校」と変遷していき、一八七二（明治五）年にはついに廃校となった。

表3-1　彦根藩校の変遷と蔵書

1799（寛政11）	彦根藩校稽古館創設―学風 儒学（古学派）と国学 僧海量に命じて蔵書収集
1830（天保元）	弘道館と改称
1858（安政5）	井伊直弼大老となる―弘道館の学風改革（朱子学優位）
1869（明治2）	文武館に改称
1870（明治3）	学館と称し、後に中学校
1871（明治4）	廃藩置県
1872（明治5）	藩校廃校―蔵書2万部30余万巻を滋賀県へ移管

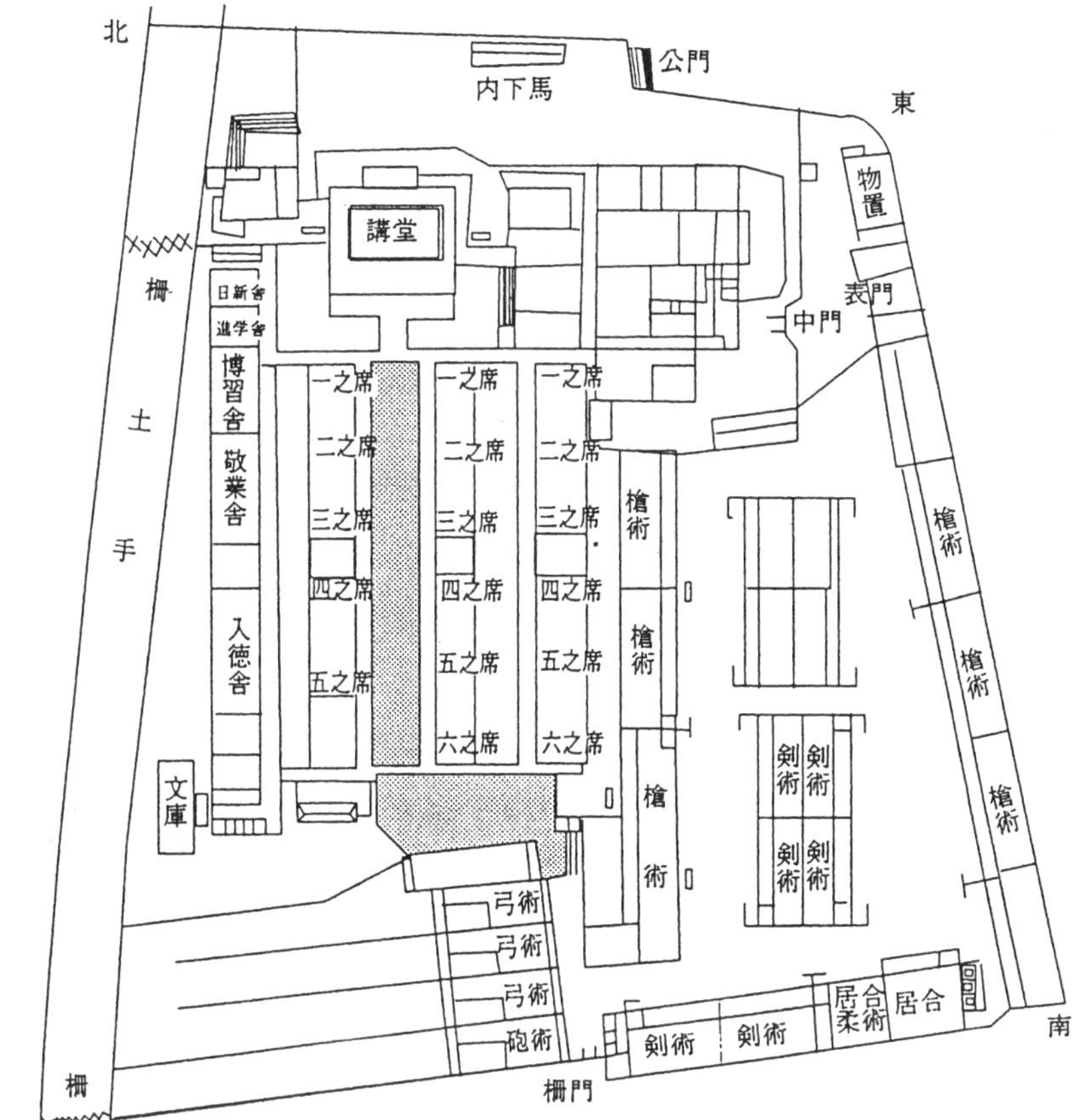

図3-1　彦根藩弘道館の図

（出典：石川松太郎『藩校と寺子屋』教育社　85頁）

表3-2　彦根藩弘道館の課業次第

寮名	収容生徒	生徒の等級	教科	課業時間	備考
一之寮	習字生 読書生	習字生　六之席より一之席までの六等級に分けた。	習字・読書	午前9～11（習字と読書を1日交代に授く）	一　習字生にも読書生にも、各席ごとに受持の教師をおく。
二之寮	同	読書生　孝経席・大学席・中庸席・論語席・孟子席の五等級に分けた。	同 （読書は句読のみ）	二寮に共通	二　笹之席（千石以上）の子弟、三百石以上で五重職にある者の嗣子は、二之寮に編入する。その他一般藩士の子弟は、住宅地域により、一之寮・二之寮にふり分ける。
三之寮	読書生	読書生　五之席より一之席にいたる五席に分ける。春秋左氏伝・国語・史記・漢書を学ばせる。	三之席以下 字書によって句読自習 二之席以上 同上ならびに会読（月1回）	同	三　安政4年8月、朱子学を宗とするようになって、教科書を改めて五経に代えた。
	記録生	等外（学問に適しないもの）	仮名文の軍記・雑録を読む。	同	
四之寮	会読生	四之寮の五等級 入徳舎・敬業舎・博習舎・進学舎・日新舎の五等に分けた。	群書学習 会読 入徳舎（二会） 敬業舎（三会） 博習舎（四会） 進学舎・日新舎（数会）	定日 午前10～11	入徳舎には、左・国・史・漢、四部の中の一、二章を購読させて、可なる時は、敬業舎に移す。敬業舎生以上も、講義をさせて試験する。進学舎生の進級には試験を用いない。
備考	一　進級法　習字生は手跡方の判定によって、六之席より順々に二之席まで進級する。一之席への進級は稽古奉行が判定する。読書生は孝経と四書との素読を卒え、復習をすまして後、講堂において稽古奉行の試験を受ける。合格した者は三之寮に移る。三之寮生は、春秋左氏伝以下四部の素読試験に合格して四之寮に進級する。 二　漢学以外の諸学科　和・兵・礼・算医・天文の六科のために二教場を設け、定日を決めて午前9～12時の間に講習させた。日頃は家塾で学ぶ。				

（出典：石川松太郎『藩校と寺子屋』教育社　86～87頁）

彦根藩校蔵書は、漢籍においては古学派の影響の本が多いことは前に見たが、幕末の学風改革により『五経』・『小学』・『近思録《きんしろく》』・『七書』などの朱子学系の書籍も多い。さらに、和学として国学の『古事記』・『六正史』などにとどまらず、歌学、有職故実《ゆうそくこじつ》、礼法《れいほう》、算学《さんがく》、天文学、医学など幅広い分野の書籍がある。

『日本教育史資料』四を引用した小野則秋の研究によれば、一八七二（明治五）年に弘道館廃校時に滋賀県に移管した蔵書は、混乱に伴い「散乱遺失《さんらんいしつ》セシ者アリテ滋賀県ニ交附《(ママ付)》スル所其数ヲ欠ク者多シト、其真偽如何ヲ知ラズ」、「大部分ノ図書ガ散失シタノハ遺憾」としている。散乱遺失前の蔵書の概数は、一八四四（弘化元）年の弘道館蔵書目録では「皇典」と「外国籍」の書籍類一五〇〇部、二万余巻であり、その後明治維新までに彦根藩主内庫の書籍を加えると、二万部三〇余万巻だったとする説を紹介している(3)。

一八七二年に滋賀県に移管したのは、次の書目であったと書いている。

「国史類一七〇部、歌書類一五六部、記録類九三部、雑書類四九四部、経書類五九四部、歴史類二一一部、子書類三五部、詩文類―皇漢一七〇部、字書類九五部、翻訳書七三部、医書算術地図法帖等三〇余部、合計二二七〇余部」

ただし、小野は蔵書数の部数については数え方が一定せず、四書五経、十七史を各一部としたり、論語、大学、書経、孝経を各一部とするなど、ここでの正確な数は把握できないとして慎重に論じている。

3　滋賀県への移管――「大津師範学校附属書籍縦覧所」の蔵書

一八七二（明治五）年以後の弘道館蔵書のゆくえは、滋賀県に移管された後、県庁学務課の管轄に置かれたようである。一八七二年から一八七八（明治一一）年まで、学務課のどこで、どのように保管されたのかは明らかではなかった。資料的に裏づけられるのは、『滋賀県大津《おおつ》師範《しはん》学校《がっこう》附属《ふぞく》書籍縦覧所《しょせきじゅうらんじょ》』第一年報（明治一一年）である。

これまでの研究史では、弘道館蔵書はただちに滋賀県師範学校に引き継がれたとされてきたが、滋賀県《しがけん》師範学《しはんがっ》校書籍縦覧所《こうしょせきじゅうらんじょ》の第一年報から第六年報（明治一七年）の記述から、新しい事実が得られた(4)。

一八七五（明治八）年六月一日に滋賀県小学教員伝習所《しがけんしょうがくきょういんでんしゅうじょ》が創立され、翌一八七六年に滋賀県師範学校と改称され、一八七七（明治一〇）年三月に大津師範学校となる。大津師範学校は本校を大津に、支校として伝習学校を彦根と小浜（旧敦賀県が滋賀県に一八七六年に編入された）に設置し、講習学校を長浜に設けた。

彦根伝習学校《ひこねでんしゅうがっこう》は、一八七六（明治九）年に旧彦根藩士の子弟のため藩主井伊直憲《いいなおのり》と旧士族たちが設置した彦根学校が経済的に行き詰まったので、県立の師範学校分校として存続を図るため設けられた学校である。彦根伝習学校から彦根初等師範学校《ひこねしょとうしはんがっこう》と変遷して、同校が一八八〇（明治一三）年四月に大津本校に統合後には公立中学校になり、後に彦根町立中学校《ひこねちょうりつちゅうがっこう》となる。

現在、彦根藩弘道館蔵書印のある書籍を所蔵しているのは、滋賀大学図書館教育学部、彦根東高校、彦根市立図書館、国立国会図書館である。彦根東高校は、彦根町立中学校から一八八六（明治一九）年に滋賀県尋常中学校へかわり、滋賀県第一中学校、彦根中学校と改称していき、戦後の一九四八（昭和二三）年に滋賀県立彦根東高校となる。彦根東高校は藩校弘道館の直接的系譜を引くこともあり、県内の中等教育機関として屈指の蔵書数を誇る学校である。

さて、『大津師範学校附属書籍縦覧所』第一年報によれば、書籍縦覧所が一八七九（明治一二）年四月二三日に大津師範学校のある大津上堅田町二〇番地に開設された。縦覧所は敷地一反六畝二二歩、家屋二二坪七合九勺で、五月一二日に書籍縦覧所規則と事務取扱仮条例を定めて、六月九日に開場した。

規則第二条に「本館所蔵ノ書籍ハ公衆ニ其借覧ヲ許ス」とあるように、師範学校校長が管轄する一般住民向け公共図書館であった。開館は午前九時から午後四時まで、休館日は毎週水曜日、一月一日より三一日、九月一〇日より三一日、三大祭日であった。

第一年報中の「書籍ノ事」には、所蔵書籍の来歴について次の記述がある(5)。

「在来ノ書二万五千九百廿五冊皆此中ニ包羅ス　在来ノ書ハ従来学務課ノ保管ニシテ旧彦根藩等ノ書多シトス　当場開設ノ日之ヲ附セラレタルモノナリ」

すなわち、師範学校書籍縦覧所の書籍は、在来の学務課所蔵の弘道館蔵書二万五九二五冊をベースにして、一八七九（明治一二）年一二月末の書籍総数二万六〇一六冊（国書七六二八冊、漢書一万八〇九四冊、訳書二九四冊）を数えた。この年六月より一二月までの来場者で縦覧した者は五七四人で、縦覧書籍三八〇八冊、

表3-3　滋賀県師範学校附属書籍縦覧所の蔵書数（各年12月末調査）
―1879（明治12）～ 1885（明治17）年―

	国書	漢書	訳書	総数	出典
1879年	7628冊	1万8094冊	294冊	2万6016冊	「第一年報」
1880年	7670冊	1万8144冊	317冊	2万6131冊	「第二年報」
1881年	7744冊 （1147部）	1万8175冊 （1032部）	373冊 （223部）	2万6292冊 （2402部）	「第三年報」
1882年	分類区分変更			2万6298冊（2447部）	「第四年報」
1883年	同上			2万6315冊（2453部）	「第五年報」
1884年	同上			2万6316冊（2454部）	「第六年報」

貸出冊数四八九七冊であった。

書籍縦覧所の部数、冊数の変遷から見ると、先の一八七二（明治五）年に弘道館廃校により滋賀県に移管したとされる二二七〇余部の数値と近似していることがわかる。散失分の書籍類を考えると、藩校蔵書は学務課を経て、ほぼ書籍縦覧所蔵書に引き継がれたものと推測できる。一八四四（弘化元）年の藩校目録数の一五〇〇部、二万余巻とも、符合する数字といえよう。

4　書籍縦覧所蔵書から滋賀県師範学校蔵書への引き継ぎ

書籍縦覧所蔵書は、その後滋賀県師範学校蔵書として引き継がれていった。一八八四（明治一七）年九月二六日付の滋賀県通達戊第五九六号で、滋賀県令中井弘代理滋賀県大書記官河田景福が師範学校に、次のように指示している。「其校付属書籍縦覧所書籍　今般別紙目録之通地方財産へ引継　従前之通該所ニ備付候条為心得此旨相達候事」

滋賀県師範学校では、地方財産の引き継ぎとして作成された書籍縦覧所目録を学務課から受領した。おそらくこの時作成された書籍縦覧所書籍目録が、現在まで残っている弘道館蔵書の目録で一番古く確実な目録であろう。一八九〇（明治二三）年二月二三日作成の滋賀県尋常師範学校文書中[6]には、「明治一七年九月二六日戊第五九六号ヲ以テ書籍縦覧所書籍地方税財産へ引継達及書籍目録」という表紙の冊子がある。表題には朱書きで「但旧彦根藩書籍ニシテ本校へ引継ヲ受ケタルモノノヨシ」と書き加えられている。

この滋賀県尋常師範学校資料は、「第一種書籍縦覧所書籍目録、第二種師範学校書籍目録、第二（ママ三）種明治一七年九月二日洋書目録」から成っている。第一種は弘道館蔵書で、第二種は師範学校収集の旧教科書、教育学などの文献が中心である。

書籍縦覧所書籍目録は、次のような分類をしている。

第一門　皇学神道類、職官礼度類、修身性理類、法律政書類、教育授業類、

第二門　国史伝記類、漢史伝記類、洋史伝記類、天文律暦類、地理風土類、算数測量類、経済記簿類、物理化学類、動植金石類、農商工学類、生理医学類、習字画術類、教科総類、

第三門　経籍儒家類、仏学西教類、諸子百家類、叢書随筆類、和文倭歌類、詩文尺牘類、音韻字書類、譜牒系図類、小説俗話類、

第四門　年表報告類

この分類は、表3－3中の一八八二（明治一五）年からの分類区分変更後に採用されたものである。

一八八四（明治一七）年の滋賀県尋常師範学校に引き継ぎ時の蔵書部数、冊子内容を多い順に見ておく。第一位は経籍儒家類《けいせきじゅかるい》で五一五部七八六三冊、第二位は国漢洋史伝記類《こくかんようしでんきるい》で四八一部七七八二冊であり、儒学中心の漢籍と歴史伝記が圧倒的に多数を占めた。総部数二四五四部、総冊数二万六三一六冊のうち、この一位と二位で部数の四二パーセント、冊数の五九パーセントを占めている。第三位は叢書随筆類《そうしょずいひつるい》一四一部一八三七冊、第四位が法《ほう》律政書類《りっせいしょるい》一五一部一五五八冊、第五位が詩文尺牘類《しぶんせきとくるい》二二一部一五五五冊であった。

おわりに

滋賀大学教育学部図書館分館の所蔵する彦根藩弘道館旧蔵書は、滋賀大学学芸学部図書館『蔵書目録　古書之部』（一九五二年）に従えば、漢籍（五八〇部、一万六〇〇〇冊）と国書（八七〇部、九〇〇〇冊）とされている。滋賀大学図書館の弘道館コレクションは、総数で一三五〇部、二万五〇〇〇冊である。部数の数え方に多少の違いがあるが、一八八四（明治一七）年段階の蔵書目録の総冊数とあまり変わっていない。明治初期の滋賀県師範学校蔵書が、今日までほぼ引き継がれているといわねばならない。

明治維新時に散逸したものもあるが、藩校弘道館蔵書として彦根東高校[7]、彦根市立図書館、国立国会図書館などに部分的に保存が確認されているが、弘道館蔵書の根幹をなした基本的な部分は、滋賀大学図書館教育学部分館に残っているといえよう。藩校蔵書がこれだけ多数かつ比較的保管の良い形で、地元の大学図書館に残されてきていることは大きな意義がある。滋賀大学の学術的財産であるだけでなく、滋賀県民、日本国民の共有財産として今後とも藩校の貴重な知的遺産を大切に伝えていかねばならない[8]。

注

（1）彦根藩校弘道館については、文部省『日本教育史資料』一　三六九～四二七丁（一八九〇〈明治二三〉年）、『同』四　九八～一一四丁（一八九一〈明治二四〉年）、また『同』五「学士小伝」一～三六丁、「彦根藩士学事意見書」四九〇～五二七丁（一八九一〈明治二四〉年）がある。なお、蔵書関係の記述は『同』一　四二六～四二七丁に見られる。

（2）小野則秋「彦根藩弘道館ノ文庫―徳川時代ニ於ケル藩黌《はんこう》文庫ノ研究其六―」（青年図書館員聯盟機関誌『図書館研究』第一四巻　一九四一年　一～一一頁）。同論文は、元滋賀大学附属図書館職員天谷真彰の教示による。

（3）「同上論文」
（4）『大津師範学校附属書籍縦覧所』第一年報（一八七九〈明治一二〉年）〜『滋賀県師範学校附属書籍縦覧所』第六年報（一八八四〈明治一七〉年）
（5）『大津師範学校附属書籍縦覧所』第一年報「書籍ノ事」
（6）滋賀県尋常師範学校文書「明治一七年九月二六日戊第五九六号ヲ以テ書籍縦覧所書籍地方税財産へ引継達及書籍目録」（一八九〇〈明治二三〉年二月）
（7）彦根東高校所蔵の弘道館蔵書は、『稽古蔵目録《けいこぞうもくろく》』（孔版　一九七八年）がある。前書きによれば、一九六七（昭和四二）年に稽古館以来の書籍五一〇〇余点の整理を行い、目録を作成した。その後、同校残余の蔵書及び膳所高校からの返還の弘道館蔵書、合計一一〇〇冊を合わせて、再整理して六二〇〇冊の目録を作成したとある。内容は、稽古館―弘道館の藩校蔵書もあるが、明治期の彦根初等師範学校時代、彦根中学校時代の教科書類が多く、再調査の必要性があろう。
（8）弘道館蔵書目録は、手書きの滋賀大学学芸学部図書館『蔵書目録　古書之部』（一九五二年）がある。二〇一〇〜一一年度に、確認と整理に着手して目録作成を進めた。

《近江の藩校》

近江の藩校に関しては、文部省『日本教育史資料』一（一八九〇〈明治二三〉年）、『同』五（一八九一〈明治二四〉年）が基本文献である。彦根藩以外の藩校の名称、創立年は下記の通り。

1　朝日山藩・経誼館―一八〇一（享和元）年創立（肥前唐津城にて開学）
2　水口藩・翼輪堂、後に尚志館―一八五五（安政二）年創立（教授中村栗園・養嗣子中村鼎五）
3　大溝藩・修身堂―一七六五（天明五）年創立
4　西大路藩・日新館―一七九四（寛政八）年創立
5　山上藩・文武館―一八七八（明治二）年

上記の五藩の藩校の「学士小伝」が『同』五に記載されている。彦根藩は四一名、朝日山藩は塩谷世弘、大溝藩は手島堵庵他三名などをあげている。膳所藩の藩校遵義堂《じゅんぎどう》に関する記述は『日本教育史資料』一にはなぜか全く記述されていない。遵義堂については、杉浦重文編纂、杉浦重剛補修『旧膳所藩学制　全』（一九〇一〈明治三四〉年）がある。杉浦重剛の回顧「旧藩時代の教育」（『杉浦重剛全集』第六巻日誌・回想　一九八三年　七三六〜七六五頁）を参照。

第4章　大津における小学校の設立・開校と教員養成の始まり

はじめに

滋賀県における小学校の設立過程について、「文部省年報」と「滋賀県学事年報」によれば一八七一～七二（明治四～五）年に設立・開校が確認される学校は、五小学校である。一八七一（明治四）年開校の「第一小学校」＝「開知学校」（現長浜市長浜小学校）、一八七二（明治五）年に開校した高宮村の「第二小学校」＝「先鳴学校」（現彦根市高宮小学校）、柏原村の「郷学校」＝「開文学校」（現米原市柏原小学校）、海津村の「興化学校」（現高島市マキノ東小学校）、彦根小道具町の「訓蒙学校」（現彦根市城東小学校）は、いずれも長浜県—犬上県管轄下にあって長浜県—犬上県当局の積極的な教育施策によって創立された学校である。このうち長浜の「第一小学校」、高宮の「第二小学校」、柏原の「郷学校」の三校は、一八七二年八月二日の太政官布告「学制」以前に設立されている。一八七二年九月二八日合併前の大津県—旧滋賀県の教育施策に一歩先んじる形で、犬上県は「犬上県内小学建営説諭書」を一八七二年七月に、「小学校取設日論見心得方」を八月に、「犬上県管内小学校課程表」を十月に出していた。犬上県の教育政策に関する原資料は、現段階ではあまりにとぼしく、詳細が究明できていない。

ここでは、旧犬上県と旧滋賀県合併後、新しい滋賀県になった後の小学校の設立・開校に関して、大津町の小学校の設立過程と開校の具体的な姿を明らかにする。その後、大津の小学校教員像について教員伝習所から師範学校での教員養成に言及していく。初代の滋賀県令松田《まつだ》道之《みちゆき》のもとで、一八七三（明治六）年二月以降に文部省へ伺や報告を行いながら滋賀県の教育施策の具体化が図られていった。「文部省年報」・「滋賀県学事年報」で県下全体の概観を把握するとともに、小学校の設立経過や初期の学校運営・管理について、各校の学校沿革史および地域の市町村区有文書の分析を通じて明らかにしていきたい。

1　大津における一八七三（明治六）年の小学校の設立・開校

旧大津町の小学校設立は、一八七三年二月八日の「小学校建築ニ付告諭書《こくゆしょ》」が出た直後から急テンポで進んだ。この県令告諭書が「告諭管下人民《こくゆかんかじんみん》」として発せられるとただちに、大津町総副戸長より区内へ「小学校建営《しょうがっこうけんえい》」通達一〇カ条が示された。その第一カ条は、「一　大津町之儀ハ総而《すべて》陰準《いんじゅん》ニ隠入《かくしいり》候事故　早々文明開化可致御沙汰之事」というものであった（『滋賀新聞』第九号　明治六年二月）。

この記事は、右の回状を読んだ者が戸長に「陰準《いんじゅん》トハ如何ナルコトヤ」と問うと、戸長は「因循《いんじゅん》ノ事ナラン」と答えたというエピソードを報じている。小学校創立に際して、「市民競フテ寄附金ヲナス　其多キハ一名金五拾円乃至拾円ニシテ」というもので、各校ごとの金高の詳細は明らかでないが、以下で見る第九小学校では一四一円四六銭に及んだといわれる。いずれにしろ、町内の篤志者が寄付金を集めて小学校建設の基金としたことがわかる。

当時の区制では、大津町は滋賀郡第三区より第九区までから成っていた。告諭書の頒布後は、大津の各区は短期間のうちにぞくぞくと小学校を開校させていった。まず、二月一一日に第三区の南保町旧山上藩稲垣若狭守倉庫邸にて第八小学校（打出浜《うちではま》学校）が、同日第六区の下東八町清水又兵衛宅に第九小学校（明倫《めいりん》学校）が、同月一六日に第五区の笹屋町別院で第十二小学校（日新《にっしん》学校）が、同月一九日に第八区小川町青龍寺に第十小学校（弘道《こうどう》学校）が、同月二〇日に第九区の東今颪《いまおろし》町本福寺で第十一小学校（修道《しゅうどう》学校）が、設立された。

月が替わって、三月四日に第四区玉屋町岩城九右衛門宅に第十三小学校（開達《かいたつ》学校）が、同月八日に第七区の関寺町大阪屋弥三郎宅に第十五小学校（遵道《じゅうどう》学校）が、またその分校として一里町光明寺に潤身《じゅうしん》学校が設立されたのである。

第八、九、十、十一、十二、十三、十五小学校の名称が、括弧内のように変わったのは、一八七三（明治六）年一一月五日（滋賀県布達第一〇二三号）であった。滋賀県下が七百四十七小学区に分けられ、大津は第三大学区第九番中学区に属し、第八六番小学区より第九二番小学区に区分された（『大津市史』中巻一九四二年四月　三六頁）。

大津における最初の小学校開校式は、一八七三（明治六）年二月九日に滋賀郡第三区小学（打出浜学校〈現大津市中央小学校〉）と同日同郡第六区小学（明倫学校〈現大津市逢坂小学校〉）の開校式である。『滋賀新聞』第一〇号（明治六年二月）によれば、滋賀郡第三区小学開校式のようすは、次のようであった。

開校式の出席者は、県令松田道之・参事榊原豊・同籠手田《こてだ》安定《やすさだ》・学校専務加茂《かも》伴恭《ともゆき》・学務官員河村祐吉《かわむらゆうきち》・当区正副総戸長・当区内各町正副戸長・篤志出金者及び教員、生徒であった。

当日午前八時に、県令はじめ官員や正副総戸長、区内各町篤志出金者及び教員は裃《かみしも》を着用し、生徒は多く羽《は》織袴《おりはかま》にて出校し、一同正堂《せいどう》に集合。椅子に座って着席する。正堂は校中にて最も広い所で講堂である。学務官吏が名簿について生徒の氏名点呼をなし、ついで県令は篤志出金者に対して建校に尽力した褒詞《ほうじ》を述べ、褒状《ほうじょう》を授与する。つぎに、学校に世界地図・日本地図の各一軸を与え、のち一同に熨斗《のし》を取らせる。次に、県令自ら「就《しゅう》学告諭書《がくこくゆしょ》」を朗読して、学務官吏が「学体《がくたい》」を読み、最後に当校教員が「孝経《こうけい》」を講じた。

　第三区打出浜学校の教員は、講師兼句読師柴田孟教《しばたたけのり》、筆道師富岡正毅《とみおかまさたけ》、算術師服部文夫《はっとりふみお》、句読助教志賀清熙《しがきよひろ》、筆道算術兼助教鈴木貞右衛門《すずきていえもん》の四名。同日に同様の開校式を挙行した第六区の明倫学校の教員は、助講兼句読師赤川知止《あかがわともとめ》、筆道助教山崎真三《やまざきしんぞう》、算術助教岩崎信正《いわさきのぶまさ》の三名であった。

　開校式の式次第の手順は、一八七三（明治六）年二月七日の滋賀県布令で出されたものである。一八七三〜七四（明治六〜七）年に多くの小学校開校式はこの手順により行われたものと思われる。

　開校式のお膳立てをしたのは、一八七二（明治五）年の「滋賀県庁職制」により庶務課学校専務の担当者であった加茂伴恭と河村祐吉であった。開校式に出席した滋賀県官吏の官職位階は、滋賀県官員録によれば、次のとおりである。「令《れい》―従五位　松田道之、参事《さんじ》―従六位　榊原豊、権参事《ごんさんじ》―正七位　籠手田安定、権少属《ごんしょうぞく》―加茂伴恭、同―河村祐吉（『琵琶湖新聞』第三号附録　明治六年）」


　一八七三（明治六）年三月、旧大津町各区は、「大津各区小学校維持取締規約」を決定した。

一　官庁ノ命令ハ之ヲ遵守《じゅんしゅ》スベシ
二　日々午前第八時各町戸長輪番ニ出校シ午後第四時退席スヘシ
　但正副総戸長学校係ハ袴着用日勤スヘシ
三　学校休暇ヲ一六日ト定ム
四　学校係ハ金銭出納及ヒ教員生徒小使ニ関スルコト及ヒ校舎修繕等ノ取締ヲナシ正副戸長ト協議シ決行スベシ

五　校費ハ各戸ニ配当シ毎月廿日限上納スベシ
六　会議ノ前ハ必ス学校ニ集リ決シテ飲食スベカラス
七　出火ノ際直チニ学校ニ集リ正副戸長ノ指揮ニ従フベシ
八　校費支払ハ毎月廿八日ト定ム
九　基本積立ノ方法ヲ設ケ入費ノ減少ヲ謀ルベキ等ナリ
（出典：『滋賀県滋賀郡第三学区高等尋常科大津小学校沿革史上篇』明治二四年）

小学校維持取締規約には、小学校の校費収入として「授業料一戸概《おおむ》ネ二銭、別ニ協議費トシテ各戸ニ賦課《ふか》、積立講《つみたてこう》ヲ以テ之ヲ補フ」という方式をとること、支出として教員給料は一校平均三〜四名にして、その最高は一ケ月金八円で、最低は一円五〇銭とすると決めた。

学校財政以外の内容では、戸長が輪番で午前八時から午後四時まで出校し事務を執ること、休日を一・六の日としていること、学校が地域の会議所になっていること、出火の際の注意事項など、「人《じん》民共立《みんきょうりつ》の学校」の性格が強く打ち出されている。

開校した旧大津町の小学校の一八七五（明治七）年から七七（明治一〇）年までの学事統計表を示そう。表4－1は、教員数、生徒数（男・女）の変遷を『文部省年報』第二〜五年報から作成した。表

表4-1　1874～77（明治7～10）年旧大津町の教員数・生徒数（人）

学区	学校名	所在地	明治7年			8年			9年			10年		
			教員	生徒		教員	生徒		教員	生徒		教員	生徒	
3	打出濱	南保町	4	120	88	5	110	85	5	119	84	6*	131	94
4	開達	玉屋町	3	107	83	4	82	75	4	86	63	7*	87	64
5	日新	笹屋町	2	160	85	2	82	46	4	85	68	7*	81	71
6	明倫（→鶴里8年）	下栄町	3	185	160	5	138	80	7	155	102	7*	113	73
7	遵道（→逢坂8年）	関寺町	2	43	53	2	36	41	3	43	37	4*	37	36
8	弘道	小川町	4*	119	118	4	108	85	4	107	85	6*	107	60
9	修道	東今颪町	5*	242	193	7	148	107	6	175	111	8*	183	114
7	潤身（→関門9年）	一里町	1	51	56	2	55	41	3	43	37	4*	51	41

（出典：『文部省年報』第二～五年報より作成）

中にもあるように、一八七五（明治八）年に六区明倫《めいりん》学校は鶴里《かくり》学校へ、七区遵道《じゅうどう》学校は逢坂《おうさか》学校へ、一八七六（明治九）年に六区分校の潤身《じゅうしん》学校は関門《かんもん》学校へと名称変更を行っている。

大津の町場の小学校は、教員も二名以上で、生徒数も一五〇名を超える学校が多かった。就学生徒に男女差があるとはいえ、女子生徒の比率はそれほど低いものではない。むしろ、江戸時代の寺子屋に通った伝統を引き継いで、商家の娘も読み書き算の知識を必要として、小学校への通学も積極的に受け止めたと考えられる。滋賀県管内の同時期に創設した多数の学校が、教員一名で女子生徒の比率が低い状況で出発したことから見ると、大津の町場の学校の特色といえよう。

2　大津の小学校の授業法改革と「小学校教員会議所」の設置

開校したばかりの大津の小学校は、一八七三（明治六）年四月の時点で次のような状況であった。授業方法や試験法の実際は、各校で一定せず未だ旧来の寺子屋風の教育が行われていた。「学制」が頒布され、学制に基づく文部省制定の「一八七二（明治五）年教則」が布達されていたが、実際は「習字《しゅうじ》ヲ主トシ旧寺子屋風ニ従ヒ、算術《さんじゅつ》・句読《くとう》ノ二科ヲ兼修《けんしゅう》セシメ　教場《きょうじょう》ハ年長ノ生徒ヲ首席《しゅせき》トシ各町ノ区分ニ別チ其学力ヲ酌量《しゃくりょう》シ」して授業を行っていた。わずかに、「各科毎ニ上下八級トシ或ハ甲乙丙等ノ数級ヲ設ケ各席次等ヲ進退シ」という点で「学制」による等級制を取り入れていたことをうかがわせるのみである。したがって、進級の試験実施や修了證書を与えるという制度も未だ実施されていなかった。

寺子屋の教育内容である習字《しゅうじ》・句読《くとう》・算術《さんじゅつ》の授業が中心で、「習字ノ如キハ旧天満書ト称セシ類多カリシト云フ　或校ノ如キハ其製作品ヲ普ク各町ニ回送シ　親シク父兄ニ示セシト云フ」という状態であった。そこでの教科書名と授業方法は、次のようであった。

（句読）県令告諭書、市中制法、孝経ヲ始メトシ、小学、四書五経、日本外史、国史畧、十八史畧
（習字）旧寺子屋ノ如ク教師ノ自筆ヲ用ヒ
（算術）専ラ珠算ヲ以テシ、是亦旧時ノ如ク教師生徒ノ帳簿ニ問題ヲ記シ之ヲ与フ

一八七四（明治七）年一〇月一四日に、滋賀県布達第一三三八号「滋賀県小学教則校則」が発布された。小学を上下二等として、下等は六歳より九歳で、上等は一〇歳より一三歳で、各科八級とし毎級六ケ月間の修業をするというものであった。この教則は、滋賀県が最初に出した小学校教則であって、配当されている各級教科書には滋賀県独自の教科書類が見られる。下等小学は、「綴字《つづりじ》・習字・単語読方・単語諳誦《あんしょう》・算術・修身口授《くじゅ》・養生口授・読本読方・地理読方・読本輪講《りんこう》・物理学輪講・地理輪講・書牘《しょとく》」の一三科、上等小学は、「習字・算術・書牘復文及作文・読本輪講・物理学輪講・地理輪講・歴史輪講・博物輪講・化学」の九科の編成である（拙稿「滋賀県における明治初期の教育史資料(2)—小学校教則（その１）—」『滋賀大学教育学部教育研究所紀要』No.26　一九九三年）。算術は、大きく変化して寺子屋時代の和算から洋算に変わった。

ところで、滋賀県から下付された新しい教則・校則を契機として、大津町内の各小学校は、旧来の寺子屋教育から脱して、新しい小学校教育を模索し始めた。そして、一八七四（明治七）年一一月に教則や教授器械や授業方法の研究のため、柴田孟教（打出浜学校）、大津観浄（開達学校）、片岡常一郎（弘道学校）、市川美誠（修道学校）の四名と第八六番小学区取締（打出浜学区）矢島新之助を、大津町各小学校区の総代として官立大阪師範学校に派遣出張させた。彼らは教授方法を参観し、文部省刊行書籍や掛図、小学教則などを持ち帰った。これより各校で

は、校内に教授器械を新調したり、教場の構造を改善し、畳を廃止して板間にしていったり、教員たちは「競フテ授業法ヲ研究」するようになったといわれる。

一八七四（明治七）年一二月に、県令松田道之は大津市中の各区長を、改築したばかりの開達学校に集めて、「大学本部師範学校ノ卒業生ヲ招聘《しょうへい》シ小学校教科ノ授業法ヲ各教員ニ伝習セシムヘキ旨」を諭旨した。

大津の各校教員たちは、ただちに授業法を中心に研究する組織を作り上げた。『滋賀新聞』第一一四号（一八七四〈明治七〉年一二月一四日）には、早くも「小学校教員会議所」の記事が出ている。そこには、同教員会議所に参加した、一八七三年中に開校した旧大津町の小学校教員名が全員列挙されている（表４－２）。同教員会議所は、「旧染《きゅうせん》ノ学弊《がくへい》ヲ矯正《きょうせい》シ授業ノ方法一般ニ帰スルヲ欲スルナカルベシ殊ニ当県小学校則変更ノ際実ニ切要ノ良挙ト謂ツベシ」という目的で設置された。県庁の許可を得て、滋賀郡第五区大津笹屋町の日新学校内に於て、一八七四（明治七）年一二月九日に結成されたのである。

上記の教員のうち、長谷川常蔵は、小学校創立以前は大津鍵屋町で家塾を開き、句読《くとう》・算術・習字を教えていた。柳田かめは、父柳田仁兵衛が橋本町で習字・算術の寺子屋を開き、父死亡後の一八六七（慶応三）年から寺子屋を引継いだ女師匠であった。柳田かめの寺子屋は、「大ニ父兄ノ信用ヲ博シ日々就学スルモノ増加スルニ至リシモ明治六年小学校設立ノ際廃業」となり、小学校教員になったという人物である。一八七一（明治四）年には、柳田の寺子屋には、男八二名、女八一名の計一六三名の寺子がいた（『日本教育史資料』八）。

柴田孟教は、旧山形藩士で藩校育英館に学んだ後、藩校助教を勤めるとともに

表4-2　大津町の小学校教員―1874年12月―

＊首座教員

打出濱学校	＊柴田孟教・廣田光鉞・志賀清煕・木村利助
開達学校	＊大津観浄・酒井信敏・藤井厚次
日新学校	＊松本泰順・横田里次・国友保雄
明倫学校	＊山崎真三・薮田謙三郎・寺元可一・岩堀信正
遵道学校	＊長谷川恒蔵・永元四郎・春井源一郎
弘道学校	＊片岡常一郎・宮本澹斎・千葉精三郎・柳田かめ
修道学校	＊市川美誠・服部春樹・岡崎源次郎・井田たつ

（出典：『滋賀新聞』第114号　明治７年より作成）

塩谷甲蔵塾生となり、又甲府の徽典館留学生、江戸の昌平黌《しょうへいこう》に入学している。明治維新後、東浅井郡に移封された藩主に随して、近江朝日山藩の儒者となった。その後、大津観音寺町に住居を定めて、円満院家士に経書を講じていた。一八七三（明治六）年二月に大津で小学校開校に際して、招聘されて教員となった。以後、一九〇三（明治三六）年まで小学校教員を勤める（滋賀県教育会編纂『近江人物史』一九一七〈大正六〉年一一月　八九三〜九〇〇頁）。

さて、大津で最初の教員たちの組織である「小学校教員会議所」は一八七四（明治七）年一二月一〇日に、次のような規則を作成した。学校の休日である一・六の日を集会日とし、三時より五時まで集会をする、教員一人一ケ月六銭二厘五毛の会費で運営する、会議への出席は自由、但し欠席の節は連絡を行うなどを決めている。

一　毎月一・六ノ日ヲ以テ集会ノ事　　但シ午後第三時ヨリ第五時マデ
一　会議中空□喝ヲ禁シ互ニ礼ヲナシ粗暴ノ挙動致ス間敷事《まじきこと》
一　諸費ハ出席人員分割ノ事　但シ教員一名ヨリ一ケ月金六銭二厘五毛ツヽ出金ノ事
一　節倹ヲ主トシ禁酒ノ事
一　会議人員ハ大津町小学教員ニ拘ハラズ出席望ニ任ス可キ事
一　当日大津小学区取締一名出席ノ事
一　会日議スヘキ箇条有ルトキハ各自書面ヲ以テ議ス可キ事
一　当日出席差支候節ハ当所へ申出ツ可キ事
一　七校中月番ヲ以テ諸般担当致ス可キ事

さらにまた、小学教員会議所を設置した目的に照らして、「当七校ノ授業方法区々ナラザル様互ニ研究シ学事ノ進歩文明ノ域ニ至ラン事ヲ欲ス」として、大津町内七区の小学校教師の同盟会議を行うための、会議規則を規定している。

第一条　議事書面ハ甲乙ノ番号ヲ以テ議ス可キ事　但書面ハ応接方エ差出スヘシ本日議事多端ニテ決シ難キトキハ次ノ会日ニテ議ス可シ　尤《もっとも》臨時至急ノ儀ハ此ノ限ニアラズ
第二条　菅下他ノ小学教員当所エ入社アルトキハ其都度県庁へ可届事
第三条　県庁へ願伺届等ハ月番教員出庁タルヘキ事
第四条　入社ノ教員僻遠《へきえん》ニシテ会日出頭成リ難キ節ハ敢テ断書《ことわりがき》ニ及ハザル事
第五条　当七校小学教員加除等ハ必ス当所へ申出ツ可キ事　但議ス可キ事故ノ書面ハ郵便ニテモ苦シカラズ
第六条　出納ハ月番ノ教員ニテ決ス可キ事
第七条　定額出銭ハ毎月二十一日ニ必ス持参ス可キ事
第八条　諸費ハ毎月廿六日ニ計算致ス可キ事
第九条　月番ノ教員ハ其校ノ下夫一人随身《ずいしん》ノ事

実は、この小学校教員会議所こそ、一八七五（明治八）年の「大津教員仮伝習所」から、「滋賀県小学教員伝習所」、「滋賀県師範学校」へと発展していく小学校教員養成機関の源流であった。

図4-1　大津尋常高等小学校
（出典：『大津市志』中巻　1911〈明治44〉年）

3　大津における小学校教員養成と最初の卒業試験

(1) 大津の小学校教員像と教員研修・養成

一八七五（明治八）年から一八七七（明治一〇）年にかけての大津の小学校教育は、官立大阪師範学校教員の招聘をつうじて新しい授業法を摂取していくことと、教員養成機関を整備し、附属学校をモデルとして試験法や教則の具体化を図ることで特色づけられる。

一八七五（明治八）年一月には、市中各区連合して官立大阪師範学校卒業生で、旧彦根藩士族横関昂蔵《よこせきこうぞう》を三等訓導として招聘して、開達学校内に「大津仮伝習所」を設けた。横関は、滋賀県最初の小学校教員養成機関の教師となった。月俸は一二円で、当時の一般の小学校教員の月俸と較べて高額であった（一般教員の給料月俸最高八円、最低一円五〇銭）。横関は開達学校内において、現職の小学校教員に授業方法を伝習するとともに、市内の各校の優秀生徒を二～五名募集して直接、横関が新教則（大阪師範学校附属小学校の教則）に基づいて、授業を実施するという二本だてのやり方であった。教則に基く教授を「正則」とし、基かない「変則」教授を区別した。

滋賀県で初めての卒業證書の付与を伴う試験実施は、同年二月上旬に行われた。この様子について、「開達学校小学生徒の卒業證書付与」として『滋賀新聞』第一一九号（一八七五〈明治八〉年二月一三日）が伝えている（□内虫食いで判読不明箇所）。

「滋賀県下滋賀郡第四区大津玉屋町ニ公立有之開達学校ハ正副区長教員ノ尽力ニテ　大阪師範学校附属小学ニ模擬シ教授器械ヲ整備シ生徒ヲ鼓舞作興《こぶさっこう》シテ文部省ノ正則《せいそく》ニ従事セシメタリ　此レ実ニ地方庁ノ為ニ賀

スベキナラズ亦大ニ国家ノ為ニ祝スベキコトナリ　滋賀県三等訓導横関昂蔵□□□茲《ここ》ニ滋賀県下大津町各校生徒俊英ナルモノヲ選抜シ　開達学校在勤三等訓導横関某文部省ノ正則授業セラレケレバ学業大ニ進歩シテ三十日間ニ下等小学八級卒業セリ　因テ本月一日試験ヲ遂ケ卒業證書ヲ得ル者三十六名アリ

〈打出浜学校〉安本斎三　田中定次郎　吉住喜一郎　池田きう　四名

〈開達学校〉堀川庄之助　西村冷三郎　原田貞之助　駒井寅次郎　木村豊吉
山口うた　大津ふき　加藤ふ□　佐倉菊次郎　増田勇吉
長瀬正太郎　一一名

〈日新学校〉森延太郎　高階□之助　中野庄吉　小島やつ　四名

〈明倫学校〉中根雅之助　松田順吉郎　荒川八次郎　篠山たね　四名

〈遵道学校〉神谷與三郎　水上庄之輔　二名

〈潤身学校〉□日良之助　一名

〈弘道学校〉廣瀬松太郎　片山栄次郎　堀江まつ　中村しま　西澤せい　五名

〈修道学校〉富田信嘉　木戸幾三郎　木下まつ　関守よね　村上□□　五名」

一八七五（明治八）年二月に、下等小学校第八級卒業試験が開達学校で執行され、即日證書授与式をあげたことは、「我滋賀県管内ニ於テ小学生徒試験ノ嚆矢《こうし》タリ」と賞賛された。訓導横関昂蔵が「教授スル所ノ生徒僅カニ一カ月ニシテ其業ヲ卒フル」ことは、当日出席した滋賀県官吏たちにとってその今後の教育施策の方向を決定づけていく。この日は、権令《ごんれい》籠手田安定《こてだやすさだ》・学務課員・各区正副区長・学区取締・各教員が開達学校の試験に臨み、證書授与式に参列した。横関が證書を授与し、権令が優等生徒数名に賞品を与えた。「是ヨリ各校新教則ヲ実施シ訓導横関昂蔵ニ其試験ヲ請フ権令学務課員臨場シテ之ヲ行フコト前ノ如シ」。同年五月には、横関の担任する生徒の、下等小学第七級卒業試験が行われ、即日證書授与式がなされた。

大津仮伝習所について、三月に各区正副区長・学区取締などが会議を開いて、左の規約をきめた。訓導横関昂蔵もここに出席した。

一　各校教員伝習時間ハ毎日午後三時ヨリ二時間トス

一　監事一名ヲ置キ校務ヲ整理シ生徒ノ勤惰《きんだ》ヲ監督セシメ　生徒掛三名ヲ置キ教授器械ノ整理庶務ヲ取扱ハシム

一　伝習必用ノ書籍器械及ヒ監事生徒掛ノ手当（一名金二円）　小使雇給（一名金三円）　筆墨紙《ひつぼくし》等ノ雑費（一カ月金七円五〇銭）　教場器械損料（一カ月金五円五〇銭）等ノ経費ハ　大津町各区ヨリ出金スヘキコト

図4-2　滋賀県師範学校（下堅田町時代）
（出典：『滋賀県師範学校六十年史』1935年）

小学校教員の伝習時間は、毎日午後三時から二時間として、小学校の授業法の計画的な伝習を行おうとした。教員たちの伝習に必要な費用は大津の各区から稔出して、質の高い教員を養成しようとしたのである。そして、横関昂蔵に監事《かんじ》を任命し、柴田《しばた》孟教《たけのり》・大津《おおつ》観浄《かんじょう》・山崎《やまざき》真三《しんぞう》の三人に生徒掛を兼務させ、仮伝習所を笹屋町大谷派別院に移すことにした。

この大津における小学校教員養成の方式に着目して、滋賀県は管内全般の教員養成機関へと発展させる計画に拡大した。すなわち、一八七五（明治八）年六月に「大津仮伝習所」を廃止して、「滋賀県小学教員伝習所」を下堅田町に創立して、横関昂蔵を幹事に任命したのである。これが、滋賀県師範学校の直接の前身にあたる小学校教員養成機関である。

小学教員伝習所は、附属小学校を開設したが、さきに大津町内各校から開達学校に通学した生徒たちをそのまま、附属校生徒にした。柴田孟教・大津観浄・山崎真三の三人にも、生徒掛を兼務させた。この兼務が解かれたのは、附属小学校の廃止された同年一二月である。

(2) 官立師範学校卒業生の招聘

大津町の各校では、横関起用の成功例をみて、官立大阪師範学校卒業生を競って採用するようになった。旧大津町の小学校の一八七五～七六（明治八～九）年は、小学校の建物の新築と官立師範学校卒業生の招聘が一大ブームとなった。

表4-3のように、大津町の各校は滋賀県の属する第三大学区本部大阪府の官立大阪師範学校卒業生を高額の月俸でもって招聘している。下記の内、横関昂蔵と同期の柴田喜太郎は明治七年一一月二八日卒業の第一次卒業生、繁岡欽平は八年四月一九日卒業の第三次卒業生、尾嶋精六は同年七月九日卒業の第四次卒業生、梶谷敬太郎は八年一二月一〇日卒業の第五次卒業生、久保盛之助は九年四月六日卒業の第六次卒業生、上

表4-3　大津各校に招聘された官立大阪師範学校卒業者

明治8年8月	尾嶋精六（三等訓導・月俸20円）	明倫学校へ
10月	庄野欽平（三等訓導・月俸20円）	弘道学校へ
11月	明倫学校→鶴里学校へ改称、尾嶋精六	→滋賀県師範学校に転勤
	同校在勤繁岡欽平（四等訓導・月俸14円）	→鶴里学校に転勤
9年8月	梶谷敬太郎（三等訓導・月俸20円）	開達学校へ
	久保盛之助（三等訓導・月俸20円）	日新学校へ
11月	柴田喜太郎（三等訓導・月俸20円）	逢坂学校及開門学校へ
10年2月	鶴里学校訓導繁岡欽平辞職	
9月	上田　傳（四等訓導・月俸不詳）	鶴里学校→11月辞職
11年1月	開達学校訓導梶谷敬太郎	→鶴里学校に転勤
7月	弘道学校訓導庄野欽平辞職	

（出典：『明治10年9月改正大阪師範学校一覧』1877年より作成）

田傳は同年七月一二日卒業の第八次卒業生であった。以上は『明治一〇年九月改正大阪師範学校一覧』（一八七七〈明治一〇〉年）で確認したが、庄野欽平の卒業年次は不明である。

一八七七（明治一〇）年に大津玉屋町の開達学校は、官立東京師範学校卒業生大島一雄《おおしまかずお》を招聘した。大島は同年三月の官立東京師範学校卒業生で、長浜講習学校教員となった中矢正意《なかやまさい》と同級生であった。彼は大津に着いたその日に西南戦争に召集されて、大阪鎮台から鹿児島の戦場へと向い、西南戦争終結後の一〇月にやっと開達学校に赴任することができた。一八八六（明治一九）年一〇月末まで関達学校長を勤めた。

大津の小学校の教場や独立校舎の建築の最初は、一八七四（明治七）年一二月の開達学校の改築である。ここは旧倉庫を改装して新教場三室を設けた。一八七五（明治八）年一二月に鶴里《かくり》学校新築転校の問題が起こった。金八〇五円で下栄町大塚孫次郎家宅（旧脇本陣）を購入し、官金を七〇〇円借りて小学校建築に着手した。一八七六（明治九）年四月に鶴里学校の新築成り、移転式が行われた。

四月一五日の移転式では、午前八時に各町戸長・教員・生徒が四宮天孫神社《しのみやてんそんじんじゃ》に集合し、二列行進で下栄町新築校に入った。この日、生徒は全員青色の帽子をかぶって、式場に入り整列した。権令・学務課員・各区正副区長・学区取締などが式場に臨むや、奏楽をなした。講堂正面には応仁天皇《おうじん》を祭り、訓導繁岡欽平《しげおかきんぺい》が祝詞《のりと》を朗読し、次に権令が正副区長・篤志者へ褒状を授与している。ついで、上級生徒三名が『小学読本』巻四の各一章を講じ、終わって一同に熨斗《のし》及び餅《もち》が与えられ、次に奏楽して閉場した。

この日、区内各戸は国旗を掲げ、紅燈を点じて幕を張り、造物挿花の余興を行った。午後になり、住民に、新築校舎の縦覧を許した。鶴里学校は、敷地四五一坪・家屋一九八坪四合・教場七・家屋費八〇五円・新築費一二九九円四一銭（内五五〇円が有志寄付金）であった。

つづく一八七六（明治九）年五月に修道学校が、今堀町に校舎を新築し移転式を挙行したが、新築費一二五〇円（内五〇〇円五〇銭が有志寄付金）であった。六月に日新学校が、上京町で新築落成式をもって移転式を行う。八月に逢阪学校が、下片原町で改築し移転式を行った。六〇〇余円の寄贈金で下片原町堀田弥兵衛宅を三五〇円で購入し新築し、旧遵道学校を逢坂学校と改称した。この月、旧潤身学校は、開門学校と改称した。

一八七六（明治九）年一二月に、明治天皇の皇后が京都行啓《ぎょうけい》の途時に、新築なった鶴里学校をもって行在所《あんざいしょ》として使用し、金百円が下賜された。一八七七（明治一〇）年一月に皇太后が京都行啓の折にも、鶴里学校が行在所とされ、金五〇円の下賜があった。いずれの時も、「市内各小学校教員生徒ヲ率ヒテ奉迎《そうげい》ス」とあり、のちの行幸における小学校奉迎の原型が形成された。

(3)　大津町における一八七六（明治九）年の臨時試験

一八七六（明治九）年八月一八日から二七日に、滋賀県は大津町で臨時試験を挙行した。幹事には、招聘したばかりの官立大阪師範学校卒業生である、三等訓導梶谷敬太郎《かじたにけいたろう》（開達学校）、同久保盛之助《くぼもりのすけ》（日新学校）、四等訓導繁岡欽平《しげおかきんぺい》（鶴里学校）、三等訓導庄野欽平《しょうのきんぺい》（弘道学校）の四名および第六区区長早藤又平《はやふじまたへい》、第七区区長多羅尾新吾《たたらしんご》がなった。柴田孟教（打出浜学校）は幹事心得となり、南町近松御坊《ちかまつごぼう》を試験事務所にした。臨時試験は大津町内および近傍村落の各小学校生徒を集めて、学力試験を行い、優等者に賞品を手渡すというものであった。

卒業試験は、教員の請求により学区取締が臨席して行うものとして、臨時試験は県令や書記官が出張して各校の同級生徒を合併して学力を試すものとした。この時の試験の最上級は下等三級生で、打出浜学校一〇余名、鶴里学校一〇名であり寺院の正面を試験場として、左右に広く父兄の参観席を設けて実施した。大津町の各校生徒は校旗を立ててここに集まり、教員生徒は初めて洋服を着て試験を行ったとされる。

大津の臨時試験は、一八七六（明治九）年に滋賀県下の一二郡全郡で実施されていった「管内小学臨時試験」

の総仕上げであった。明治九年五月一九日より八月一七日までの約三カ月間、滋賀県令籠手田安定《こてだやすさだ》は学務課員三人と師範学校在勤訓導一人を随行させ、管内一二郡を巡回して臨時試験を実施したのである。延べ一一一日間、四三カ所の試験場で、受験生徒一万六二九人が参加して行われた一大イベントであった。

五校ないし一〇校の生徒を試験場（主に寺院）に集め、生徒三〇〜五〇名で一組として、三〇問の問題を答えさせた。平日受け持つ教員に問題を作成させ、生徒は現在の前級の諸課を試験された。この他に、随行訓導《ずいこうくんどう》が一〇問の特別問題を出すことがあったとされる。

試験後、優秀生徒には褒賞《ほうしょう》が与えられ、第一等から第四等までの賞典《しょうてん》を各試験場ごとに与えた。県下全体の受験生徒は、下等三級生五〇人、四級生二〇四人、五級生五八九人、六級生一八八一人、七級生一七九〇三人であったが、褒賞生徒は総計二三九四人であった。この時、学事に勉励した者として教員八六人、区長五一人、学区取締二四人、戸長五二二人、その他学校世話係一九人、非役二九人にも、賞詞が与えられている（『文部省年報』第四年報　一八七六〈明治九〉年）。

このように明治初期の臨時試験は、各学校の授業成果を競い合う学力コンテストというべきものであり、生徒も教員も公開で行われる一大イベントに参加させられた。試験結果は地域住民の前で即時公表されるので、褒賞を得た生徒には良かったかもしれないが、多くの生徒や教師は地域住民の厳しい目にさらされたのである。

4　滋賀県における小学校教員養成の始まり

(1) 滋賀県小学教員伝習所の設立

一八七二年九月二九日に旧滋賀県と犬上県が合併して、近江国一二郡を管轄におく滋賀県が誕生した。初代滋賀県令は前年に大津県令になった三三才の松田道之が就任した。彼は、滋賀県の勧業政策と教育政策を積極的に推し進めて、教育行政では「大津欧学校」を創設することと、小学校を全県下に普及させることを重点課題とした。一八七三（明治六）年二月に松田は、「小学校建築ニ付告諭書」（就学告諭）と「立校方法概略」を全県下に布達した。就学告諭の内容は、「学制」の理念である「学事奨励に関する被仰出書」をわかりやすく説いたものであった。小学校は、個人の職業生活に役立つ知識・技芸を教える実学主義の教育を行う場所として位置づけて、学校で学ぶことにより個人の立身出世が図られ、公益生活も有益となるとした。

すでに見たように、滋賀郡第三区から第九区の大津町内一二校が二月中に開校した。滋賀県下の小学校数は、一八七三（明治六）年八〇校→一八七四（明治七）年二九二校→一八七五（明治八）年六三七校→一八七六（明治九）年六九八校→一八七七（明治一〇）年六八三校と増大していく。一八七八（明治一一）年から一八八四（明治一七）年まで六七〇校から六八〇校までの間を推移しており、小学校生徒数は四万三千人から約七万人の間を上下している。

小学校があいついで設立・開校されるに伴い、寺子屋とは異なる近代学校の新しい教授法を身につけた多くの小学校教員が必要になってきた。滋賀県では、一八七五（明治八）年五月二九日に「滋賀県小学教員伝習所」が大津上堅田町に開設され、これが小学校教員養成機関の始まりとなった。上堅田町一九番地の旧郡山藩邸の家屋を借用して、「小学師範タル可キ生徒ヲ入学セシム」、「速成《そくせい》ヲ専ラトシ在学僅ニ数月ヲ以テ下等小学科ヲ伝習セシメ」た。伝習所では、小学校教員に対して新しい教則（カリキュラム）と教授法の講習伝達を行い、卒業生に教員資格を与えた。

前節で述べたように、大津町内の教員伝習だけから滋賀県全体の教員伝習機関へと拡大して、一八七五（明治八）年六月一日より「滋賀県小学教員伝習所」が開所した。横関昂蔵は同伝習所教員となり、六〇日間の授業法伝習が行われるようになった。「是本県師範学校ノ創業ニシテ附属小学ヲ設ケ生徒ヲ募ル　即各校生徒ノ開達学校ニ修学セシモノヲ以テ之ニ充ツ」。一〇月二六日には伝習所の名称を廃して「滋賀県師範学校」と改称し、一一月には校則及び舎則を改正して授業法伝達を百日間とした（『滋賀県滋賀郡第三学区高等尋常大津小学校沿革史』上編）。

(2) 明治初期の小学教員像―伝習所卒業生徒の族籍・年齢

伝習所に入学して卒業した生徒に関して、興味深い資料がある。『明治八年六月伝習所卒業證書授与録』、『明治九年七月卒業生徒履歴書』、『明治十年卒業証書授与録』の三簿冊である。一八七五（明治八）年の六〇日間講習で卒業した生徒は一〇〇名で、士族四六名、僧侶二〇名、平民三四名であった。年齢構成は一五～一九歳二九名、二〇～二九歳四七名、三〇～三九歳二〇名、四〇歳以上四名であり、最低年齢は一五歳二カ月、最高齢は五〇歳一〇カ月であって、一〇代・二〇代が圧倒的多数で七六名を占めていた。

教員伝習所の卒業證書は、学力試験の結果として第一等から第三等までの等級別で、年限ごとに区別されて授与された。表書きは「此證書ヲ得タル者ハ管内小学ノ訓導タルコトヲ免許スル者也」で、裏書きには「此證書ハ〇〇ケ年ヲ限リトス満期ノ後猶教員タラント欲スル者ハ学業ヲ検査シ更ニ證書ヲ与フベシ」とあった。第一等―五カ年三二名、三カ年三五名、第二等―四カ年六名、三カ年一六名、第三等―二カ年七名、一カ年四名。教員希望者は再度学力試験を受けて、年限延長をしなければならないシステムであった。

滋賀県師範学校に改称後、一八七六～七七（明治九～一〇）年の百日間講習の卒業生徒は一九回の卒業試験の結果、総計四八六名を数えた。一八七六（明治九）年から一八八〇（明治一三）年までの間、現在の福井県南部の敦賀郡と若狭国三郡の四つの郡が滋賀県に編入されていた。近江国一二郡の管轄下にある数値に限定すると、滋賀県の小学校教員数は一八七五（明治八）年八八二名→一八七六（明治九）年一一五五名→一八七七（明治一〇）年一三七一名→一八七八（明治一一）年一五三六名と推移していく。小学校数の増加や小学校生徒数の急激な増大に対応しきれず、教員数を見ると、ほとんどの学校が一校あたり教員一名か二名の学校であった。

百日間伝習の卒業生徒の族籍は、四八六名中で士族二一二名、僧侶一四三名、平民一三一名であり、分布状況は士族四四％、僧侶二九％、平民二七％であった。資料上確認できる一四八名の年齢構成は、一九歳以下三九名、二〇～二九歳七六名、三〇～三九歳二五名、四〇歳以上七名、不明一名であり、最少年齢は一一歳一一カ月の内山鐐太で、最高齢は四七歳六カ月の池田恒一郎であった。

明治初期の滋賀県の小学校教員は、明治九～一〇年において一〇代・二〇代が七八％を占めていた。近代日本の国家百年の大計である教育事業の支柱の出発点は、これら若い教員が担っていたことがわかる。

5　大津師範学校と彦根・小浜・長浜の三支校

(1)　大津師範学校・彦根伝習学校・長浜講習学校・小浜伝習学校の四校体制

一八七七（明治一〇）年三月に「滋賀県師範学校」は「大津師範学校」と改称され、大津笹屋町の東本願寺別院内に校舎を新築して開校している。これまでの現職教員に資格を付与するため教則と授業法の伝達講習を中心とする学校から、小学校教員の養成と現職教員の研修の二本立ての教員養成の学校へと改編・整備されていった。

大津師範学校は、大津に本校を置き、彦根と小浜、長浜に支校を持つ本校・支校体制をとり、師範学科（二年）・伝習学科（六カ月）・予備学科（一年）の三学科を備えた。本校は三学科を、支校は伝習学科（後に初等師範学科）のみを設置した。師範学科（後に高等師範学科）は一七歳から三五歳までの入学を許すとして、予備学科は師範学科入学前の補欠生徒で一四歳から四〇歳までとした（なお、大津師範学校の支校として小浜伝習学校が、若狭三郡と敦賀郡四郡の教員養成機関として設けられたが、説明を省略する）。

附属小学科は、師範学科の卒業前六カ月間の実地授業、伝習学科の卒業前の一カ月間の実地授業を行うための附属小学校であり、生徒は大津町内から通学した。師範学校の完成段階として実地教育で厳しい試験が課せられ、実際的な授業実践の力量がなければ卒業出来なかった。大津師範学校の卒業者数は、入学者数に比べてきわめて少なく、一八七八（明治一一）年二六名→一八七九（明治一二）年四一名→一八八〇（明治一三）年三二名→一八八一（明治一四）年五七名と変遷している。この数字からは増大する小学校数には、とても対応できなかったことがわかる。滋賀県下では、この時期には句読、習字、算術だけしか教えられない教員が圧倒的多数であったといえる。

支校である「彦根伝習学校」と「長浜講習学校」は、現職教員への教授法伝習中心の学校（伝習学科主体）であり、彦根や長浜の町内中心学校を附属小学校の代用にした。

学年暦は九月一日から新学期が始まり、翌年七月三一日まで、前半期と後半期の間は二月中・下旬の旧正月をはさむ時期であった。大津師範学校は、本格的な小学校教員養成機関として入学試験、試験制度、教場規則、寄宿舎規則、罰則規定、巡回教員制度など各種規則を整備した。

大津師範学校の副長（実質は校長職）には、文部省内でフランス学制を研究していた土屋《つちや》政朝《まさとも》が就任した（一八七九年から校長）。彼は横関と交代して師範学校の責任者となり、一八七七年一月から一八八三（明治一六）年二月まで滋賀県師範学校、大津師範学校の中心教員として、滋賀県の教員養成機関の基礎を創っていく。

彦根伝習学校は犬上・愛知・神崎郡の小学校教員のために、長浜講習学校は坂田・伊香・東西浅井郡の小学校教員のために、地域の現職教員が学びやすいように設置された学校であった。土屋は大津本校の師範学科を充実

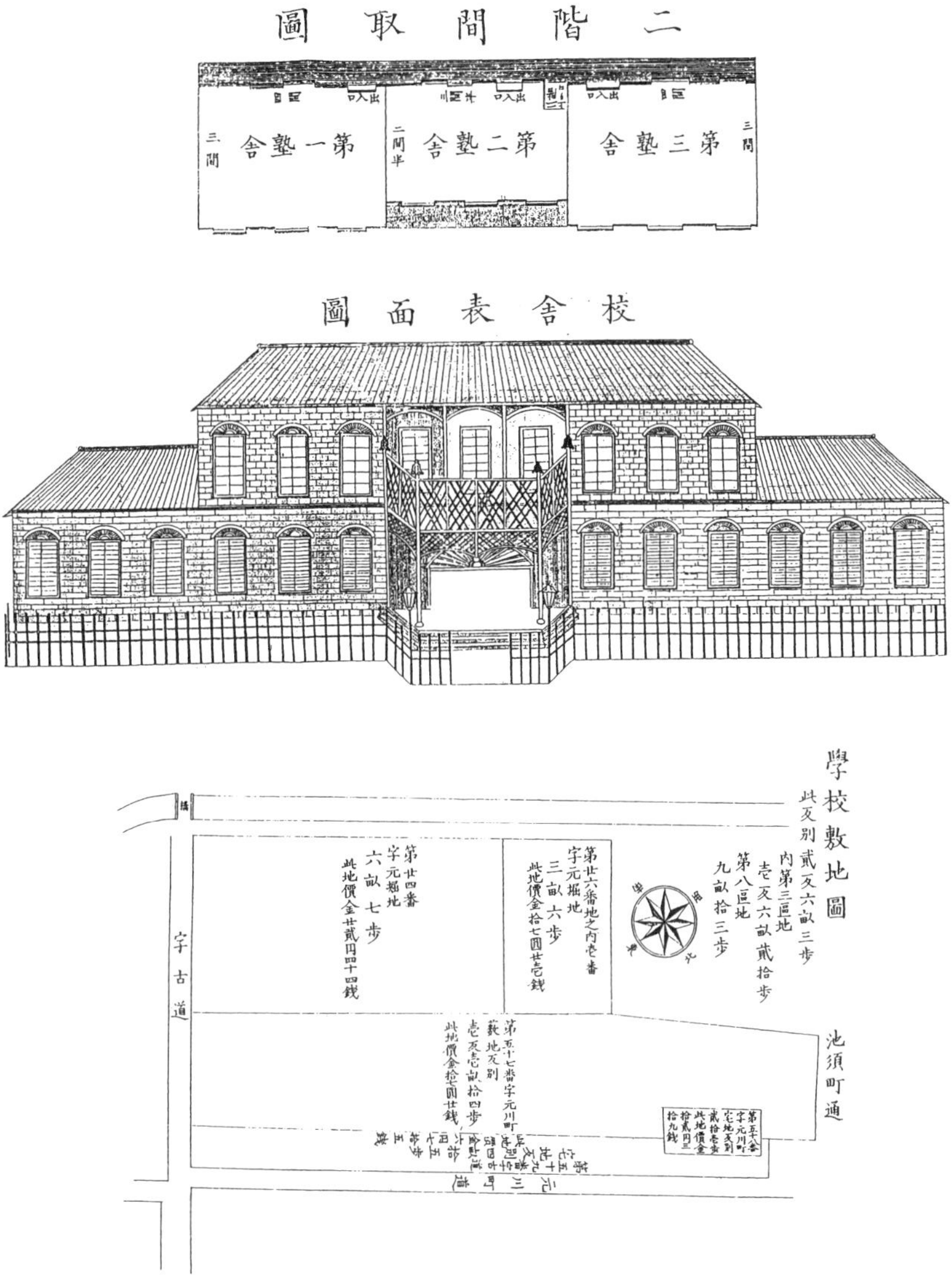

図4-3　彦根伝習学校の校舎図

（出典：『彦根伝習学校』第一年報　明治10年）

させるために、官立大阪師範学校の卒業生を教員に招聘する一方で、県内の各地域にねざす三支校体制を充実させ、県内各地に師範学校教員を巡回教員として派遣した。官立大阪師範学校が一八七八年二月廃校になると、同校の教員と生徒を大津師範学校に引き取り、新しい学科を創設していった。

(2) 大津師範学校の教員養成の充実とその後

一八七八（明治一一）年から一八八一（明治一四）年まで大津師範学校には、小学校教員養成に加えて、中等教員養成や専門家育成の理化学専修科（一年六カ月、後に二年）、画術専修科（一年六カ月）が設けられた。理化学教員には、志《し》賀《が》泰山《たいざん》、松本駒治郎《まつもとこまじろう》、坂野秀雄《さかのひでお》、岩城良太郎《いわきりょうたろう》など全国に名を知られた教師が官立大阪師範学校から移籍してきており、画術教員には松井昇《まついのぼる》がいた。また、一八八〇（明治一三）年五月から裁縫と作法・礼法の教員を養成するため、女子

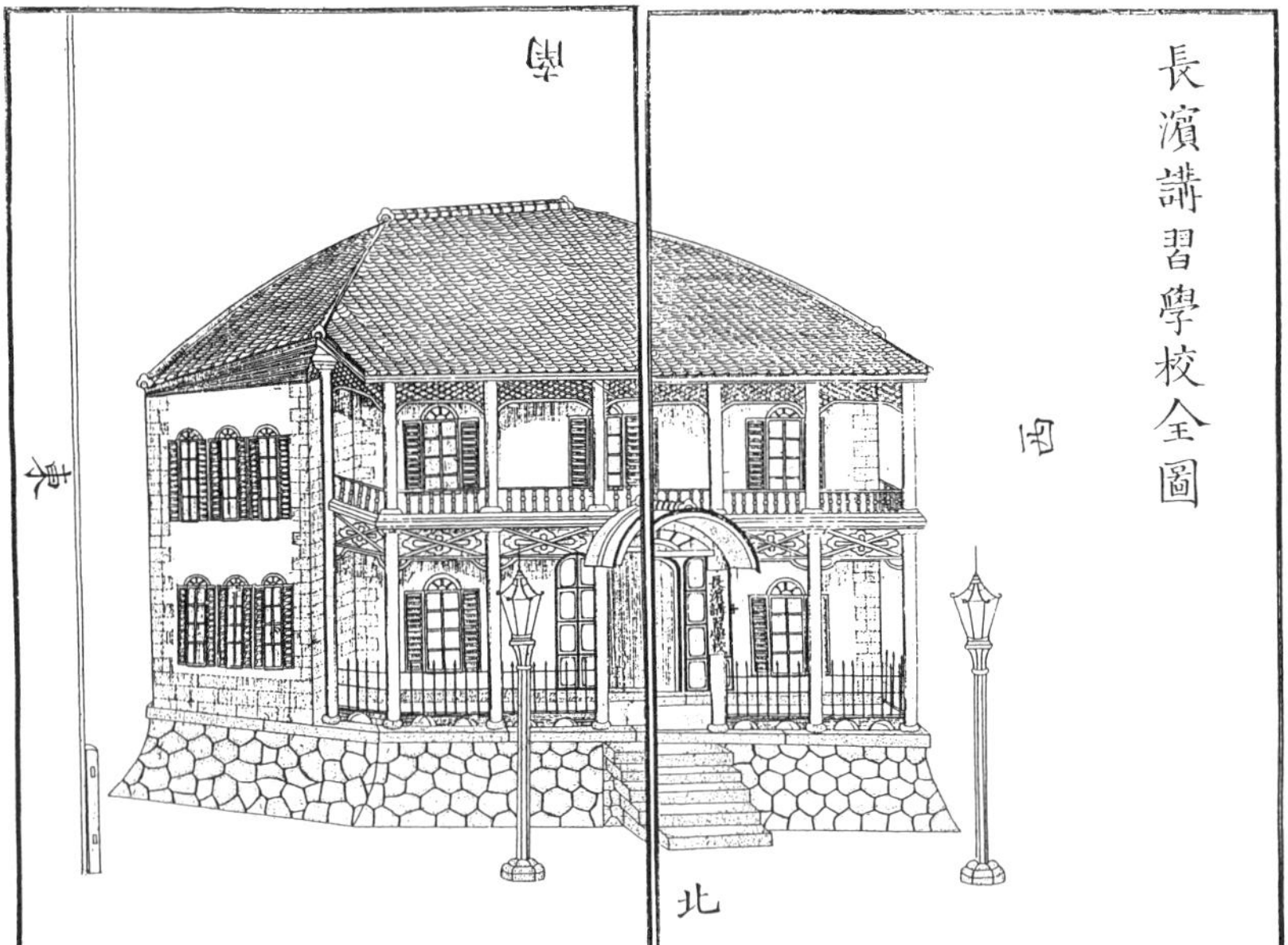

図4-4　長浜講習学校の校舎図
（出典：『長浜講習学校』第一年報　明治11年）

師範学科（二年）を設けた。女子就学率向上のため女子教育の充実、発展をめざした。同学科は一八八二（明治一五）年に独立校となり一八八五（明治一八）年まで続く「滋賀県女子師範学校」となって、県下の女子中等教育機関として大きな役割を果たした。

しかしながら、大津師範学校の地域に根ざした本校・支校体制や初等と中等の教員養成を併置した総合的な教員養成機関の整備は、一八八〇（明治一三）年四月二七日に財政難を理由として、縮小されていった。大津師範学校は支校を統合・閉鎖して本校のみになり、名称を再び「滋賀県師範学校」に戻していった。

その後に女子師範学校は、一八八五（明治一八）年に師範学校女子部として同校に統合されていった。滋賀県師範学校は、一八八六（明治一九）年の「師範学校令」によって「滋賀県尋常師範学校」になる。同校は戦前における滋賀県の初等教員養成の中核機関となって、一八九

図4-5　問答之図
（出典：『師範教授 小学生徒必携』明治８年）

八（明治三一）年に再々度改称した「滋賀県師範学校」にその役割を引き継いでいった。

男子師範と女子師範の教員養成が、独立校化したのは明治末年であった。裁縫・家事など女子教育の女子教員養成の必要性から、一九〇八（明治四一）年に「滋賀県女子師範学校」が設立された。しかし、同校は大津高等女学校と同一敷地内に設けられて、教員は両校の教育を兼務する不十分な体制で出発したのであった。

補論1 彦根における小学校の設立と旧教科書蔵書

1 彦根における小学校の設立・開校

彦根城下における小学校の開校は、『文部省年報』第三～第五年報（明治八年～一〇年）によると、一八七二（明治五）年の彦根瓦焼町（のち上小道具町）に設立された「訓蒙《くんもう》学校」が最初である。当時の彦根市街地は第一区から一〇区に分けられていた。第四区訓蒙学校に続いて、翌一八七三（明治六）年に第一区上魚屋町に「博文《はくぶん》学校」、第三区京橋上片原町（のち白壁町）に「入徳《にゅうとく》学校」、第五区上藪下町に「教蒙《きょうもう》学校」、第六区外馬場町に「修善《しゅうぜん》学校」、第七区中藪上片原町に「明道《めいどう》学校」、第八区池洲町に「芹水《せりみず》学校」、第九区上河原町に「階梯《かいてい》学校」、第一〇区大橋町に「開明《かいめい》学校」が次々に開校した。さらに一八七四（明治七）年の第二区松原馬場町に「初葉《はつは》学校」が開校したこと、第四区にはもう一校古沢町に「集義《しゅうぎ》学校」が開校している。また、第一〇区後三条町に「青年《せいねん》学校」が一八七六（明治九）年に開校している。これをもって、第一区から第一〇区までの城下の町組すべてに、小学校が計一二校開校したのである。一八七七（明治一〇）年に古沢町は村となり、彦根町の開校は一一校とされる。

『文部省年報』第三～第五年報の「滋賀県公学校一覧表」による統計で、この時期の彦根の小学校の教員数および生徒数がわかる。明治一〇年の滋賀県全体では、小学校教員は一校一～二人の学校が七七％と圧倒的に多数であり、生徒数五〇人以下が半数、五一～一〇〇人が三九％を占めていた。これをみると彦根の小学校は、小学校の開校当初から小学校教員数および生徒数において、充実していたといえる。小学校教員と生徒数の大規模校が約一〇校そろっていたのは、ほかには町場の商業地大津町ぐらいである。

2　彦根市立図書館所蔵の彦根尋常高等小学校・彦根西尋常小学校の旧教科書

彦根市立図書館は、一九一六（大正五）年の開館から八〇年の歴史を持つ県内屈指の歴史をもつ公共図書館である。同図書館には、

表補1-1　1875～77（明治8～10）年の旧彦根藩の教員数・生徒数

	明治8年			明治9年			明治10年		
	教員	生徒		教員	生徒		教員	生徒	
		男	女		男	女		男	女
博文学校	4人	113人	91人	9人	174人	178人	8人	127人	77人
1区		計204人			計352人			計207人	
初葉学校	8	176	85	12	183	115	11	170	86
2区		261人			298人			256人	
入徳学校	7	121	100	9	163	115	9	94	59
3区		221人			278人			153人	
訓蒙学校	5	119	104	7	112	88	5	98	59
4区		223人			200人			157人	
集義学校	1	25	15	3	26	14	2	26	13
4区		40人			40人			39人	
教蒙学校	4	120	75	6	134	87	7	133	65
5区		195人			221人			198人	
修善学校	7	116	87	8	149	93	9	144	75
6区		203人			242人			219人	
明道学校	8	153	66	9	134	93	9	157	65
7区		219人		(女1)	221人		(女2)	222人	
芹水学校	8	214	127	8	192	154	11	204	135
8区		341人			346人			339人	
階梯学校	4	138	108	6	117	89	8	122	91
9区		246人			206人			213人	
青年学校				4	61	43	5	48	38
10区					104人			86人	
開明学校	5	108	96	4	71	46	5	42	34
10区		204人			117人			76人	

（出典：『文部省年報』第三～五年報より作成）

教育史資料として貴重な資料が数多く所蔵されている。一九九六年度に同図書館は、開館八〇周年記念の「特別コレクション展」を一一月上旬に開催と聞き、所蔵教科書の調査を七〜九月に行い目録を作成した。館所蔵の古文書や巻物や錦絵などとならんで、旧教科書も一部展示された。

旧教科書の目録作成過程で彦根の教育史研究を進める上で、重要な事実がわかった。それは、①明治初期の県内でも稀少な教科書や重要な教科書類が同図書館に多数所蔵されていたこと、②同図書館に移管される前の旧蔵書印から、彦根町内の小学校の成立史や変遷史を明らかにできる事実が見つかったことである。

①について……同図書館の旧教科書の多くは、主に彦根尋常高等小学校と彦根西尋常小学校の二つの旧蔵書印が刻印されているところから、二校から移管されたと思われる。

移管時期については、同図書館でもわからないとのことであった。

彦根尋常高等小学校・彦根西尋常小学校の二校の旧蔵教科書は、総点数二四七点、総冊数七五五冊に及んでいた。その後に調査した御大典記念開国文庫の棚に入っている旧蔵教科書は、総点数五六点、総冊数一八一冊であった。開国記念文庫に入っている旧教科書中にも、彦根尋常高等小学校と彦根西尋常小学校の旧蔵書印を刻する教科書が、多数存在していた。したがって、調査時点での総点数は三〇三点、総冊数は九三六冊としておく。

〈彦根尋常高等宇小学校・彦根西尋常小学校〉分

A	国語	七二点	二七二冊	B	修身	三一点	一一〇冊	C	地理	三二点	八三冊
D	歴史	三七点	一〇三冊	E	算数・数学	二三点	五〇冊	F	理科	一七点	五八冊
G	実業	一五点	三〇冊	H	体操	五点	六冊	I	音楽	一点	六冊

J　家庭　二点　二冊　K　教育学・教授書七点　一一冊　L　漢籍　四点　二〇冊
M　国定教科書　二点　四冊
〈御大典記念開国文庫〉分
A　明治初期教科書
〈1〉修身　六点　二五冊　〈2〉歴史　一点　二冊　〈3〉地理　一八点　三六冊
〈4〉数学　八点　二五冊　〈5〉理科　一二点　四五冊　〈6〉図画　一点　一冊
〈7〉教育学　六点　二〇冊
B　漢籍　四点　二七冊

明治初期の教科書として、福沢諭吉の著作になる教科書類が多数見つかった。『頭書　世界国尽』（慶応義塾蔵版、再刻明治四年　初版明治二年）、『西洋事情』（尚古堂、明治三年）『童蒙をしえ草』（明治五年）、『学問ノススメ』（福澤諭吉・小幡篤次郎、明治六年〜九年）。慶応義塾版の『生産道案内』（小幡篤次郎　明治三年）も所蔵本である。

開国文庫の教科書蔵書には、西洋文明を取り入れるために、明治初期に文部省などから刊行された翻訳修身教科書が、多数発見できた。また、開化往来物とされる「開化往来」教科書の一群が見つかった。翻訳教科書では、『西国立志編』スマイルス著、中村正直訳（明治三年）、『修身論』原著フランシス・ウェーランド、阿部泰蔵訳（明治七年）、『泰西勧善訓蒙』原著ボンヌ、箕作麟祥訳述（明治六年）、『教訓手引草』井上廉平訳（明治七年）、『泰西世説』原著チエンブルス（英）、中川将行訳（明治七年）などがある。

地理科の開化往来として、橋爪貫一編で明治四年から六年まで刊行された、『世界商売往来』、『続世界商売往来』、『続々世界商売往来』、『世界商売往来補遺』や、松山半山編『開化童子往来』（明治六年）、下等祐一『文明開化』乾・

坤（明治六年）、『文明開化二編』上・下（明治七年）、横川秋清『開化之入口』上・下（明治六年）、『開化之入口二編』上・下（明治七年）、小川為治著『開化問答』、橋爪貫一纂輯『開知新編』（明治二年）、東江学人纂輯『文明開化内外事情』（明治六年）などがある。

この他には、時代がやや下がって明治二〇～三〇年代の小学校の商業の教科書が目を引く。いずれも「彦根尋常高等小学校」の蔵書印がある。小学校の商業科で使用された教科書は、これまで県下ではあまり発見されていない。『小学校用商業書』（明治二一年）に始まり、『商業読本』（明治二五年）、『商業新書』（明治二六年）、『商事教本』（明治三六年）、『新商業読本』（明治三六年）、『初等商業書』（明治三六年）、『小學商業教科書』（明治三六年）、『初等商業書』（明治三六年）、『高等小学商業』（明治三八年）など。農業科の教科書は、意外に少なく、明治初期の河邨（村）祐吉『農家日用往来』、琵琶湖書籍（明治七年）があるぐらいであった。

彦根尋常高等小学校は、旧彦根町の中心学校であるのみならず、犬上郡内での中心学校でもあった。明治初期の教育学・教授書のなかでも、稀少本が蔵書として備え付けられていたことがわかる。同校旧蔵書の『改正教授術』（明治一七～二〇年）はじめ、開国文庫には教育学書として、六点二〇冊が所蔵されていた。内田正雄訳『和蘭学制』上・下、東京・開成学校（明治二年）、和蘭・フォン・カステール『教師必読　全』（明治一〇年）、甲斐錦衛『加氏教授論』文部省刊行（明治一一年）、西村茂樹訳『教育史』上・下、天賜堂（明治一六年）である。

同文庫には、小林義則『師範学校小学試験成規』乾・坤（明治八年）という教育書がある。小林義則は、元彦根藩士族でこの本に東京師範学校得業、神奈川県一等訓導の肩書きを書いている。彼は後に教員をやめて、明治二〇年代の各種の教科書を多数出版した文学社の社主となる。この「小学試験成規」は横浜・丸屋善八他により出版され、乾で下等小学試験法（四～一七丁）、坤で試験式（一八～四六丁）を扱っている。旧蔵書印は「犬上郡第八区小学校」「滋賀県犬上郡第一区高等尋常科彦根小学校」「犬上郡池洲尋常小学校」の印がある。滋賀県下では小林義則の経営した文学社編輯の『小学読本』が、検定期に多数採択されている。

滋賀県師範学校の教師が著した小学校教科書も、何冊か所蔵されている。そのうちの志賀泰山編『化学最新』一〜五　大阪・龍章堂（明治一〇年）を取り上げてみる。志賀泰山は、東京開成学校で理化学を専攻し、明治一〇年までドイツ人ヘルマンリッテルに学び、一〇年春卒業と同時に、官立大阪師範学校理化学教員に招聘された。授業の暇を見てシュライベルの化学書を翻訳しており、本著はこの訳本であることを、大阪師範学校校長西村貞が序文に書いている。志賀は、一〇年秋に西南戦争の財政難から大阪師範学校が廃校となったため、滋賀県師範学校理化学教員に転出した。滋賀県師範学校では、刊行したばかりのこの本を使って講義を行ったとされる。

3　『絵入智慧の環』・『日本立志編』・『幼学綱要』の蔵書印から見た小学校の変遷

②については、明治初期の国語入門教科書『絵《え》入《いり》智《ち》慧《え》の環《わ》』と修身の『日《に》本《ほん》立《りっ》志《し》編《へん》』および『幼学綱要』の三つの教科書の蔵書印を見ておこう。『絵入智慧の環』は古《ふる》川《かわ》正《まさ》雄《お》の手になる著作で、初編から四編までの各編上・下二巻ずつ八冊について、明治三年から三〜五年に刊行されたが、旧蔵書印から興味深いことが浮かび上がる。同教科書は、旧蔵によりＡＢＣの三種あることがわかった。

〈『絵入智慧の環』の旧蔵書印〉

1　『絵入智慧の環』初編　上・下詞の巻　明治三年　初編上（二〇丁）下（二〇丁）各三冊

Ａ—蔵書印「犬上郡第八区小学校」「犬上郡池洲尋常小学校」表紙朱筆第一六号

Ｂ—蔵書印「訓蒙学校」「小学校」「犬上郡小道具尋常小学校」表紙朱筆第一一七号

C—蔵書印「脩（修）善学校」
＊ABCとも「滋賀県犬上郡第一学区高等尋常科彦根小学校」「彦根尋常高等小学校」の印あり。

２『絵入智慧の環』二編　上—万国尽の巻・下—詞の巻　明治三年　二編上（二四丁）下（一九丁）
A—蔵書印「階梯学校」「犬上郡池洲尋常小学校」表紙朱筆第一六号
B—蔵書印「訓蒙学校」「小学校」「犬上郡小道具尋常小学校」表紙朱筆第一一七号
C—蔵書印「犬上郡第八区小学校」
＊ABCとも「滋賀県犬上郡第一学区高等尋常科彦根小学校」の印あり。

３『絵入智慧の環』三編　上—大日本国尽の巻・下—詞の巻　明治五年　三編上（二二丁）下（二一丁）
A—蔵書印「階梯学校」表紙朱筆第一六号
B—蔵書印「訓蒙学校」「小学校」「犬上郡小道具尋常小学校」表紙朱筆第一一七号
C—蔵書印「犬上郡第八区小学校」「犬上郡池洲尋常小学校」
＊ABCとも「滋賀県犬上郡第一学区高等尋常科彦根小学校」の印あり。

４『絵入智慧の環』四編　上—名所の巻、大日本国尽の巻・下—詞の巻　明治五年　四編上（二六丁）下（二五丁）
—各三冊
A—蔵書印「階梯学校」「犬上郡池洲尋常小学校」表紙朱筆第一六号
B—蔵書印「訓蒙学校」「小学校」「犬上郡小道具尋常小学校」表紙朱筆第一一七号
C—蔵書印「犬上郡第八区小学校」
＊ABCとも「滋賀県犬上郡第一学区高等尋常科彦根小学校」の印あり。

〈『日本立志編　一名修身規範』の旧蔵書印〉

同教科書は、明治一〇年代によく使われた千河岸《ひがし》貫一《かんいち》著述で、大阪・吉岡平助、前川善兵衛によって出版された。同名の三種類の教科書が所蔵されていた。

1『日本立志編』一名修身規範一～三（明治一二年）

旧蔵―蔵書印「入徳」「犬上郡小道具尋常小学校」「犬上郡第一学区尋常高等科彦根小学校」（表紙朱書）第五六号、表紙ラベル「彦根尋常高等小学校」第六七号

2『日本立志編』一名修身規範一～三（明治一二年）

旧蔵―巻一は、明治一五年発行本、蔵書印「初葉学校」「犬上郡池洲尋常小学校」。

巻二・三は、蔵書印「階梯学校」「犬上郡池洲尋常小学校」。

巻一二三とも、蔵書印「犬上郡第一学区尋常高等科彦根小学校」（表紙朱書）第三七号、表紙ラベル「彦根西尋常小学校」第三六号。

3『六刻日本立志編』一名修身規範一～三（明治一六年）

旧蔵―蔵書印「犬上郡下片原尋常小学校」「犬上郡第一学区尋常高等科彦根小学校」表紙ラベル「彦根西尋常小学校」

次に宮内省刊行の『幼学綱要』巻一～七の場合を見てみよう。西村茂樹編集の明治初期の修身書として著名な

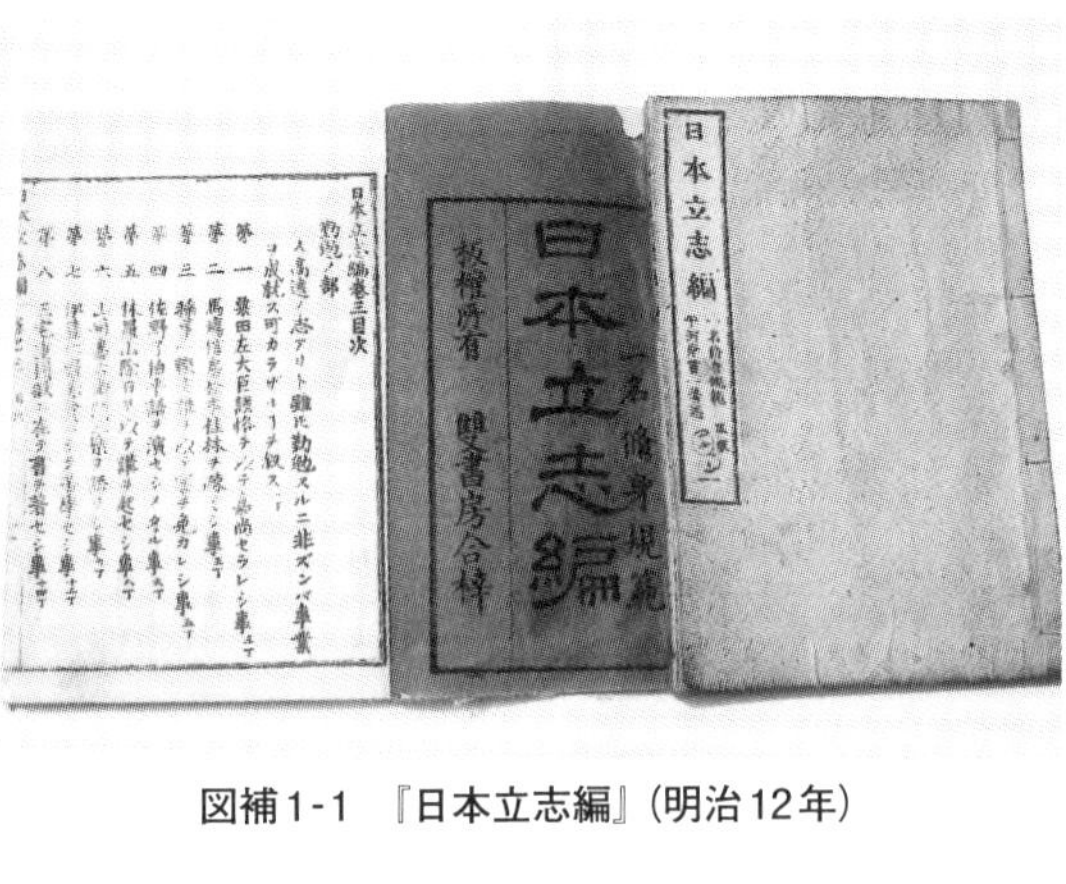

図補1-1　『日本立志編』（明治12年）

『幼学綱要』巻一〜七（明治一五年刊）は、市立図書館には三セット揃っている。これを便宜的にAセット、Bセット、Cセットと名付ける。

〈『幼学綱要』巻一〜七（宮内省刊　明治一五年）の旧蔵書印〉

（Aセット）………巻一・二・三・四・五の蔵書印は、「入徳学校蔵書之印」「犬上郡下片原尋常小学校」「滋賀県犬上郡第一学区高等尋常科彦根小学校」となっている。入徳学校印本は、表紙に朱筆で第四七号と蔵書番号が記されている。

巻六・七の蔵書印は、「教蒙学校」「犬上郡池洲尋常小学校」「滋賀県犬上郡第一学区高等尋常科彦根小学校」である。教蒙学校本は、表紙に朱筆で第四号と記されている。このAセットは、表紙ラベルに「彦根西尋常高等小学校」が貼られており、現在の城西小学校からの寄贈であることが判明する。

（Bセット）………巻一・三・四・五・六・七の蔵書印は、「犬上郡明道学校」「滋賀県犬上郡第一学区高等尋常科彦根小学校」となっている。犬上郡明道学校本は表紙に朱筆で第六号と記されている。巻二の蔵書印は、「犬上郡小道具尋常小学校」「滋賀県犬上郡第一学区高等尋常科彦根小学校」である。この本は、朱筆で第二号と番号が付されている。このBセットは、表紙ラベルが「彦根尋常高等小学校」となっており、朱筆で第二四号と蔵書番号を書いている。現在の城東小学校からの寄

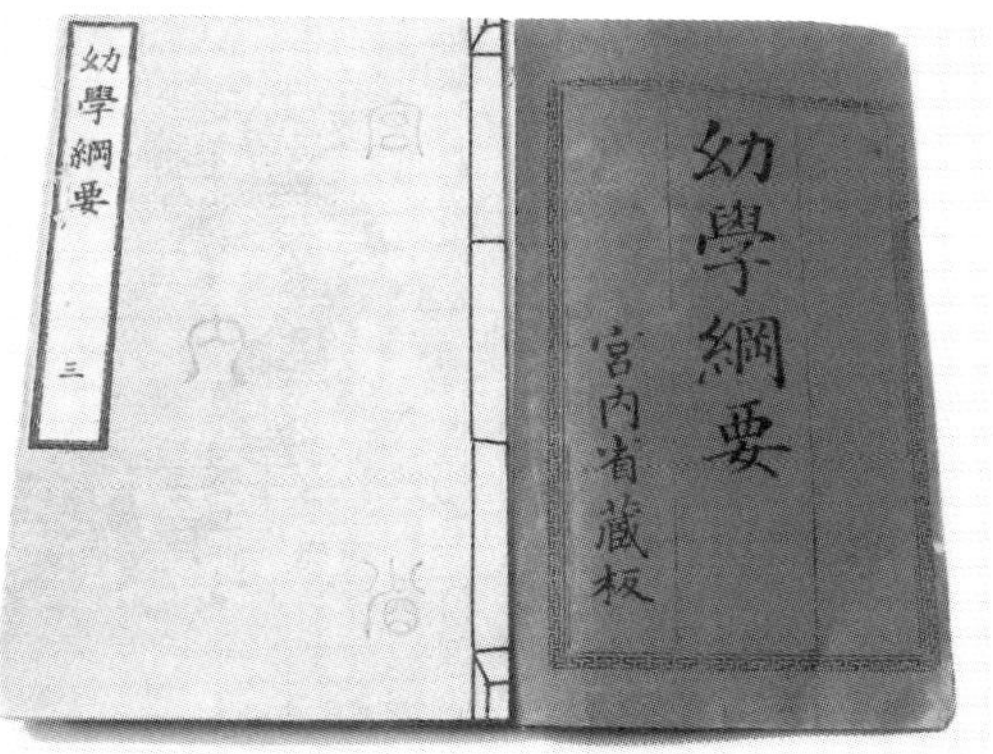

図補1-2　宮内省『幼学綱要』(明治15年)

贈本である。

（Cセット）……巻一・二・三・四・五・六の蔵書印は、「訓蒙学校」「滋賀県犬上郡第一学区高等尋常科彦根小学校」となっている。巻七のみ、「初葉学校」「滋賀県犬上郡第一学区高等尋常科彦根小学校」となっている。

この巻一〜七は、いずれも表紙に朱筆で第一号と蔵書番号を記している。Bセットと同じく、Cセットには表紙ラベルが「彦根尋常高等小学校」となっており、なお朱筆で第一二号と蔵書番号を書いている。

このように市立図書館に所蔵されている明治初期の旧教科書には、主に彦根尋常高等小学校の旧蔵本と、彦根西尋常高等小学校の旧蔵本との二種の系譜をもつものが多かった。

4　明治期の彦根の小学校の発展と系譜

旧教科書中の蔵書印のなかで、単に「小学校」という学校名のない蔵書印がある。「小学校」の蔵書印のある教科書は、「訓蒙学校」「小道具尋常小学校」「滋賀県犬上郡第一学区高等尋常科彦根小学校」「彦根尋常高等小学校」の蔵書印が必ずある。「小学校」蔵書印のある教科書類は、明治五年設立の彦根で最初の小学校「訓蒙学校」の古い蔵書であったことをうかがわせる。また、「滋賀県犬上郡第一学区高等尋常科彦根小学校」の蔵書印のある教科書が多数ある。これは、一八八六（明治一九）年一一月一日にそれまでの彦根市内の一〇区一一町にあった一一校をすべていったん廃校にして、本町に高等尋常科併置の小学校を設立したことによるものである。第四区集義学校は、明治七〜九年統計表では古沢町となっているが、一〇年以後の表では古沢村となっているので、一二校にならなかった。

その後、一八九二（明治二五）年七月一日に彦根町では、高等科小学校として「彦根高等小学校」と尋常小学校として「下片原尋常」「池洲尋常」「小道具尋常」「安清尋常」の四尋常小学校が分離されて、設立されている。この四つの尋常小学校は、翌年一八九三（明治二六）年一一月一日に下片原、池洲の二校が合併して、「彦根西尋常小学校」になり、小道具、安清の二校が「彦根東尋常小学校」となる。

さらに、一八九五（明治二八）年三月三一日に至ると、彦根高等小学校が廃止されて、彦根東尋常小学校と合併、統合されていく。この時点で、東の字を取り去り「彦根尋常高等小学校」と名称を改称した。同時に、彦根西尋常小学校は名称を西の字を取り去り、「彦根尋常小学校」と称することとなった。

市立図書館所蔵の旧教科書には、「彦根高等小学校」印、「下片原尋常小学校」「池洲尋常小学校」「小道具尋常小学校」印などはもちろん、「彦根尋常高等小学校」「彦根西尋常小学校」印などが、押されている。

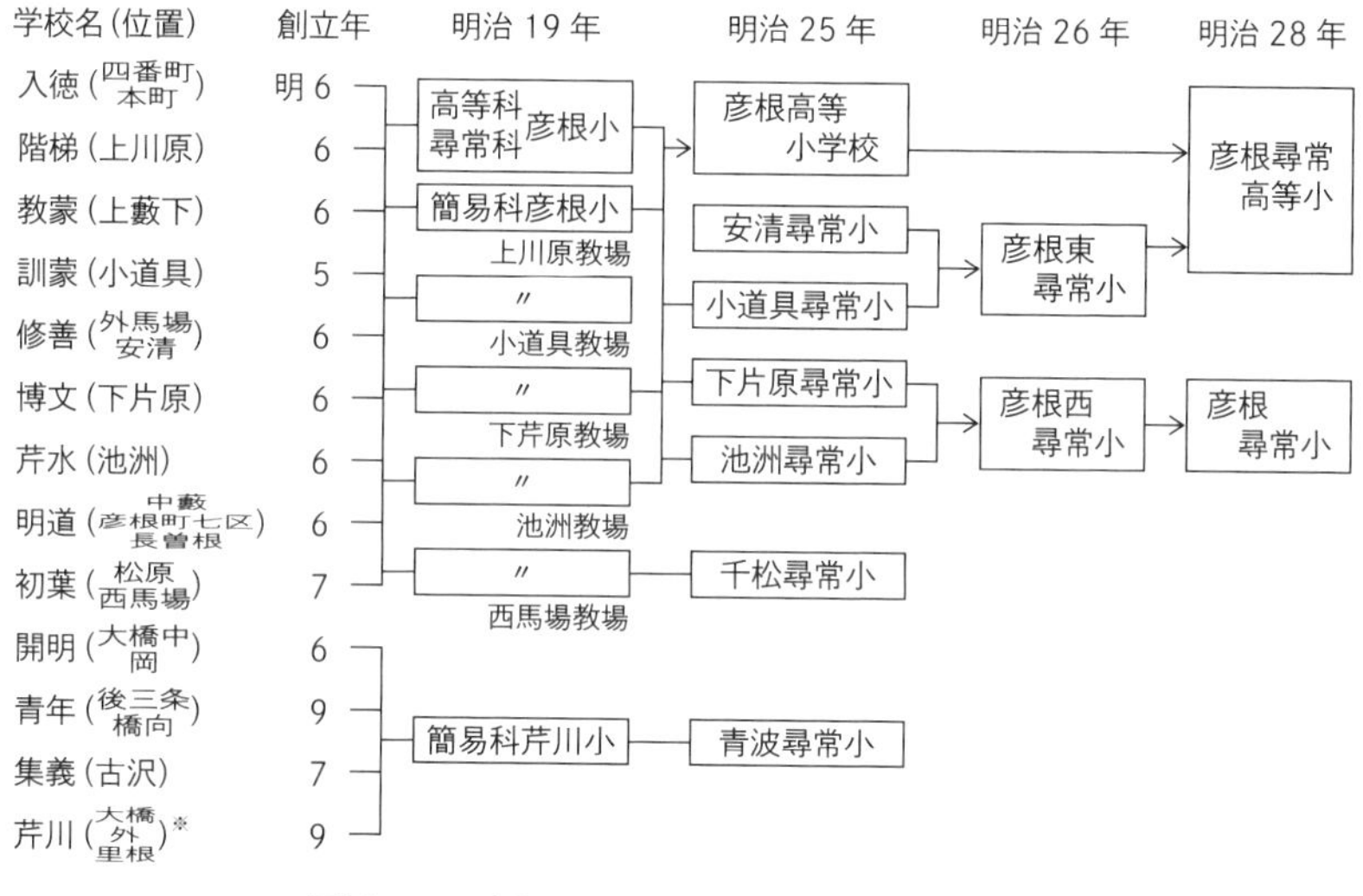

図補 1-3　彦根町小学校の変遷（明治 5 ～ 28 年）

※は彦根町外

（出典：田中知邦『現行滋賀県布令類纂』第五編下巻、1891〈明治 24〉年、『明治25年明治26年滋賀県統計書』1896〈明治 29〉年、『滋賀県市町村沿革史』第三巻 1964 年より作成）

表補1-2　彦根町の小学校

九十

名稱	學科	位置（國郡町村名）	設立年	教場數	教員數 男	教員數 女	生徒數 男	生徒數 女	卒業生徒數 男	卒業生徒數 女	受業料 有無	補助金配付額 圓	補助金配付額 錢厘	首座教員姓名
博文	小學	近江國犬上郡下片原町	明治六年	、、八	八	、、	一三七	七七	、、	、、	有	、、	、、	宇津木甲次郎
初葉	小學	近江國犬上郡松原馬場町	明治七年	一一	二	、、	一七〇	八六	、、	、、	有	、、	、、	大久保誠一郎
入徳	小學	近江國犬上郡白壁町	明治六年	一〇	九	、、	九四	五九	、、	、、	有	、、	、、	光田進業
訓蒙	小學	近江國犬上郡上小道具町	明治五年	、、八	五	、、	九八	五九	、、	、、	有	、、	、、	岡川恆三郎
集義	小學	近江國犬上郡古澤村	明治七年	、、二	二	、、	二六	一三	、、	、、	無	、、	、、	溝口鉄次郎
教蒙	小學	近江國犬上郡上藪下町	明治六年	、、七	七	、、	一三三	六五	、、	、、	有	、、	、、	本上太平
修[illegible]	小學	近江國犬上郡外馬場町	明治六年	、、九	九	、、	一七四	七五	、、	、、	有	、、	、、	柴田信人
明道	小學	近江國犬上郡中藪上片原町	明治六年	、、九	七	一	一五七	六五	、、	、、	有	、、	、、	[illegible]久五郎
芹水	小學	近江國犬上郡池洲町	明治六年	一〇	二	、、	一〇四	一三五	、、	、、	有	、、	、、	信澤一郎
[illegible]	小學	近江國犬上郡上河原町	明治六年	、、八	八	、、	一三三	九一	、、	、、	有	、、	、、	中村文二
青年	小學	近江國犬上郡後三條町	明治九年	、、五	五	、、	四八	三八	、、	、、	有	、、	、、	青木道太郎
開明	小學	近江國犬上郡根岡町	明治六年	、、四	五	、、	四二	三四	、、	、、	有	、、	、、	松本茂太郎
芹川	小學	近江國犬上郡芹川村	明治十年	、、五	三	、、	三三	三〇	、、	、、	有	、、	、、	土上一
八坂	小學	近江國犬上郡八坂村	明治八年	、、四	二	、、	四四	、八	、、	、、	無	、、	、、	西山乾造
大藪	小學	近江國犬上郡大藪村	明治八年	、、九	一	、、	二一	一九	、、	、、	無	、、	、、	塚越原馬
勸善	小學	近江國犬上郡甘呂村	明治八年	、、六	三	、、	四四	二八	、、	、、	有	、、	、、	西村錩三
開出	小學	近江國犬上郡開出今村	明治八年	、、二	二	、、	三五	一〇	、、	、、	無	、、	、、	溝口駒次郎
達道	小學	近江國犬上郡西今村	明治八年	、、四	四	、、	七二	二二	、、	、、	無	、、	、、	龍潜水
習遠	小學	近江國犬上郡平田村	明治八年	、、四	二	、、	三八	一七	、、	、、	無	、、	、、	毛淵定三
漸明	小學	近江國犬上郡小泉村	明治七年	、、三	二	、、	四七	一八	、、	、、	有	、、	、、	石井掛平
漸々	小學	近江國犬上郡西沼波村	明治六年	、、四	三	、、	四八	三一	、、	、、	無	、、	、、	加納勝
成美	小學	近江國犬上郡地藏村	明治八年	、、二	一	一	二一	一三	、、	、、	無	、、	、、	山口文次郎
先鳴	小學	近江國犬上郡高宮村	明治五年	一〇	二	、、	一三七	一四〇	、、	、、	無	、、	、、	上野耕一郎
呉竹	小學	近江國犬上郡呉竹村	明治十年	、、二	一	、、	二三	、五	、、	、、	無	、、	、、	織田報喜
敦求	小學	近江國犬上郡大堀村	明治八年	、、四	二	一	五九	一六	、、	、、	無	、、	、、	奥平武郎
郷導	小學	近江國犬上郡久徳村	明治八年	、、四	二	、	五四	一七	、、	、、	無	、、	、、	一圓英三郎
大明	小學	近江國犬上郡土田村	明治八年	、、三	三	、、	四六	二三	、、	、、	無	、、	、、	明塚八三
班正	小學	近江國犬上郡正法寺村	明治七年	、、六	三	、、	六八	三四	、、	、、	無	、、	、、	武笠敬太郎
遵求	小學	近江國犬上郡栗栖村	明治九年	、、二	二	、、	一二	、八	、、	、、	無	二	、、	北川又次郎
開蒙	小學	近江國犬上郡敏満寺村	明治八年	、、五	三	、、	六五	一六	、、	、、	無	、、	、、	澤田醇一
多賀	小學	近江國犬上郡多賀村	明治七年	、、六	三	、、	一〇一	五五	、、	、、	無	、、	、、	櫛橋久三
芹川	小學	近江國犬上郡後谷村	明治十年	、、二	一	、、	五一	、三	、、	、、	無	、、	、、	中嶋忠太
水尾	小學	近江國犬上郡水谷村	明治十年	、、一	一	、、	一二	一一	、、	、、	無	、、	、、	安富獅丸
文成	小學	近江國犬上郡小原村	明治八年	、、二	一	、、	二五	一二	、、	、、	有	、、	、、	本山詮次郎
富尾	小學	近江國犬上郡富ノ尾村	明治九年	、、二	一	、、	二三	、九	、、	、、	有	一〇	、、	天野庸文

（出典：『第三大学区滋賀県第五年報』1877〈明治 10〉年、「滋賀県管内公学校表」18～19 頁）

彦根の町の初期の小学校の蔵書印から見ると、「入徳学校」→「下片原尋常小学校」、「教蒙学校」→「池洲尋常小学校」、「初葉学校」→「池洲尋常小学校」、「階梯学校」→「池洲尋常小学校」の各校は、「彦根西尋常高等小学校」となっていき、一方「訓蒙学校」→「小道具尋常小学校」、「明道学校」・「修善学校」は、「彦根尋常高等小学校」となっていく系譜が、はっきりと読みとれて興味深い（城西小学校所蔵資料『明治二八年以降　学校一覧表　彦根尋常小学校』）。

明治五年～二〇年代の旧彦根町の小学校の変遷をたどり、城東小学校所蔵『学校日誌』、『文部省年報』各年度年報などで補充して構成すると、図補1－3のように彦根の小学校変遷図を描くことができる。図より後の小学校の変遷として、「彦根尋常小学校」についてふれておく。同校は一九〇七（明治四〇）年に「彦根西尋常高等小学校」となるも、一年後に「彦根西尋常小学校」と改称し、高等科併置を廃止した。その後、再び「彦根西尋常高等小学校」となるのは、一九三七（昭和一二）年のことであった。なお、図中の「千松尋常小学校」は一九一三（大正一二）年に、「青柳尋常小学校」は一九一二（大正一一）年に、高等科併置をして、校名を「千松尋常高等小学校」、「青柳尋常高等小学校」と改称していった。

第5章　大津欧学校の設立・開校と県令松田道之

1　滋賀県教育史における欧学校の位置

『文部省年報』第一年報（一八七三〈明治六〉年）の滋賀県学事の項に、大津において欧学校が開校しており、外国人教師二名のもとで百七十六人の生徒が学んでいたことが記されている。この欧学校は、「独逸人エミル・レーウエンスタイン及同氏ノ妻ヲ延テ教師トシテ通弁教員三名ヲ附シテ　普通学科・商業及裁縫等ノ学術ヲ教授セシム　当時本校ノ生徒男百四十九人・女二七人共二百七十六人ナリ」「外国教師二名ノ年俸三〇〇〇円、通弁ノ年俸一〇八〇円　但一名二三〇円乃至四八〇円ヲ支給ス」という学校であった。普通の小学校教員の年俸が一八～九六円の時代（大津市の教員給―4章　五三頁）であるから、お雇外国人教師の年俸は相当なものであった。[1]

『文部省年報』第二年報（一八七四〈明治七〉年）の外国語学校統計表からも、外国人教師二名、男百二人・女八人の計百十人、英・仏・独・荷《ママ蘭》の四カ国語を教える学校として、下坂本町に設立されていたことがわかる。大津の欧学校は、翌年の一八七五（明治八）年以後の『文部省年報』には登場しなくなる。『府県資料滋賀県史十九』政治部第十二で、一八七二～七四（明治五～七）年の「滋賀県学事」を記載しているが、欧学校生徒数は男子一〇〇、女子三〇人の計一三〇人としている。[2]

欧学校は、明治初期の滋賀県における学校教育の黎明期に、短期間だけ存在した学校であった。一八七五〈明治八〉年六月一日には、滋賀県小学教員伝習所が開所して、小学校の教員養成学校が開校する。教員伝習所はすぐに改称して同年一一月二六日に滋賀県師範学校となり、中等教育の一つの柱が出来ていく。欧学校は、それ以前に設立された「彦根藩学校」と並んで、県下で最も早い時期の中等教育機関として、滋賀県の文明開化の足跡を記した学校であった。

欧学校は、一八七二〈明治五〉年一〇月六日に開校式をあげ、一八七四〈明治七〉年八月には閉校している。実質二年間の短期間の存在であったので、これまで滋賀県教育史では注目されてこなかった。欧学校の研究は、里内文庫の名で著名な里内勝次郎が、「明治初年ニ於ケル滋賀県ノ欧学教育ノ制度ノ史料」(『近江教育』第五二三号一九三九〈昭和一四〉年七月)として、自ら収集した欧学校関係資料を紹介したのが先駆的なものであろう。この論稿では里内は資料紹介に徹しており、明治初年における欧学校の意義については詳しくふれていない[3]。本稿では、里内の基礎資料や当時の新聞資料を踏まえて、滋賀県教育史の冒頭を飾る大津欧学校の教育実態を明らかにしたい。

2　大津欧学校の開校

(1)　大津県令松田道之と洋学校設立構想

一八七一〈明治四〉年一一月二二日に、前京都府大参事松田道之は大津県令として着任した。松田は、着任時の滋賀・甲賀・栗太・野洲・蒲生・神崎の六郡を管轄下におく大津県令〈明治五年一月滋賀県に改称〉から、一八七二〈明治五〉年九月二八日に旧犬上県下の六郡を併せて成立した十二郡からなる、初代の滋賀県令に就任した。

一八七五（明治八）年三月二三日に内務大丞になって内務省に転任するまでの三年四カ月間、明治初期の滋賀県早創期の県令として、開明的な政策を遂行した政治家であった。

松田道之は、一八三九（天保一〇）年五月一二日に鳥取藩家老の家臣久保市郎の二男に生まれた。一一歳の時、木下主計の養子となり藩校尚徳館に学び、一七歳の時豊後国に行き、広瀬淡窓《ひろせたんそう》の開いた私塾咸宜園《かんぎえん》で四年間学んだ。帰郷後、松田市太夫の養子となり、一八六二（文久二）年以降京都に出て、他藩の勤王派志士と交わり、鳥取藩勤王派として活躍する。一八六八（明治元）年に徴士《ちょうし》となり太政官に召され、内国事務局権判事となり京都裁判所に勤める。京都府権判事《ごんはんじ》、同判事《はんじ》を経て、明治二年七月に大参事《だいさんじ》となり、同四年一一月には三二歳で大津県令になっている[4]。

松田の教育政策は、在任中の三年四カ月の間、洋学校の設立という中等教育の開校と、学制の実施として県下全域に小学校を設立・開校し、初等教育の早急な普及を図ることの二点を並行して行った。しかし、松田の施策を詳しくみると、初等教育よりも中等教育を先行させており、成人対象の欧学校という外国語学校を積極的に設立しようとしたことがわかる。ここで、滋賀県布達書の「学事」関係をみると、明治四～五年段階では中等教育としての欧学校記事がほとんどを占め、明治六～七年段階では小学校開校と官立師範学校召募の布達記事が中心となってくる。明治八年段階になると、小学校の制度確立の関係や小学校教員養成に関する布達が増え始め、本格的な教育行政の展開が見られる（『滋賀県達書簡明目録』第壹～第八　明治四・五～八年　一八八二年）。

さて、松田は京都府大参事の時に、京都に洋学校を開校させていたことは、よく知られている。京都の洋学校は、一八七〇（明治三）年創立の独乙《ドイツ》学校、一八七一（明治四）年創立の英学校、一八七二（明治五）年創立の仏学校と英女学校の四校が、公立学校として開校していた。松田は独乙学校の開校に際して、そのドイツ人教師「カルルレーマン」を招聘した関係でレーマンとはきわめて懇意であった。大津県令の着任当初から教育施策として、

洋学校設立構想を持っていたことが、次の二通の書簡から推測できる。(5)

一通はカルルレーマンからの松田宛書簡（明治五年七月一七日）であり、もう一通は福沢諭吉からの松田宛書簡（同年一一月六日）である。いずれも、松田道之からの洋学教師を探す依頼に対する返答書であり、早くから両人にお雇い外国人の洋学教師を探すことを依頼していたことを示すものである。

カルルレーマンは、前段で「先達《せんだっ》て御噺《おはなし》有之候学校教師御雇入被成度《なられたき》旨ニ付神戸横浜其他開港場探索付候へ共当節渡来人の内には可然《しかるべき》もの無之《これなく》」という難しい状況であると述べ、しかし幸いなことに、中国の西安に「独逸《ドイツ》人にて語学国字は慥《たしか》に出来人有之、殊に妻は英国の人にて夫婦とも至《いたっ》て人柄の者にて英仏独逸語共教示致し至極《しごく》の事ニ有之」と、推薦できる適任の人物がいることを書いている。

そして、この外国人夫婦を招く条件に関して、「尤《もっとも》給料は両人にて一ケ月洋銀二百五十枚にて御相談相成可申候、思召に叶《かなう》御条約相成候はゞ旅中入費並支度料《したくりょう》御手当被下候様致度奉存候」と述べている。この後に続けて、本国から外国人を招くとすると、給料が高い上に旅費がかかり大変なので、幸い近国にいるこの外国人を雇うと便利であるとしている。ここまで読むと、どうもカルルレーマンの人選の意図が見えて来るようである。いずれにしろ、結果的には松田は、この夫婦を雇うことにしたのである。

もう一通の福沢の書簡は、お雇い外国人を雇うにあたっての基本的な姿勢を述べている。「（前略）御本県にて英書並訳書の教師御入用に候はゞ人物差出可申、此教師派出に付ても一の工夫を設けり。即各県にて教師を雇ふに莫大の月給を取り迚《とて》も永久の策にあらず。依て此度以後は教授の傍翻訳書を売捌《うりさば》き学者と商人と両様の業を兼る積りなり。此人売書を業とするも基本色は学者なる故、先方にて此を従来の商人と視做《みな》して軽蔑することなくば、月給は極めて安くしてよき教師を雇い兼て訳書類を買入るゝ便利あるべし。此亦御勘考《ごかんこう》被下。此一事は今日は奇談《きだん》に似たれども何も学問を商業とは混同不致て不相叶《あいかなわず》次次 聊《いささか》世上の手本にもと存じ、先は思立候義に御座

候也　／十一月六日　／福沢諭吉」

(2)　欧学校の設立準備と開校告示

一八七二（明治五）年一〇月の開校に先立ち、同年八月二〇日に滋賀県は布達第一七〇号で生徒募集を行った。九月中旬にドイツ人教師レーウエンスタイン夫妻の入県が予定されているので、九月一〇日までに出願すべきことを通達している。「開校後ハ英仏独三国之学事並ニ女ノ手業《てわざ》等モ教授為致候間修業致度者ハ男女之無差別差許候条来月十日迄ニ可願出候事」(6)

さらに、九月に欧学校の設立の趣旨を布達第一九六号によって告示した。この欧学校の「就学告諭」は、太政官布告同年八月二日の「学事奨励に関する被仰出書」（「学制」）の精神を受け継いで、学問の有用性を説き、個人の能力を発達させることを述べ、農工商など生活実用の学科の重要性を提唱し、英語・仏語・独語・オランダ語の四カ国語と商業学、女子には英語と裁縫を教授することを説明している。やや長いが、全文引用しよう。

「凡ソ子弟之有之者眼前ノ愛ニ溺レ遊惰ニ日ヲ暮ラサセ例令《たとえ》職業ヲ教ヘ候モ　旧来不開之業ニ従事イタサセ　就中《なかんずく》女ノ子ヘハ専ラ遊芸《ゆうげい》ノミヲ教ヘ無用ノ事ニ日月ヲ費ヤサセ候等ノ習弊《しゅうへい》有之　前途開明ノ時節ニ難適ノミナラズ　詰《つま》リ終身ノ損害ト相成ル事ニ付キ　其父兄タルモノ此ニ注意シ　前日之旧習ヲ去リ日新ノ事業ニ就《つ》カシメル様　目的ヲ立テ専ラ学文《がくぶん》ニ従事可致候条　尤《もっと》モ学文ト申候テモ従前世ニ唱フル所ノ　徒《いたず》ラニ書ヲ読ミ詩文ヲ弄《ろう》シ高尚究理《こうしょうきゅうり》ヲ研究スル等ノ如キ無用之事ニハ無之　即チ農商工共各其業ニ付テ実用ノ学科ナリ　人間必用タル衣食住ヲ不離者ニ付キ右主旨取違ヘ間敷《まじく》　依テ追々諸学校ヲ設ケ管下ニ子弟タル者ヘ教育行届候様可致筈ニ候　然ル処先ツ差当リ今般取立候欧学校之儀教　子弟有之向ハ可成入学可致　右学校

ヘハ通学留舎《つうがくりゅうしゃ》トモ望ニ任セ差許候儀ニ付　仮令《たとえ》遠方ノ者タル
モ差支無之之筋ニ可相心得事

当県欧学校教師

独逸国人　エ、ミル　レウエンスタイン氏

右欧州普通学科ヲ教ヘ就中英仏独蘭四国ノ語ニ熟シ且兼テ商
業学ヲモ教授ス

同人　妻

英吉利国人　メリー　レウエンスタイン氏

右女生徒ヲ教育シ　就中英語ニ熟シ女ノ手業ヲ教授ス

右之通管内ニ無洩《もれなく》相違スル者也

壬申九月　滋賀県庁(7)」

大津欧学校には、どのような生徒が入学しただろうか。資料の残存する三名について見ておこう。八月二〇日の布達にしたがって、欧学校に九月一日に出願した八田知忠の入学願書がある。(8)

「洋学入門致度御願／今般洋学校御節相成修学致度者ハ可願出旨御沙汰相成候ニ付テハ　私儀洋学研究致度候志願罷在候ニ付　何卒入門被仰付此段　伏テ奉懇願願候以上／明治五年九月一日／滋賀県管下栗太郡第四区／辻村平民　八田知忠　印／本年二四才／　第四区総戸長　里内藤五郎　印」

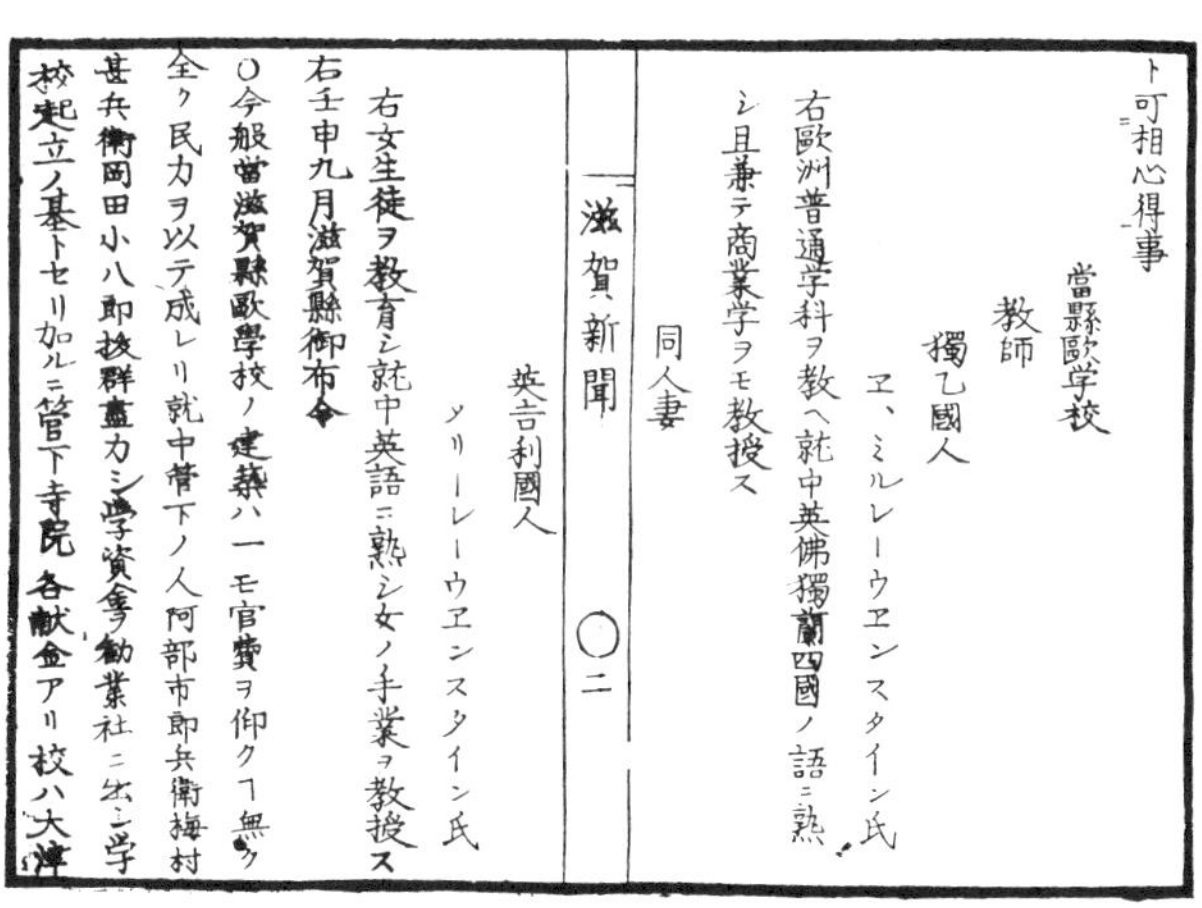
ト可相心得事
當縣歐学校
教師
獨乙國人
エ、ミルレーウエンスタイン氏
右歐洲普通学科ヲ教ヘ就中英佛獨蘭四國ノ語ニ熟
シ且兼テ商業学ヲモ教授ス
同人妻
滋賀新聞　〇二
英吉利國人
メリーレーウエンスタイン氏
右女生徒ヲ教育シ就中英語ニ熟シ女ノ手業ヲ教授ス
右壬申九月滋賀縣御布令
○今般當滋賀縣歐學校ノ建築ハ一モ官費ヲ仰クヿ無ク
全ク民力ヲ以テ成レリ就中管下ノ人阿部市郎兵衛梅村
甚兵衛岡田小八郎抜群盡力シ学資金ヲ勧業社ニ出シ学
校起立ノ基トセリ加ルニ管下寺院各献金アリ校ハ大津

図5-1　「滋賀新聞」第1号（1875〈明治5〉年10月）

滋賀県令松田道之は、女子にも開明的な教育を受けさせるべきあると考え、欧学校に積極的に入学するように働きかけた。『滋賀新聞』第一号には、「大津浜通旧淀蔵邸教師館ハ旧紀州蔵邸ニ設ケラレタリ　入学ヲ願ヒ出ル生徒男女凡ソ百人ニ及べリ　尚ヲ日ヲ追テ増加スベシ　県令松田氏ノ内室ハ女生ヲ率ヒテ入学セラルル(9)」と書いている。県令夫人松田波鶴子《まつだはづこ》が率先して入学しており、その際官員の妻子を誘っての入学であったことを推測させる記事である。この場合は、「上から」の政策的な開化政策の一環としての入学であったといえよう。

さきの八田知忠のような洋学を学ぼうとする青年たちや、松田県令夫人のような官員の妻子以外にも、四八歳にして入学志願した福尾大吉のような人もいた。『滋賀新聞』第一号には、九月二〇日に第八区大津馬場町字紫屋町に居住する福尾が入学したことを伝えている。「青楼《せいろう》主人ニシテ開化社《かいかしゃ》中ナリ　齢既ニ四十八歳ナル者ナレトモ大ニ奮発スル此ノ如シ感賞スベキナリ　管下ノ士族及富豪ノ輩ラ子弟アレトモ未タ教ヘサル者ハ之ヲ観テ恥ル所戒ル所アルベシ(10)」。新しい時代と社会への息吹を敏感に受けとめ、洋学を志す人々もいたのである。

この他に、『滋賀新聞』第二号には県下の被差別部落の一生徒が入学したことや、女生徒のなかに一〇歳ほどの児童がいたこと、この児童が県令夫人と対等に会話していたことを記事にして、「四民同権の趣旨」が貫徹して「開化ノ景況ヲ想像スルニ足レリ」と結んでいる。

3　欧学校の開校式と欧学校規則

(1)　一八七二(明治五)年一〇月の開校式

一八七二(明治五)年一〇月六日、欧学校は開校式を挙行した。欧学校での式は朝九時より始まり正午まで、式の終了後県庁に移り献金者への感状を贈呈して、開化楼に移って最後の酒饌は午後四時からであった。午前の開校式への参加者は、官員・教師・生徒・学校献金者で、式の次第は次のようであった（『滋賀新聞』第二号[11] 一八七二年）。

一　当日朝第九字官員教師生徒并ニ学校献金者出校
　但シ学校専務名簿ヲ以出校生徒ヲ点検ス
一　次ニ官員教師共休息ノ間ニ列ス
一　次ニ献金者次ノ間北側ニ列ス
一　次ニ生徒ヲ休息ノ間ノ次ニ招キ教師ニ謁《えつ》セシメ且干鮑《ほしあわび》ヲ取ラシム
　但シ此時学校専務生徒溜所《せいとたまりじょ》ノ奥ノ間ニ在テ生徒ヲ呼出ス尤モ人数ヲ凡ソ十人宛ニ限リ幾度ニモ割テ呼出シ謁セシム女生徒ハ男生徒謁畢《おわり》テ後別ニ謁セシム
一　次ニ生徒ヲ教場ニ出シ各々業机ニ就カシム
　但シ開校ノ当日ニ付男女教場ヲ同フシ業机ヲ異ニス以後ハ教場ヲ異ニス
一　次ニ官員・教師・献金者教場ニ列ス
一　次ニ授教《(ママ教授)》

続いて、官員・教師・献金者退場、続けて生徒退場となり、開校式は終了となる。場所を県庁に移して、県庁で令参事出席のもと、県令告書が読まれた。献金者として列席したのは、阿部市郎兵衛、梅村甚兵衛、岡田小八郎の三名と献金寺院総代の僧二八名であった。ここでは、県令告書中に「当県欧学校今日初テ開場自今人民

之幸福莫大　於此而テ其源ハ全ク各名憤発ノ力ニ是依ル」と述べ、その功績を讃えた。

さて、開校式で教師エミール・レーウエンスタインは、次のような祝詞を述べて挨拶した。やや長いが、労をいとわず引用する。

「今般大津ニ於テ新ニ欧学校ヲ開カルルニ付少ノ祝詞ヲ申述ベキトノ義ヲ乞ハレタリ　滋賀県ニ於テ欧学教授ノ為拙者ヲ当地ニ招カレ教師ノ職ヲ掌《つかさど》ラシム　右ハ近国ノ大阪府京都府ノ如キ既ニ欧学校ヲ建ラレ開化ニ進メル国々ノ善キ例ニ准《なら》ヘリ　当今日本大ニ開化シ外国トノ商法繁栄ニシテ東洋ノ外国ニ比スレバ甚タ盛ナリト云ベシ　皆西洋ノ開化セル風儀ヲ用ヒラルルヲ以テ知レリ　多ク年ヲ経ズシテ日本ノ斯ク変ジタルハ実ニ外国人ノ驚ク所ニテ　又西洋発明ノ蒸気器械ヲ用ヒラルルニ付海河湖水ニハ蒸気船ヲ浮ヘテ運送ノ便利ヲ増シ　又鉄道モ既ニ成就《じょうじゅ》セシ所アリ　或ハ将ニ手ヲ下サントシ或ハ建築中ナルモアリ日本ノ十年前ノコトヲ思ヘハ誰カ斯ク成行《なりゆく》コトヲ喜バサランヤ　右ノ如ク速ニ開化ニ進ム国アルハ未タ曽テ聞カサルナリ　日本ニ数ケ所ノ学校ヲ建ラレタルカ又此大津モ其一ニシテ幼年ノ輩ニ欧学ヲ教授スルハ各国ト交際ノ上ニ於テ弥欠ベカラサルモノトス　欧学ノ内ニモ英語ヲ以テ第一トス其通スルコト他国ノ語ヨリ尤広キカ故ナリ　今英語ヲ知ル人アレバ世界何レノ国ニ遊歴《ゆうれき》スルトモ通ゼサル所ナシ　故ニ此大津ニ於テモ最初ハ英語ヲ教ルコトニ決ス　拙者并妻ハ勉強シテ生徒ヲ速ニ且ツ難ナク成業セシメント欲ス　故ニ生徒ニ於テモ怠リナク業ヲ受ケラルルヘシ　猶此学校ノ永続アランコト此又希望スル所ナリ」

教師レーウエンスタインは、大阪府の官立大阪英学校や京都府の独語、英語、仏語学校などをあげて、欧学校の開校が滋賀県の文明開化を進めるものであることを歓迎した。また、鉄道や蒸気船など交通・輸送の革新が文明開化を押し進め、外国との交際や交流を活発にすることを述べる。こうして国際化していくなかで、欧学校での語学教育は英語中心に行うこと、妻と共に全力を尽くして生徒の教育にあたる決意を述べた。欧学校が永続することを希望して演説を終えているが、結果的には彼の希望はかなわなかった。

レーウエンスタインの演説に答えて、松田道之は次のような返礼の演説を行った。(12)

「貴詞追条甚タ感服セリ　道之ハ固ヨリ此学校生徒及ヒ管下一般人民ニ至ル迄実ニ悦ニ堪ヘス抑《そもそ》モ当県外国人ヲ教師トシ文明学事ヲ教導《きょうどう》スルハ貴君ヲ以テ初トシ前途管下人民ノ開化ニ進歩スルモ亦此ニ基ス　是遍《ひとえ》ニ貴君ニ向テ依頼スル所以《ゆえん》ナリ　先ニ道之京都府ニ奉職スルトキ独乙人『リュードルフ、レーマン』氏ヲ招ヒテ学校ヲ開ク　此ニ三年今日ニ至リテ大ニ京師《けいし》ノ開化ヲ見ル是他ナシ『レーマン』氏ノ功也　『レーマン』氏ハ則京師開化ノ基礎人ト謂ツヘシ　貴君亦当県ニ招カレ学校教師ノ責ニ当ル然レハ則貴君亦当県開化ノ基礎人ニシテ『レーマン』氏ト功ヲ同フスルモノナリ　自今勉励シテ以テ教導スルトキハ管下人民ノ開化進歩日ヲ期シテ待ツヘシ　而シテ貴君『レーマン』氏ト国ヲ同フシ亦功ヲ同フス　道之先ニ『レーマン』氏ヲ京師ニ招キ又貴君ヲ当県ニ招ク豈奇遇《あにきぐう》ナラスヤ　貴君ノ任責固ヨリ軽カラス　吾邦古ヨリ学事ナキニアラスト雖モ其教導宜ヲ得サル有テ　務《つと》メテ高尚空理《こうしょうくうり》ニ走リ人間必用《にんげんひつよう》ノ実学《じつがく》ヲ欠ケリ　冀《ねがわ》クハ貴君深ク此ニ注意シ華族士族平民神官僧侶ニ至ル迄各其衣食住ヲ離レサルノ実学ニ従事シテ自今大ニ管下人民文明ノ学風ヲ興サンコトヲ希望ス／　明治五年壬申十月六日　滋賀県令松田道之」

松田は、京都時代のドイツ人レーマン招聘とその成果をあげて、そのお雇外国人教師を「開化ノ基礎人」と高く評価している。京都での洋学校政策をそのまま大津県―滋賀県でも展開しようとする意図は明確であった。大津洋学校の外国人教師を探す際、レーマンに依頼したのは当然であった。現今の教育に必要なものは、人間必用の実学であるとする実学主義の姿勢がここでも強く打ち出されている。

(2) 大津欧学校の校則と規則

大津欧学校が制度的にどのような学校であり、そこでどのような教育が行われていたかを、欧学校の校則、規則類から知ることができる。戦前に初めて欧学校を紹介した里内勝次郎は、なぜか欧学校の規則・校則として、京都府布達第八二号「欧学舎規則、舎中条則」(一八七一〈明治四〉年一二月)を引用している。大津欧学校は、松田道之の京都府大参事時代の洋学校政策と関連が深いとはいえ、明らかな引用の誤りである。

大津欧学校の規則、校則は、『府県資料　滋賀県史十九』に校則と校則附録が載っている。出典資料として信頼性は高いので、大津欧学校規則を同資料から引用していく。[13]ところで、里内が誤って引用した「欧学舎規則」のおかげで、皮肉にも京都の洋学校と大津欧学校の校則の相違を比較検討できることとなった。

大津欧学校の校則は、第一則から第二五則まであり、校則附録は入学願書雛形・退学願書・受業料規則類などが含まれている。主要な校則の条文から、大津欧学校を探ってみよう。

(一) 入学は毎年六月一二月

(二) 入学年齢は八歳より二五歳まで(ひら仮名、片仮名を書き得る者以上)、但し外国人の伝習を受けた者で習熟している者は二六歳以上でも可能とした。………京都の年齢条件は一〇歳以上二五歳まで。

(三) 在学年限は三カ年、学業は等級制。教則の規定は特になし。………京都の場合は、課程書・作文・書取の三科をあげ、春秋二度の試業で等級改正をするとしている。

(四) 授業料は一年単位で入学時に納入する。有禄者は禄高に応じ、無禄は雇人に応じて決め、一七のランクと管外入学者の一八区分に授業料額が分けられた。

（五）生徒の得業《とくぎょう》臨時《りんじ》試験《しけん》が行われ、参事・学校専務など官員列席の中で行う。無断欠席者には罰金が課せられた。

（六）休日は、次のように定められた。

一　毎月日曜日　一　一月一日より六日まで　一　一月三十日
一　二月十一日　一　四月三日　一　九月十七日
一　十一月三日　一　十一月二十三日
一　十二月二十三日より三十一日まで

……京都は、正月元旦より一月一〇日、一五日、三月三日、五月五日、七月七日、七月一三日より一六日まで、九月九日、九月二二日、一二月二五日より同晦日まで。

（七）学校内は男女別学で、女生徒の中で家事多忙者や病身者などには変則生として「手業《てわざ》ノ一科ノミヲ学フ」（第四則）ことも許可した。……この規定は京都にはない。「校中男女ノ二校ニ別《わか》ツ対話・往来等堅《かた》ク禁之」（第二二則）

（八）受業で教場に入る時は、短刀であっても「不可佩《おぶべからず》」（持ち込んではいけない）。教師への礼節をなし、穏かに入場すべきである。

（九）正課中（受業時間）は他席に移動してはいけない。また、無作法の所業や無用の言語はいっさい禁止される。放課になったら、すみやかに退席すべきである。

（十）留舎生（寄宿舎生）の規定（第二五則）があり、舎長・官員に従うことが述べられている。

以上の他にも、欧学校校則には、生徒の心得が細部にわたって述べられている。書籍の借方についてはともかく、衣服、髪型、火の用心などの点にまで及んでいる（第二〇則〜第二四則）。もっとも、京都欧学舎規則が生徒の生活の細部へわたる規則を定めており、大津欧学校の次の条文は、京都の各条の規則をそのまま踏襲したものであった。

第二十則　衣類ハ新古美悪ヲ不撰　本邦服洋服ヲ不論ト雖トモ垢付《あかつか》サルモノヲ服スヘシ　但洋服着用ノ時ハ必ス襟《えり》ヲ掛ケ　チヨウキ　ヅボン　マンテル等ヲ具スヘシ　不体裁失敬ノ装禁之、

第二十一則　身体必ス清潔ヲ主トシ就中口中ト頭髪トヲ最モ清潔ニ致スヘシ、

第二十二則　校中男女ノ二校ニ別ツ対話・往来等堅ク禁之、

第二十三則　傘履《かさくつ》ヲ乱シ置且取違フ可カラス、

第二十四則　火ノ用心可為肝要

大津欧学校の校則には、欠席届や帰省届や病気退学届、宿所変更届など届書提出の規約があり、違反すると罰金を出さねばならなかった（「違フ者ハ贖金ヲ出サシム」）。松田道之が滋賀県参事籠手田安定宛に出した、県令夫人松田波鶴子の明治六年八月二五日付の欠席届がある（小島芦穂「大津欧学校」⑭）。

「欧校出校暫時《ざんじ》御暇《おいとま》願書　　妻　松田はづ
右者郷里因州鳥取表へ無遽用事出来仕候に付為罷越度候間　往来の外三十日間欧学校御暇被下度《いとまくだされたく》御許容《ごきょよう》の上は　来る廿七日より来月一日迄の内に出立為仕候心得に御座候　此段奉願候以上　／明治六年八月廿五日　滋賀県令　松田道之　　戸長　上寺庄七　／滋賀県参事　籠手田安定殿」

のちに八幡東学校教師に就いた山本仙蔵が提出した明治七年七月三日付の帰省願が残っている。(15)「私儀　休校中　旧里帰省仕度候間御差し免可　此段奉願候以上／　明治七年七月三日／　欧学校留舎　山本仙蔵／　上堅田町　証人　門村孫太郎　印／　滋賀県令　松田道之殿／（朱筆）　聞届候事　明治七年七月三日　滋賀県　印」

(3)　欧学校の試験制度と生徒

大津欧学校は、一八七三（明治六）年六月二六日に顕証寺《けんしょうじ》（札の辻）において試験を実施した。欧学校門外の「試験掲示」（同年六月二日）には、「本月二十六日於寺内顕正寺（ママ証）欧学校生徒大試験候間　望ノ者ハ拝観差許条　本日午前第八時仝所ニ出席不苦候事　右掲示スル者也」という県令松田道之の告示が張り出された。

この試験の様子や結果については、『滋賀新聞』第二九号（明治六年六月）に掲載されている。翌年の一八七四（明治七）年七月一日に実施された試験の結果は、『滋賀新聞』第九五号（明治七年七月一三日）に掲載されている。二つの試験結果

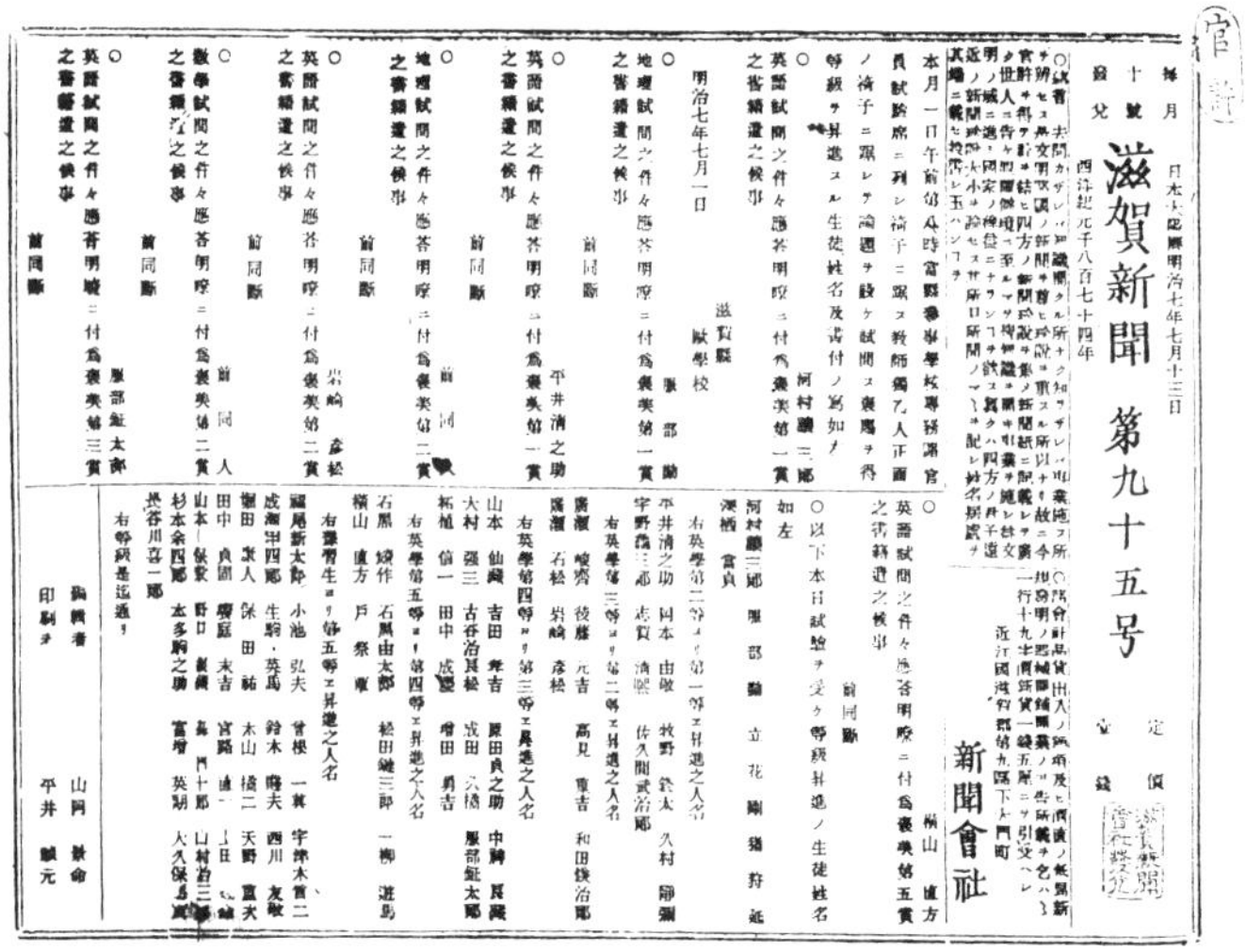
滋賀新聞　第九十五号
西洋紀元千八百七十四年
新聞會社
本月一日午前第八時當縣參事學校專務諸官員試驗席ニ列シ椅子ニ踞ス教師獨乙人正面ノ椅子ニ踞レテ論題ヲ設ケ試問ス褒賞ヲ得等級ヲ昇進スル生徒姓名及書付ノ寫如左
○英語試問之件々應答明瞭ニ付爲褒美銘一貫之書精遣之候事　河村讓三郎
明治七年七月一日　滋賀縣　歐學校
○地理試問之件々應答明瞭ニ付爲褒美銘一貫之書精遣之候事　服部勵
○英語試問之件々應答明瞭ニ付爲褒美銘一貫之書精遣之候事　前同斷　平井清之助
○地理試問之件々應答明瞭ニ付爲褒美銘二貫之書精遣之候事　前同斷　前同人
○英語試問之件々應答明瞭ニ付爲褒美銘二貫之書精遣之候事　前同斷　岩崎彦松
○數學試問之件々應答明瞭ニ付爲褒美銘二貫之書精遣之候事　前同斷　前同人
○英語試問之件々應答明瞭ニ付爲褒美銘三貫之書精遣之候事　前同斷　服部鉦太郎
○英語試問之件々應答明瞭ニ付爲褒美銘五貫之術精遣之候事　前同斷　横山直方
○以下本日試驗ヲ受ケ等級昇進ノ生徒姓名如左
右英學第二等ヨリ第一等ヘ昇進之人名
右英學第三等ヨリ第二等ヘ昇進之人名
右英學第四等ヨリ第三等ヘ昇進之人名
右英學第五等ヨリ第四等ヘ昇進之人名
右數學生ヨリ第五等ヘ昇進之人名

図5-2　「滋賀新聞」第九十五号（1874〈明治7〉年7月）

の新聞記事から、欧学校の試験制度の輪郭が明らかとなる。両試験とも午前八時に県令・参事・学校専務・諸官員が参列し椅子に座って見守るなかで、ドイツ人教師が論題を設けて試問し、これに答える方法をとった。試験科目は、英語《えいご》・地学《ちがく》（地理）・数学《すうがく》などの科目であり、試験結果の優秀な生徒には「褒賜《ほうし》」の書籍が与えられ、等級が昇進するという制度がとられた。

明治六年六月試験の受験生は一〇二名で、初等生三七名、英学第五等昇級生二六名（初等から五等へ）、英学第四等昇級生二〇名、英学第三等昇級生一六名、その他三名（内褒賞者二名）であった。褒賞者及び昇級者の氏名はすべて確認できる[16]。

明治七年七月の試験の受験者の総計は、六〇名である。予習生（等級すえおき者）二五名、英学第五等初級生（予習生から五等へ昇級）六名、英学第四等昇級生一一名、英学第三等昇級生六名、英学第二等昇級生七名、英学第一等昇級生五名であった。明治七年試験に関しても、すべての受験者氏名が確認できる[17]。

試験成績の優秀な者は、褒賞者として県令松田道之から表彰された。明治六年六月試験では、「服部勤　英語試験ノ件々応答抜群ニ付為褒美第一賞ノ書籍遣之候事　六月二十六日　滋賀県令松田道之」、「河村譲三郎　地学英語試問ノ件々応答明瞭ニ付為褒美第二賞ノ書籍遣之候事　但シ英学地学書付二通不之　前同断」、「鈴木重遠数学試問ノ件々応答明瞭ニ付為褒美第二賞ノ書籍遣之候事　前同断」という形式で、他に平井清之助（英語第二賞）、西川友敬・脇坂訂三郎・福尾秀三郎（英語第三賞）など計七名が表彰された。

明治七年七月試験では、河村譲三郎（英語第一賞）、服部勤（地理第一賞）、平井清之助（英語第一賞・地理第二賞）、岩崎彦松（英語第二賞・数学第二賞）、服部鉦太郎（英語第三賞）、横山直方（英語第五賞）が、表彰されている。これらの成績優秀者は、それぞれの昇級生のなかでの優秀生徒として褒賞を得たのである。例えば、河村と服部は英学第一等昇級生、平井は第二等昇級生、岩崎は第三等昇級生、服部鉦太郎は第四等昇級生、横山は第五等昇級生の優秀生徒であった。

大津欧学校の生徒からは、後年日本の各界で活躍する人物が輩出した。後年、司法次官を勤め貴族院議員となった河（川）村譲三郎、大審院判事となる八田知忠、鉄道技師となる服部勤、京都弁護士会会長となる堀田康人など、著名な人物の名前が見られる。鈴木重遠は、『鼇頭《ごうとう》日本史略』巻一～五（一八七六〈明治九〉年　岐阜・東崖堂）の編纂者として知られている。河（川）村譲三郎は一九二五（大正一四）年の回顧文で、「余が欧学校に入りしは一四・五歳の時、在学二年位にして廃校となりしを以て、京都に帰りその外国語の学校に入れり。当時大津欧学校の外国語の先生は、独逸ルーベンスタイン氏にして酒井氏明及熊谷薫郎氏を助教として教授せり。此学校は男女共に外国語を教え、生徒数は確実ならざれど百人位ありしならんと思ふ[18]」と語っている。

欧学校に学んだ生徒からは、滋賀県教育界で小学校教員の指導的役割を果たす人物も現れた。一八七五（明治八）年六月開設の滋賀県小学教員伝習所の六〇日伝習修了生として最初の卒業證書を受けた生徒志賀清熙《しがきよひろ》（大津・打出浜学校）・猪狩延《いかりえん》（不明）・山本仙蔵《やまもとせんぞう》（八幡東学校）がいる。一八七六（明治九）年の一〇〇日伝習修了生では、廣瀬峻斎《ひろせしゅんさい》（野洲・洲本学校）・久村静彌《くむらせいや》（鎌掛・明誼学校）らがいる。彼らは明治七年欧学校廃校後、小学教員伝習所―滋賀県師範学校に入学したのである。志賀と猪狩の場合、四カ年の期限付教員免許状を一八七五（明治八）年六月二六日に交付されており、志賀は二〇歳六カ月、猪狩は一五歳八カ月であった。山本仙蔵（一六歳一〇カ月）は、九月二六日に二カ年教員免許状を得ている[19]。

明治六年・七年の二度の欧学校試験において氏名の確認できる生徒二四名から、等級の昇級ランクについて次のようなことがわかる。

〈明治六年試験〉↓〈明治七年試験〉

第二等昇級生↓第一等昇級生………五名（服部勤・河村譲三郎・立花剛・猪狩延・深栖《ふかす》當貞《まささだ》）

第三等昇級生↓第二等昇級生………二名（宇野亀三郎・平井清之助）

第四等昇級生↓第二等昇級生………四名（志賀清熙・岡本由敬・佐久間武治郎・久村静彌）

第五等昇級生↓第三等昇級生………四名（廣瀬石松・後藤元吉・高見重吉・廣瀬峻斎）

第四等昇級生↓　予習生　………二名（福尾新太郎・宇津木宮二）

第五等昇級生↓　予習生　………七名（本山橘二・成瀬甲四郎・保田祐・堀田康人・西川友敬・天野重次・鈴木賎夫）

二回の試験結果の『滋賀新聞』の生徒氏名には、一人の女生徒もいないのはどういう理由であろうか。資料面では確かめようがないけれども、英学の等級の昇級生徒および優秀生徒は、すべて男生徒名であり、女生徒の名前がないのは事実である。

4　大津欧学校の設立資金と学校運営

(1)　欧学校の設立と運営基金

大津欧学校の設立の基金は、「一モ官費《かんぴ》ヲ仰《あお》クコト無ク全ク民力ヲ以テ成レリ」[20]というように、民間の篤志者や篤志寺院などからの寄付金に依拠している。篤志者からの献金は、蒲生郡第六区八幡町の岡田《おかだ》小八郎《こはちろう》、同所梅《うめ》村《むら》甚兵衛《じんべえ》、神崎郡第一区伊庭《いば》村（現東近江市）の阿部《あべ》市郎兵衛《いちろうべえ》の三名からの申し出が最初であった。

一八七二（明治五）年七月に、三名から「洋学教師雇入資本積金之義願出」があり、この献金を認めたものの三名の寄付金だけでは足りないことや学校を継続して維持することが難しいので、さらに篤志有志者に献金を呼びかけることにした。滋賀県庁は、改めて「永年相続之方法相立更ニ可願出候事」として、三名に再提案させた。同年九月四日に、三名は「資本積金勧業社《かんぎょうしゃ》江加入仕此利合ヲ以テ学資助費ニ被罷下置　猶衆人有志之者誘合永年相続相立候様共々尽力仕度」として、同年五月に設立された勧業社に加入して資金を預けて、この利息金から欧学校運営の資金を出す方法をとることにしたのである。

もう一つの方法は、県下の有力寺院からの献金である。一八七二（明治五）年一一月二三日の滋賀県布達「当県欧学校取建起立記《とりたてきりゅうき》」[20]によると、勧誘者は比叡山延暦寺や園城寺三井寺、大津の本福寺・善通寺など三二カ寺であった。ただし、勧諭書は「小学校御建営勧諭《かんゆ》之大意」および五条の勧諭規則からなっており、明治五年三月の日付となっている。

勧諭による献金をみると、延暦寺は「金千五百両　但申ヨリ戌迄三ケ年割納　内五百両即納」、園城寺は「元政所建物壱カ所　金千両　内五百両何時ニモ上納　五百両申暮上納」、山門安楽院直院は「金百両　但申酉二ケ年割納」などの有力大寺院は別格として、壱分・二分から拾両・二十両まで県下六郡の中小寺院からもくまなく寄付金として献金させている。滋賀・栗太・甲賀・野洲・蒲生・神崎の六郡の寺院からの寄付金が、重要な設立基金となった。一〇月六日の開校式に出席したのは、百円以上献金した寺院の総代の僧二八人であり、献金額は八千両であったといわれる。

欧学校の学校運営は、上記の設立基金をもとに、篤志者からの寄付金と授業料の収入でやっていかねばならなかった。欧学校への寄付金は、一八七三（明治六）年二月五日にも再度、梅村甚兵衛・岡田小八郎・阿部市郎兵衛の三名から申し出があった。「乍恐奉願上候　金千両也　今般右之金子乍聊《いささかながら》学校資為助費奉献金受　猶同志

申合精々尽力可仕　此段奉　願上候以上」というもので、千両にのぼる献金であった。

この他に、明治六年七月一〇日付の欧学校への献金として、芝居興業の冥加金《みょうがきん》からのものがあった。西田駒吉他三人が、金拾両の献金を申し出た。

「右ハ去五月七日芝居興業願ノ通り　御免許相成難有仕合奉存候　付テハ追テ御規則被仰出候迄無税ニテ相営候義不相済筋ト奉恐入候ニ付　為御冥加ト書面ノ通リ学校御入費ノ内ニ御差加ヘ被成下度旨　各区長ト申談示候間当節学校御取立ノ折柄ニ付キ願ノ通リ御聴届相成様仕度　仍《よっ》テ別冊取立帳相添差上申候以上／明治六年七月十日／区長　西田敬三(21)」

生徒の納める授業料は、欧学校規則でみたように、一〇数等の区分に細分化されていた。次のように区分されていたが、理念上はともかく、現実の欧学校生徒がたぶんに有産階級（士族や富裕な平民）の入学を前提にしていたことを窺《うかが》わせるものである。

〈有禄ハ禄高、無禄ハ雇人員数ニ因ル〉
・雇人無し……金二朱、・雇人一人……金一分、・三石以下……金二分、・四石以上……金三分、・雇人二～五人……同断、・一一～二五石……金一両、・雇人六～一〇人……同断、・二六～四〇石……金一両二分、・雇人一一～二五人……同断、・四一～六五石……金二両、・雇人二六～四〇人……同断、・六六～一〇〇石……金二両二分、・雇人四一～七〇人……同断、・一〇〇～二〇〇石……金三両、・雇人一〇〇以上……同断、・管外よりの入学者……金四両。

(2) 欧学校の学校経済と生徒の学費

欧学校の学校運営を、学校経済面からみておこう。各年度の収支の決算表は不詳であるが、三カ年の収支決算表は次の表のようである[22]。

各年度の支出金の内訳は、外国教師雇入費、同給料、訳員旅費・日当、同月給、校番給料、学校並教師館借賃、筆墨料、諸費人足賃、校館修繕費である。このなかで、外国人教師の年俸は契約で三〇〇〇円、通訳三名の月給は年俸にして一〇八〇円、合わせて計四〇八〇円が毎年の支出金のなかでも大きな割合を占めた。

設立・開校の明治五年は、一〇月から一二月までの三カ月で、建物及び設備費が支出の大半を占めたであろう。明治六年は一年間の学校運営であってから、収入・支出とも欧学校の維持管理経費の状態を忠実に表している。明治六年の外国人教師及び通訳の年俸の比率は、約七五%であった。明治七年は一月から七月までであるのに、収入は約四五五円と大幅に落込み、これに対して支出は約二二六三円と増大している。明治七年の欧学校の学校経済は、高額な外国人教師の支払い費用により維持することが困難となったと思われる。篤志者に全面的に依拠した学校財政の基盤は、不安定なものであった。

ところで、明治六年は欧学校が一年間の学校暦を実施できた唯一の年である。欧学校規則を実施して二度の新入学生を迎え、二度の

表5-1　欧学校の学校経済

〈総収入〉

明治5年収入勧誘金	3,564円31銭7厘7毛
明治6年　同　上	5,982円88銭　2毛
明治7年　同　上	455円
貸金利益	364円32銭1厘
不用書籍売却代	9円41銭1厘1毛
総合計	1万0,375円93銭

〈総支出〉

明治5年支出金	1,564円72銭3厘
明治6年　同上	5,447円60銭1厘
明治7年　同上	3,363円59銭6厘
総合計	1万0,375円92銭

（出典：『府県資料滋賀県史十九』より作成）

在校生の大試験を実施した。欧学校は六月二六日在校生の試験後に、新入生として入学を認めた者は七月二〇日までに滋賀県庁に願書を提出させ、六月入学の新入学生を迎えている。一二月入学の新入生は、同年一二月一五日までに願書を出させ「新生徒入学差許」している。この時に「入学願出候者ハ欧学校規則滋賀新聞社ニテ買求メ熟覧《じゅくらん》」いたすべき事としている。なお、在校生の試験は一二月下旬に行われた(23)。

欧学校では、生徒の学費が高くかかったことを示す資料がある。『滋賀新聞』第一〇一号によると、県庁が種々配慮して、欧学校修業生の学費に関して、開校した時から校内に「新聞会社ノ一分店」を設置した。そして、①生徒必要の文房具・授業所用品を安価で購入できるようにした、②学校課程書を二度海外に直接注文して、原価と運賃のみで販売した、③筆墨紙《ひつぼくし》を低価格で売って、月々数銭で済むようにした(24)。県庁がなぜこうしたことを行ったかというと、「生徒中学費ト唱へ非常ノ出費ヲ父兄ニ掛ケル者往々有之　父兄是ガタメ大ニ望ヲ失シ徒《いたず》ラニ其費用ノ多キニ困却《こんきゃく》シ　終《つい》ニハ素志ニ悖《もと》リ半バニシテ業ヲ廃スルニモ至ラン」からである。学費が高くかかりすぎると、父兄の教育費を圧迫し、中途退学する生徒が出てきてしまうからである。おそらく、こうした可能性がかなり高く、実際に中途で退校するものがあったと思われる。

また、生徒の学費がかさむと言う時、菓子店で買い食いして「名義正シカラザル逸楽《いつらく》」などに溺れ、無駄使いをしていることがある。父兄は生徒の学費の使い道を取調べることをしなければならないと注意を促している。

5　欧学校の廃校

一八七四（明治七）年八月に大津欧学校は、廃校となった。廃校の理由は明らかでなく、「欧学校ハ故アッテ一《ひ》ト《と》先《まず》御廃校ナリト　然レドモ向後《こうご》ノ御所置（処）ハ素ヨリ得テ知ル可ラズ」と『滋賀新聞』は書いている。里内の研究でも廃校事情は示されず、『新修大津市史』第五巻（一九八二年）がわずかに「勧業社が前年八月に廃社になり、学校維持費に支障をきたしたためではないか」[25]と推測している。学校の維持管理経費を負担することができなくなったことが廃校の直接の原因である。収入面で篤志者や篤志寺院の寄付金に大きく依存した学校経済の不安定さが、廃校を引き起こしたといえる。滋賀県が欧学校の維持のための経費を官費から支出することはなかったし、廃校の危機に際しても援助費用を出すこともなかった。

一八七三（明治六）年二月八日に県令松田道之は、「学制」を実施するため「立校方法概略」を滋賀県下に配布した。小学校の設立を奨励し、県下の全域に一区一小学校を原則にして設置しようとした[26]。そこで、学校入費は戸別割の賦課金、町村内の講組織及び有志者の寄付金などで、維持すべきであるとした。「追々《おいおい》ハ篤志寺院献金ノ内勧業社利益金ノ内其他県庁別額方法ノ金等」で学校入費の一部を助力する見込みであると述べた。このように小学校の学校経費に関しても、原則として地域住民の資金に依拠して学校の維持管理費を構想したのである。県庁からの資金援助も、あくまで篤志者・篤志寺院の献金に求めているのであった。松田県令の教育政策は、明治六年中に初等教育の充実のために小学校の設立・開校を積極的に推進することに重点を移し始めていた。これは「学制」理念である国民皆学を早期に実現するという文部省の小学校重視政策を受けたものでもあった。

大津欧学校は、松田道之県令の開化政策により設立され、明治五年から七年の二年間だけ存在した洋学校であった。明治七年から一〇年までの間、第三大学区（一三府県）の洋学校と外国人教員数の推移をみると、明治七年――一二校・一七人、明治八年――一〇校・一一人、明治九年――九校・一一人、明治一〇年――一四校・不明となっている[27]。

一八七四（明治七）年段階では官立大阪英学校を除けば、ほとんどが財政的に不安定な学校が多かった。一八七五（明治八）年以後、大阪や京都では有力な篤志者を獲得し、財政基盤を豊かにして「私立」でいくか、府県が学校財政を負担する「公立」に移管していくかどちらかの方向をとった。同時に、洋学校の維持のためには、高額な年俸の外国人教師を解雇していく方策がとられた。大津欧学校は、この「私立」・「公立」の生き残りのいずれの方向もとることができず、廃校の運命をたどったのである。

注

（1）文部省『文部省年報』第一年報（一八七三〈明治六〉年）
（2）同『文部省年報』第二年報（一八七四〈明治七〉年）、『府県資料滋賀県史十九』政治部第十二学校（明治五～七年）
（3）里内勝次郎「明治初期ニ於ケル滋賀県ノ欧学教育ノ制度ノ史料」（滋賀県教育会『近江教育』第五二三号　一九三九〈昭和一四〉年七月）二〇～二六頁、里内文庫述「明治初年滋賀県教育史ノ一部」（『近江教育』第四五一号　一九三二〈昭和七〉年一月）。里内勝次郎「明治五年創立大津欧学校の由来（一）（二）」（『太湖』一九三九〈昭和一四〉年八月九日付、九月九日付）。
（4）松田道之は、一八三九（天保一〇）年に鳥取生まれ、一八八二（明治一五）年に東京で逝去。松田は前半生の京都府・滋賀県時代の地方政治家としてよりも、一八七五（明治八）年三月以降の内務省の中央官僚として「琉球処分」を推進・実施した行政官して有名である。内務卿大久保利通のもとで、松田は内務大丞（のち内務大書記官）になり、琉球処分問題に取り組んだ。一八七五（明治八）年から一八七九（明治一二）年にかけて三度の琉球渡航を行い、明治一二年三月二七日琉球国王尚泰に廃藩置県を通告し、琉球王国を解体して明治国家に強行的に組み込んだ。松田編著『琉球処分』（一八七九年刊）がある。一八七九（明治一二）年七月に琉球処分の功により勲三等に叙せられ金五百円を下賜された。同年一二月一二日付で東京府知事に任命され、一八八二（明治一五）年七月六日に四四歳で死去した（田港朝昭「琉球処分」『沖縄縣史』一　通史　一九七六年、金城正篤「松田道之」『沖縄縣史別巻　沖縄近代史辞典』一九七七年、『那覇市史』通史篇第二巻第一～二章　一九七四年）
松田道之については、前半生の京都府・滋賀県の地方政治家の業績と後半生の琉球処分官として中央政治家の業績が、総合的に評価されていない。
（5）小島芦穂「大津欧学校」（『里内文庫』資料A―二六一）
（6）滋賀県布達第一七〇号「当県洋学校へ教師独逸人雇入教授ニ付入学差許」（一八七二〈明治五〉年八月二〇日）
（7）滋賀県布達第一九六号「欧学校開校通学留舎共ニ望ニ任セ差許」（一八七二〈明治五〉年九月）
（8）里内「前掲論文」『近江教育』第五二三号

（9）『滋賀新聞』第一号（一八七二〈明治五〉年一〇月）三丁。滋賀新聞は山岡景命が編輯者で毎月三回発行、定価二銭で刊行、六年から月一〇回発行に変更した。
（10）『同上』第一号　三丁
（11）『同上』第二号（一八七二〈明治五〉年一〇月）一～三丁
（12）『同上』第二号附録（一八七二〈明治五〉年一〇月）一～四丁
（13）『府県資料滋賀県史十九』所収「欧学校規則」。一九七二（明治五）年一一月二三日の滋賀県布達第二二六号「当県欧学校取建起立記并欧学校規則」
（14）小島「大津欧学校」（『里内文庫』資料A―二六一）松田波鶴子は一九二五（大正一四）年に七六歳で没したから、欧学校在籍時は二三～二五歳であった。
（15）「山本仙蔵関係資料」（近江八幡市立図書館所蔵資料より複写）
（16）『滋賀新聞』第二九号（一八七三〈明治六〉年六月）
（17）『同上』第九五号（一八七四〈明治七〉年七月一三日）
（18）小島「大津欧学校」（『里内文庫』資料A―二六一）
（19）「明治八年伝習所卒業證書附与録　滋賀県小学教員伝習所」
（20）明治五年一一月二三日滋賀県布達「当県欧学校取建起立記并欧学校規則」
（21）『府県資料滋賀県史十九』（前出2）
（22）『同上』会計の項より表を作成。
（23）一八七三（明治六）年六月二七日　滋賀県布達第五九八号「当県欧学校生徒召募」、一八七三（明治六）年一一月二八日　滋賀県布達第一〇八八号「当県欧学校生徒試験ノ上入学差許」
（24）『滋賀新聞』第一〇一号（一八七四〈明治七〉年八月二二日）
（25）『新修大津市史』第五巻近代（一九八二年）一一四頁
（26）一八七三（明治六）年二月八日交付「立校方法概略」
（27）『文部省年報』第二～五年報（一八七四～七七〈明治七～一〇〉年）

第2部

滋賀の教科書史・教材史

第6章　明治初期の小学校入門教科書と教則

――往来物と翻訳教科書から「官版」教科書へ

1　明治初期の教科書――日本の小学校教科書の始まり

一八七二（明治五）年八月の「学制」頒布により近代日本の学校制度が定められ、全国で小学校が設立されていった。ここでとりあげる明治初期の教科書とは、設立・開校したばかりの小学校において、一八七二年から一八七七年まで（明治五年～一〇年）までの時期に使用された教科書である。

「学制」は小学校を下等小学と上等小学に分けて、下等小学に一四教科、上等小学にこれに加えて四教科を配置し、さらに土地の事情により四教科を加えるとした。下等小学の教科は、綴字、習字、単語、会話、読本、修身、書牘《しょとく》、文法、算術、養生法《ようじょうほう》、地学大意、理学大意、体術、唱歌（当分これを欠く）であり、上等小学で加えるのは史学大意、幾何学罫画大意《きかがくけいがたいい》、博物学大意、化学大意である。上記の名称を現在の教科に照応させると、養生法は現在の保健（生理）、地学大意は地理、理学大意（後に窮理学《きゅうりがく》大意）は物理、史学大意は歴史、幾何学罫画大意（後に幾何学大意と罫画大意に分けた）は数学（幾何）と図画となろう。

文部省は一八七二年九月八日に「小学教則」を制定し、小学校の教科の教授内容や教科書を示した。「小学教則」で示された教科書が、現実の小学校ではどれくらい使用されていたかは明らかではない。「学制」が公布されたとはいえ、小学校の設立・開校自体がまだこの段階ではきわめて少なく、「小学教則」を実施出来る状況にはなかったのであった。さらに、各府県での小学校教員は十分養成されておらず、肝心の教科書編纂は文部省においても東京師範学校においてもまだ着手されたばかりであった。滋賀県の小学校数を見ると、一八七二（明治五）年はわずか五校、翌年一八七三（明治六）年でも八〇校という状態であった。一八七四（明治七）年二九二校、一八七五（明治八）年六三七校、一八七六（明治九）年六九八校、一八七七（明治一〇）年六八三校と推移していく（『府県史料滋賀県史十九』「政治部学校」、復刻版『府県史料教育第十四巻滋賀県』ゆまに書房　一九八六年）。

とはいえ、「小学教則」に掲げられた教科書名から、当時の明治政府が小学校で何を学ばせようとしていたかの意図を読みとることが出来る。この意味で「標準教科書を示したものとして重要な意味もつ」ものといえよう。仲新は、「小学教則」に示された教科書について「明治五・六年頃の一つの標準を示すもの」と見ることが出来る、としている。この時期は小学校生徒向けに編輯したものではなく、民間の一般向けの啓蒙書がそのまま教科書として指定されていた。その後、文部省編纂本や師範学校編集による官版編集の教科書が刊行され始めていく。「明治七・八・九年頃の代表的教科書」となるのは師範学校編集による教科書であった。

設立・開校したばかりの多くの小学校では、江戸時代の寺子屋の「読・書・算」に相当する「句読《くとう》・習字・算術」による教育が行われていた。そこでは入門教科書として往来物系統の教科書が主流であったと推測される。実際、文部省「小学教則」には、第八級、第七級、第六級では（当時は八級から七級、六級の試験により登級していく制度）、往来物系統の教科書名がいくつかあげられている。また、民間啓蒙運動家による大人向け啓蒙書が、そのまま教科書名にあげられている。下等小学の第八級、第七級の教科と教科書を、次に示す。

〈下等小学〉

「第八級」

綴字《カナツカヒ》……………智慧《ちえ》の糸口（古川正雄　明治四年）、うひまなび（柳川春三、年不祥）、絵入智慧《ちえ》の環《わ》（古川正雄、明治三年）

習字《テナラヒ》……………手習草紙、習字本、習字初歩（文部省、明治五年）

単語読方《コトバノヨミカタ》……童蒙必読《どうもうひつどく》（橋爪貫一、明治三年）、単語篇（文部省、明治五年）

洋法算術《サンヨウ》……筆算訓蒙（塚本明毅、明治二年）、洋算早学（吉田庸徳、明治五年）

修身口授《ギヨウギノサトシ》……民家童蒙解（福澤諭吉訳、明治五年）

単語諳誦《コトバノソラヨミ》

「第七級」

綴字（前級に同じ）

習字（前級に同じ）

単語読方……地方往来（市野蒙補、明治二年）、農業往来（江藤彌七）、世界商売往来（橋爪貫一、明治四年）

算術（前級に同じ）

会話読方《コトバヅカヒヨミカタ》……会話篇

単語諳誦

修身口授（前級に同じ）

「第六級」

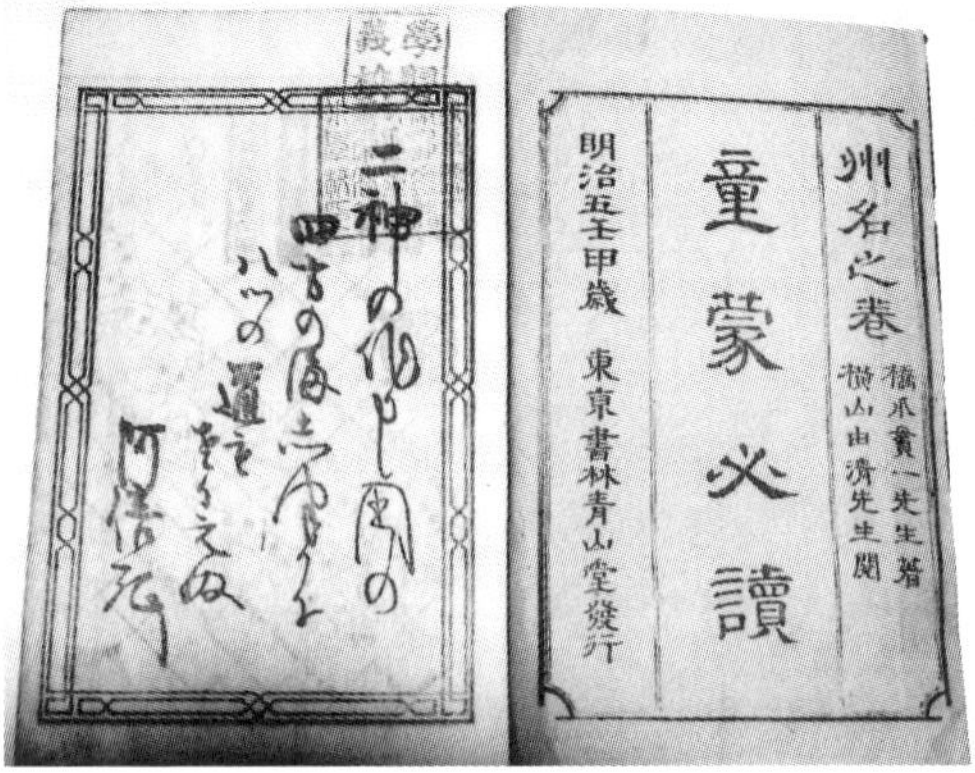

図6-1　橋爪貫一『童蒙必読』（明治３年）

習字（前級に同じ）
単語読方
算術（前級に同じ）
会話読方（前級に同じ）
読本読方………西洋衣食住（片山淳之助、慶応三年）、学問のすゝめ（福澤諭吉、明治五年）、啓蒙知慧乃環（瓜生寅訳、明治五年）
修身口授………泰西勧善訓蒙（箕作麟祥訳、明治四年）、修身論

これに続く第五級では、読本読方には『西洋夜話』（石川彝《つね》、明治四年）、『窮理問答』（後藤達三、明治五年）、『物理訓蒙』（吉田賢輔訳、明治四年）、『天変地異』（小幡篤次郎、明治元年）があげられている。地学読方には『日本国尽』（瓜生寅、明治五年）、修身口授には『性法略』（神田孟格訳、明治四年）があげられている。

２　明治初期の往来物教科書

明治期の入門教科書のうち、往来物系統の典型として古川正雄の『絵入知慧の環』を見ていく。往来物は寺子屋の入門期の教科書として、「いろは」からはじめて「町名」・「村名」あるいは「名頭《ながしら》」・「苗字尽《みょうじづくし》」などに進んでいくものであったが、明治初期においてもこの系統の教科書が編纂・出版されて、小学校で多く使用された。「綴字」向けの入門教科書として編纂された古川正雄の『絵入知慧の環』は、初編より四編までの八冊本である。内容をやや詳細に見ると、次のようになっている。

初編（上・下）………詞の巻（明治三年）
二編　上………万国尽の巻（明治三年）、二編　下………詞の巻（明治四年）
三編　上………大日本国尽の巻（明治四年）、三編　下………詞の巻（明治五年）
四編　上………名所の巻（明治五年）、四編　下………詞の巻（明治五年）

初編一巻は、仮名と漢字を教える国語の初歩教科書となっている。例えば、四角形の枠の中に犬の絵を示して、右肩に「いぬ」、左肩に「犬」と仮名と漢字で示す。そして、「いぬ、ろ、はち、にはとり、ほたる」というように、「いろは」順に配列している。その次に、仮名と漢字をもって単語を示し、次にこれを組み合わせた短文を掲げている。

往来物系統の入門教科書には、橋爪貫一編『童蒙必読《どうもうひつどく》』（三巻、明治三年）が最も広く用いられた教科書として知られている。三巻本のこの書は、皇謚《こうし》之巻（明治三年）、年号之巻（明治三年）、州名之巻（明治五年）で、歴代天皇・年号・国尽からなる。

ちなみに、橋爪は『世界商売往来』（明治四年）を編纂しており、『続世界商売往来』（明治五年）、『西洋地学問答』、『東京地学往来』など地理の往来物を編集・出版している。他にも、橋本貫一は、算術の『洋算独学』、『洋算訓《ようざんくん》蒙図会《もうずえ》』（いずれも明治四年）、国語の『単語略解』（明治六年）、『童蒙尺牘《どうもうせきとく》』（明治七年）など多くの教科の教科書を編集しており、明治初年の教科書編集者として著名であった。

3　民間の啓蒙運動家による教科書――慶応義塾版の小学校教科書を中心に

往来物系統の教科書と並んで、「小学教則」には欧米近代文化や近代科学を紹介した啓蒙書の翻訳教科書も多く掲げられている。とくに、自然科学方面のものと地理学の翻訳教科書が目を引く。これらの教科書は、大部分が一般啓蒙書を転用して教科書にしようとしたものであり、子ども向けに編集された教科書ではない。まだ、適当な小学校教科書が編集されておらず、とりあえず一般書として発行されている啓蒙書から選んだものといえよう。

啓蒙的な翻訳教科書の執筆者や編者は、幕末から明治初期にかけて活躍した洋学者たちであった。

明治初期の民間の代表的な啓蒙運動家といえば、慶応義塾を創立した福澤諭吉である。彼は幕末に三度も欧米に渡航して多くの書物を購入し、欧米の書物を翻訳・抄訳したり、啓蒙書を出版した。また、明六社を設立して国民を啓蒙する運動を展開した。次に、福澤諭吉の啓蒙書で小学校教科書に用いられた主なものをあげてみる。

『西洋事情』　一〇冊（初編三冊・二編四冊・外編三冊）　慶応二年
『西洋旅案内』　二冊　慶応三年
『訓蒙《くんもう》窮理《きゅうり》図解《ずかい》』　三冊　明治元年
『世界国尽』　六冊　明治二年
『啓蒙《けいもう》手習《てならい》之文《のぶん》』　二冊　明治四年（増補版　明治六年）
『学問ノスヽメ』　一七編　明治五年
『童蒙《どうもう》教草《おしえぐさ》』　五冊（初編三冊・二編二冊）　明治五年

『文字之教』三冊（第一・第二・附録）　明治六年
『初学読本』一冊　明治六年
『帳合之法』二冊　明治六年

『童蒙教草』は、福澤の高弟小幡篤次郎が明治元年に慶応義塾に持ち帰って、塾の教科書として使っていた。原著はアメリカ人ウェーランドのモラル・サイエンスで、この訳として「修身論」をあてた。その後、福澤は各種の修身教科書を入手して、慶応ではモラル・サイエンスの翻訳本を作った。『童蒙教草』は、イギリス人チャンブルの原著本を「明治四・五年頃に至り、童子教とも云ふべき物語り」にして翻訳したという。

万国（世界）地理の教科書として使われた『世界国尽《せかいくにづくし》』の出版事情については、次のように語っている。「日本国中の老若男女をして、世界の地理風俗を知ること、江戸の方角・地名・東海道五三駅を暗誦《あんしょう》するが如くならしめんとの一案を起し、俄《にわか》に書林に就て、江戸《えど》方角都路《ほうがくみやこじ》の版本を求め、幾度も之を熟読暗誦して、乃ち其口調に倣《なろ》うて綴りたるものは、世界国尽なり」。『世界国尽』は七五調の名文で流れるような文体で書かれており、朗読によりイメージが容易にできる書物であった。福澤は、江戸時代の地理的往来物を徹底的に研究して、世界各国の地理・風俗という新しい内容を盛りこんだのである。

福澤は小学校の簿記《ぼき》教科書も出版している。『帳合之法』は、「ブック・キーピング」という簿記《ぼき》に関する啓蒙書であったが、商業の実務的な内容を紹介した先駆的なものである。

福沢は慶応義塾版の書物として出版したが、弟子の小幡篤次郎《おばたあつじろう》、松山棟庵《まつやまとうあん》なども教科書を執筆している。小幡篤次郎の『天変地異』は、天変地異とか、神霊の怒りなどと一般に流布している自然現象の無理解に対して、自然現象の法則を通俗的に解説して迷信や俗信を解こうとして出版したものであった。小幡には、経済学入門とも言うべき『生産道案内』（明治三年）や、博物学の翻訳『博物新編補遺《はくぶつしんぺんほい》』三冊（明治二年）がある。松山棟庵も、福澤の弟子で慶応人脈である。彼の『地学事始《ちがくことはじめ》』三冊（明治三年）、『初学人身窮理《しょがくじんしんきゅうり》』二冊（明治九年）などが、小学校教科書に採用されている。

4　文部省版、師範学校版の「官版」小学校教科書

文部省および東京師範学校において小学校教科書の編集・発行作業が始まるのは、一八七一（明治四）年九月以降である。文部省は省内に教科書編輯寮《へんしゅうりょう》を設置して、一八七二（明治五）年一〇月に教科書編成掛《へんせいがかり》を設けて、教科書編集の実務を開始した。文部省における小学校教科書の編輯の始まりである。

一方、文部省は一八七二（明治五）年五月に東京に師範学校を設立・開校させ、新時代の教員を養成しようとした。同年一一月には、師範学校においても教科書の編集局をおいて、小学校教科書の編集にあたらせた。東京師範学校では、新しい近代的な教授法を伝達講習していたが、編集した教科書を附属小学校の実地授業で使いながら伝習していった。また、師範学校は「小学教則」を編成する作業を行いながら、教科書の編集も行っていった。

このように文部省の教科書編成掛による編纂と、師範学校による教科書編纂との二つの小学校教科書編纂体制が作られた。短期間ではあるが、官版教科書の編集・発行として二ルートでの教科書編纂が行われたのである。しかし、一八七三（明治六）年五月に二ルートの編集・発行は統合され、師範学校の編纂事業を文部省に移管していった。

一八七三（明治六）年四月に文部省布達で「小学用書目録」を出した。布達中の「課業書《かぎょうしょ》」（小学校教科書）には、東京師範学校編集による教材、教科書が数多く掲げられている。同年五月には官版教科書は、各府県で自由に翻

刻出版してよいとする布達を出している。官版編集本としては、東京開成学校蔵版の『図法階梯』八巻（明治五年）もあった。以下では、官版小学校教科書を文部省編集本と師範学校編集本に分けて、それぞれどのような小学校教科書が編集・発行されたかを見ていく。

(1) 文部省編集の官版小学校教科書

文部省蔵版の編集・出版の教科書には、次のような教科書がある。

『官版単語篇』明治五年　北瓜有郷画
『史略』四巻　明治五年
『物理階梯』三巻　明治五年　片山淳吉編
『小学読本』五巻　明治六年　榊原芳野編次
『小学画学書』明治六年　山岡成章画
『小学綴字書』明治七年　榊原芳野編
『小学習字手本』二巻　明治七年
『書牘《しょとく》』四巻　明治七年　内田嘉一書
『修身論』二巻　明治七年　阿部泰蔵訳、ウェーランド原著
『小学算術書』五巻　明治八年
『小学入門　甲号』明治七年　＊師範学校編「小学教授書」を改題
『小学入門　乙号』明治八年　甲号の縮刷版

図6-2　文部省編纂の小学校教科書類

このうち、国語学者榊原芳野《さかきばらよしの》編になる『小学読本』は、一八七三（明治六）年六月に各府県で翻刻発行されて広く普及した教科書である。巻一から巻三までが榊原が単独で編集し、巻四及び巻五は那珂通高《なかみちたか》及び稲垣千頴《いながきちあき》の撰になるものである。『小学読本』は一八七四（明治七）年改訂で首巻に『官版単語篇』をあてて、首巻・巻一〜巻五となっていく。

巻一は「伊呂波《いろは》」・「五十音」・「数字」・「算用数字」の順に、書く文字を頭字とする事物を述べている。上覧に絵を配し、下欄にその簡単な説明を施すというスタイルである。「家《い》、絽《ろ》、畠《は》、薔薇《ばら》……」、五十音では「綾《あ》、稲《い》、児《う》、蝦《え》……」として、「第一　家―人の住所の総名なり、柱《はしら》、梁《はり》、桁《けた》、榱《たるき》等を具《そなえ》て作る……」と進めている。巻二、巻三では、既習の単語を用いて説明する短文からなる。巻二「第一　太陽ハ日輪をいひ、太陰ハ月輪をいふ」、巻三「第一　稲の種類三百余品に至るといへども、糯《もち》と粳《うるち》との、早《ワセ》、中《ナカ》、晩《オク》に由《より》て、名を異にせるなり……」。小学読本では、同じ時期の師範学校編『小学読本』（田中義廉編）とともに、初期には普及した教科書であった。各府県の翻刻でもかなり長期間、一八八四（明治一七）年頃まで引き続いて発行された。

(2) 師範学校編集の官版小学校教科書

江戸時代からの往来物系統の教科書や、啓蒙運動家による民間版教科書とは別に、師範学校編集の入門期の小学校教科書をあげることができる。官版でも文部省編集よりも、さらに小学校児童向けを鮮明にしたものである。

東京師範学校は、一八七一（明治四）年八月にアメリカ人スコットを招聘して、新しい教則編成、新しい教授法の伝達を通じて、近代的な小学校教員を養成しようとした。教科書の編輯においても、アメリカから多くの小学校用教科書を取り寄せ、それをモデルにして近代教科書を編集しようとしたのである。また、師範学校では、小学校児童のために教科書編集と平行して、授業で使うための各種の入門期の教材図が多数つくられた。

師範学校編集の入門期の教材図をあげると、次のようである。

「五十音図、伊呂波図、濁音図、次清音図、単語図、連語図、数字図、算用数字図、羅馬数字図、加算九九図、乗算九九図、形体線度図、色図」

新しい教授法について各教科の内容の要点を説明し、教材図の使用法を解説したものが、師範学校長諸葛信澄《もろくずのぶずみ》の『小学教師必携』（明治六年）である。同種の入門教材を活用しての教授法を解説する本も、この時期から多数出版されていく。名和謙次《なわけんじ》『小学授業次第』（明治七年）、水谷良《(渓)》孝『小学入門便覧』（明治八年）、松川半山『小学教授便覧』（明治九年）など。師範学校では、次のような小学校教科書を一八七三（明治六）年初めから順次発行していった。

〈入門〉『小学入門』
〈読物〉『小学読本』
〈算術〉『小学算術書』
〈地理〉『地理初歩』、『日本地誌略』、『万国地誌略』
〈歴史〉『日本略史』、『万国史略』
〈習字〉『片仮名習字本』、『草体習字本』、『楷書習字本』、『習字手本』

図6-3　師範学校編輯の地理教科書

これらの師範学校編集の小学校教科書は、多くが一八七五（明治七）年八月に改正された。師範学校蔵版本の教科書は、表紙裏や奥付に「明治七年八月改正」と大きく記されており、改正本の出版されたことを契機に文部省は一八七五（明治七）年一〇月に布達を発して、翻刻許可書目を示した。上記の中では、『小学入門』・『小学読本』・『地理初歩』・『日本地誌略』・『習字手本』などが指定されている。

師範学校編集本のうち『小学読本』は、田中義廉《たなかよしかど》編集本で四巻が出版された。四巻とも「田中義廉編輯、那珂通高校正」となっており、巻一—一八七四（明治六）年三月、巻二—同年四月、巻三—同年五月、巻四—同年六月に刊行された。表とびらには「師範学校編輯、文部省刊行」と記された翻訳型の読本であった。この時期には、前記の榊原芳野の文部省編集本よりも広く普及した読本で、全国の四九府県の教則に掲げられたものであり、小学読本中では最大の普及本であったといわれる。なお、田中義廉は一八七五（明治八）年に巻五と巻六を民間から出版している。

『小学読本』の巻一と巻二は、アメリカのウィルソン・リーダーという初等教科書の内容を翻訳したものをかなり取り入れている。巻一と二の挿絵には、ズボンをはいた少年、スカートをはいた少女、机・椅子や洋風家具などをそのまま使っている。

巻一の巻頭は、「第一　凡《およそ》地球上の人種ハ五に分れたり、亜細亜《あじあ》人種、欧羅巴《ようろっぱ》人種、馬来《まれい》人種、亜米利加《あめりか》人種、阿弗利加《あふりか》人種、是なり、日本人は亜細亜人種の中なり……」となっている。巻二は、「此女児ハ人形を持てり、汝も人形を好むか、我もそれを好めり、此男児も人形を持てりや……」となっている。これはウィルソン・リーダーの第一課第一章の抄訳となっている。巻三は巻一・二と同じく読み物であるが、巻四になると天体、空気、水、図形、物性など自然科学方面の事柄についての内容となっている。

5　師範学校制定の小学教則

先に「学制」に基づいた文部省制定の「小学教則」を見てきたが、当時の小学校の実情を考えると、実施はきわめて困難なものであった。実態として寺子屋風の「読・書・算」の三教科形式が圧倒的に多かったからであり、教える教師も寺子屋の師匠と変わりがなかったからである。一八七三（明治六）年五月に、東京師範学校が制定する「小学教則」が発表されて、前年の理想主義的な文部省「小学教則」の改定とした。もちろん、前年から一年足らずの時間しかたっておらず、状況は大きく変化してはいなかった。しかしながら、教科数の大幅な整理・削減を図り、「読・書・算」の基礎教科を中核にしていく方向性を打ち出し、新しい教科を設定するなど改善を図ったのである。

師範学校制定の改定「小学教則」では、下等小学の教科を読物、算術、習字、書取《かきとり》、問答《もんどう》、復読《ふくどく》、諳誦《あんしょう》、体操の八教科（第五級以上で書取は作文に変わる）を基本にした。第一級では復読《ふくどく》と諳誦《あんしょう》に代わり諸科《しょか》復習《ふくしゅう》とした。上等小学では、読物、算術、習字、輪読《りんどく》、暗記《あんき》、作文、体操の七教科を基本として、第三級以上では習字に代わって罫画《けいが》を設け、第一級では諸科復習を加えた。

次に下等小学の第八級から第五級まであげておく。

〈下等小学〉

「第八級」

読物……五〇音図、濁音図、単語図、連語図、小学読本巻一ノ一二

算術……数字図、算用数字図、加算九々
習字……習字本
書取……五〇音・単語
問答……単語図
体操……体操図（以下同じ）

「第七級」
読物……小学読本巻一・巻二
算術……乗算九々、羅馬《ローマ》数字
習字……習字本
書取……単語
問答……人体の部分、通常物、色ノ図

「第六級」
読物……小学読本巻三、地理初歩、地球儀
算術……小学算術書巻一
習字……習字本
書取……小学読本中ノ句
問答……形体線度図、地理初歩、地球儀

「第五級」
読物……小学読本巻四、日本地誌略巻一、地図

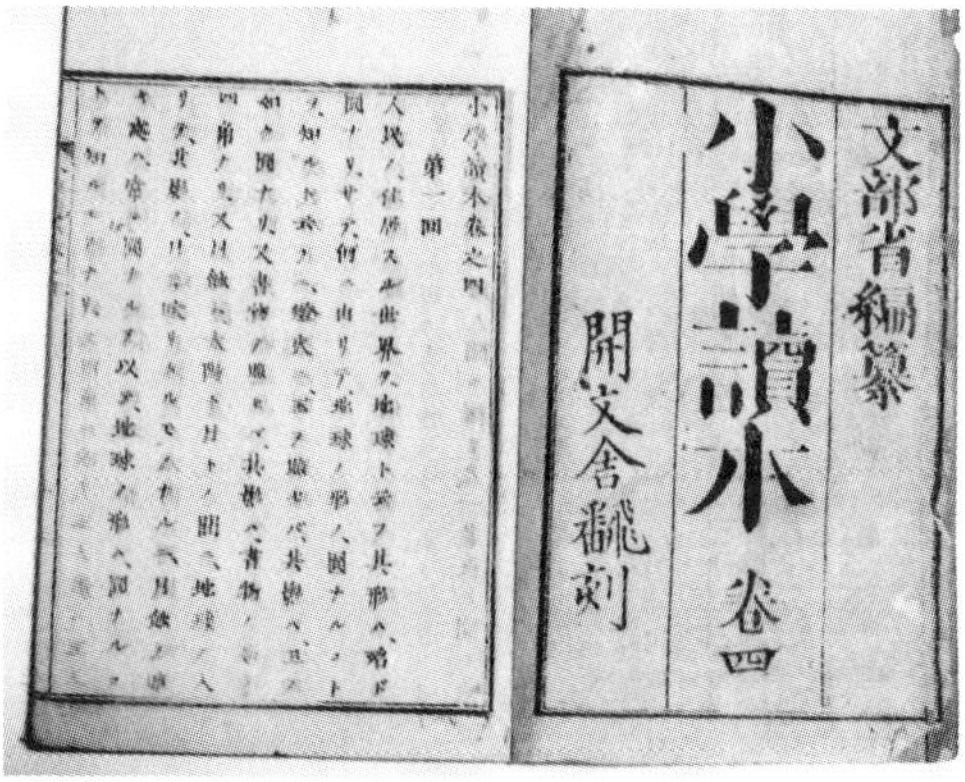

図6-4　文部省編纂の『小学読本』（明治6年）

算術……小学算術書巻二
習字……習字本
書取……小学読本中ノ句
問答……日本地誌略、地図、地球儀

師範学校「小学教則」は、寺子屋式の教則から一歩進めて、現実の小学校の実情を反映させた小学教則であった。師範学校附属小学校での実地授業の経験を踏まえて、「問答科《もんどうか》」という近代的な教授法を採用した新しい教科を設置した。「問答科」は後に地理、歴史、理科などの内容教科に分化していく内容を含んでいたのであり、近代的な教科への発展の第一歩が見られると評価されるものであった。

最後に、一八七五（明治八）年から一八七七（明治一〇）年までの小学校生徒の等級比率を概観しておく。表6-1には、滋賀県における下等小学の第八級から第五級までの現級生徒の比率を掲げた。なお、括弧内は全国の比率である。

小学校の生徒は、明治初年にあって大半が半年間から一年間で退校していることがわかる。昇級するためには半年ごとの厳しい試験制度があったことも、上級への等級生徒が少なかった原因でもあった。文部省及び師範学校の「小学教則」の編成や、理想的な近代的な教科書編纂とのずれが存在したのである。

表6-1　滋賀県と全国の小学生の等級―1875～77年―

	第八級	第七級	第六級	第五級
1875（明治 8）年	89.3%（65.2%）	6.3%（16.3%）	3.3%（9.8%）	1%（5%）
76（明治 9）年	75.7%（53.7%）	12.1%（19.6%）	7.6%（11.2%）	3.6%（7%）
77（明治10）年	42.0%（48.9%）	24.9%（18.9%）	13.8%（11.8%）	11.5%（8.2%）

（出典：『文部省年報』第3年報～第5年報　1875～1877年より作成）

第７章　明治期の近江の郷土教科書——地理、歴史、習字、読本、商業

はじめに

明治から現代までの滋賀県教育史を概観した時、明治初年から明治三〇年代までの時期に、「近江の郷土教科書」と読んでもよい一群の教科書が存在する。明治末年の一九〇四（明治三七）年の国定教科書制度になる以前、滋賀県内で編集され、発行され、印刷された教科書類である。滋賀大学附属図書館教育学部分館はじめ県内の市町村立図書館、各学校、個人の所蔵本のうち、筆者が確認できた「近江の郷土教科書」について、簡単な資料紹介と解説を加えていく。以下では、１　郷土地理、２　郷土史、３　郷土習字、４　郷土読本、５　商業の五種類の教科書類を扱う。

１　近江の郷土地理（郷土地誌）

近江の郷土地理教科書とは、一八七五（明治八）年より約二十数年間に刊行された、滋賀県地誌や県内の各郡地誌教科書である。一八七二（明治五）年の「学制」頒布後に文部省は、全国的な教則として文部省制定小学教

則を定めたり、師範学校制定の小学教則を定めたりしたが、地方の実情を踏まえた教育課程（カリキュラム）でなかったので、実施が困難であった。全国的な教則の適用が難しいことがわかり、文部省は一八七九（明治一二）年に「教育令」を制定して、地方ごとの実情をもとにした各府県教則を独自に制定することを勧めて、就学率をあげさせて小学校制度の普及を図ろうとした。子どもたちに地域社会にかかわる内容を盛りこんだ教科書を使わせないと、子どもたちが小学校に通学してこなかったからであった。

海後宗臣《かいごときおみ》は、郷土教育の発達にふれて「郷土地理書として刊行されたものは明治八年頃よりあり、明治一〇年末迄に郷土地理教科書として刊行されたものは約二〇種に及んでいる。我々はこの郷土地理書のうちに、我国小学校における郷土教授の端緒を認めなければならない」と述べた。明治初期の郷土地誌教科書の刊行とその使用を、日本の郷土教育の端緒＝源流とする考え方は、昭和初期の郷土教育運動の最盛期にほぼ確立し現在に至っている、とした（海後他『我国に於ける郷土教育と其施設』目黒書店　一九三二年）。

一八七五（明治八）年から一八八五（明治一八）年に盛んに刊行された郷土地誌教科書は、「学制」の理念と地域社会の生活現実の落差をうめるものとして登場したと考えられる。一八七二（明治五）年の「学制」によって開化啓蒙主義による小学校の教則が通達され、翻訳教科書による近代的な教育内容が示された。当時の民衆にとって、小学校に入学させることは授業料負担や学校運営資金の棟割負担など経済的に過重な負担であるうえ、学校教育の中身が生活に役立つ実用的知識を欠いたものであった。

一八七七（明治一〇）年をはさんで、文部省は全国に高級官吏を派遣して「学制」の実施実態を調査していった。その結果、不就学にいたる原因は、民衆の生活とかけ離れた教則や教科書にあり、教師の教授法の未熟さにあるとした。「学制」理念に基づいて、全国で画一的に教則を適用することを反省して、各府県独自の教則の制定を認め、地域独自の教科書づくりを承認していく政策に転換した。文部大書記官九鬼隆一《くきりゅういち》は第三大学区巡視報告書で、「都鄙貧福《とひひんぷく》ノ度ヲ測リ」「幾様《いくよう》ノ教則ヲ設ケ」「地方管内ノ風土物件《ふうどぶっけん》ヲ編成」した、郷土にねざした教育が必要であると提言した（『文部省第五年報』明治一〇年）。

郷土地誌教科書づくりは、江戸時代以来の往来物の伝統を引き継ぎ、各府県で最も地域性を生かした教科書として、精力的に編纂・刊行されていった。『文部省年報』「小学書籍一覧表」を分析した中川浩一《なかがわこういち》は、一八七五（明治八）年まで全て日本地誌と万国地誌であったが、一八七六（明治九）年に小学校の地理教科書二三種類のうち県別地誌が五種類、翌一八七七（明治一〇）年には二五種類のうち一一種類が県別地誌ないし国別地誌と報告した。一八七八（明治一一）年には三六種類のうち、郷土地誌は二二種類にも達した（中川浩一『近代地理教育の源流』古今書院　一九七八年）。『文部省年報』第七～九年報の「小学書籍一覧表」を追うと、一八七九（明治一二）年は地理教科書三一種類のうち一五種類が、一八八〇（明治一三）年は六種類のうち二種類が、一八八一（明治一四）年は五五種類のうち四五種類が郷土地誌教科書となっている。第一〇年報（明治一五年）以後郷土地誌は出てこず、第一二年報（明治一七年）には掲載されなくなる。

(1)　滋賀県地誌

〈1〉河村祐吉『頭書近江風土誌』（明治八年）

明治一〇年以前に刊行の滋賀県の郷土地誌教科書が、一冊確認されている。一八七五（明治八）年一月に河村《かわむら》祐吉《ゆうきち》が大津・琵琶湖新聞会社から刊行した『頭書近江風土誌』上・下である。この教科書は、一八七四（明治七）年一〇月の「滋賀県小学教則」において、下等小学の第四級の「地理読方」と第二級の「地理輪講」に掲げられている。第四級は現在の三年生前期、第二級は四年生前期に相当する。

『頭書近江風土誌』は、滋賀県最初の明治七年「滋賀県小学教則」で、日本地誌の『日本国尽』や万国地誌の『世界国尽』に先だって学ばせる教科書とされた。この教則では、郷土地誌から入って日本地誌、万国地誌（世界地誌）から一般地理へのカリキュラム配列が行われている。郷土地誌教育として、第六級（二年生前期）の『近江国《おうみこく》郡村町名《ぐんそんちょうめい》』・『地方往来《ちほうおうらい》』が教則に掲げられ、次いで第四級の『近江風土誌』があり、第四級から第二級にかけて日本地誌、万国地誌の教科書が掲げられている。上等小学になると、第八級と第七級の「地理輪講」に『西洋事情』・『挿画地学往来《そうがちがくおうらい》』・『地球儀』・「世界地図」が挙げられ、第五級で『與地誌畧《よちしりゃく》』が挙げられている。

『頭書近江風土誌』は、上巻が一丁から三六丁、下巻が三七丁から五九丁となっている。著者の河村祐吉は青森県士族で、明治六年四月—七年一一月まで滋賀県権少属《ごんしょうぞく》一三等で庶務課学校簿書専務《ぼしょせんむ》の任にあった人物である（「滋賀県官員録　明治六・七年」『琵琶湖新聞』第三号附録、第二七号附録）。『頭書近江風土誌』の内容は、上段と下段から構成され、上段は楷書体で下段は行書体で書かれている。近江国地誌の知識を与えるとともに、習字の練習として字を覚えさせるよう工夫された教科書で、江戸時代以来の往来物系統の教科書スタイルであった。この後の滋賀県の郷土教科書には見られなくなる様式である。

近江国地誌の大要は、次のような項目を掲げている。最初に滋賀県の位置、国境、石高・人口・戸数・村数、次いで管内十二郡の村数、面積（反別）を示し、次に学区、軍営地、神社名、寺院名、山嶽、河川、原野、町村、街道、電信路、郵便役所を述べ、島名・滝・渡場、名所旧跡、主要な村の物産などで終わる。上段と下段の内容は、必ずしも一致していない。

巻頭書き出しの部分（下段行書）を引用する。

「近江全国は（者）滋賀県の（乃）管轄にして県庁を（越）大津に置《おけ》り　此国たるや　北緯三十五度　西経三度五十分　東京を以て零度とす　東西凡十六里　南北三十二里余　東は（者）伊勢美濃　西は（者）山城

丹波に隣す　南は（者）伊賀　北は（者）若狭越前等に堺す　四境皆山岳　湖水中央に横ハり　其形ち琵琶に似るを以て　琵琶湖と名《なづ》く（以下略）」

〈2〉北川舜治『近江地誌畧』（明治一〇年）

北川舜治《きたがわしゅんじ》『近江地誌畧』上・下（大津・澤宗次郎刊）は、一八七七（明治一〇）年六月刊行の郷土地誌である。北川の郷土地誌本が、小学校の教科書に指定されたことを示す資料は見つかっていない。しかし、同時期に編輯された郡地誌教科書に与えた影響が強く認められ、当時の教員用の地誌教科書として使われたことは十分に考えられる。

北川舜治は栗太郡志津村（現草津市）の豪農の家に生まれ、号を静里《せいり》と称した。一九歳で京都に遊学して経史、博物学、医学、儒学を修め、郷里に戻って私塾を開き、医者のかたわら和学・漢学を教授した。一八七五（明治八）年五月、滋賀県に出仕し、史誌編纂兼学務担当を命ぜられ、県内各校を巡視した。一八七七（明治一〇）年二月に文書掛に転じ、一八七二（明治一五）年一一月に家庭の都合で辞任した。しかし、郡の依頼で栗太野洲郡の学務担任書記として再出仕し、一八八六（明治一九）年まで勤めた。北川舜治の著書は、一八七四（明治七）年の『内外史略』三巻に始まり、一八七六（明治九）年『明治新史』（明治史略）九巻、一八七七（明治一〇）年の『近江地誌畧』と続く。明治二〇年代から三〇年代にかけて、北川は郷土史、郷土地誌関係の著書のみならず、膨大な数の著書を残した博学の人である。

北川の『近江地誌畧』上・下は、上巻が五七丁、下巻四六丁から成る本格的な近江国地誌本である。巻頭に滋賀県権令籠手田安定《こてだやすさだ》の書「以観國光」を掲げている（北川は、のちに滋賀県県令・知事となった籠手田安定の遺命により、籠手田の一生の事蹟を『牧民偉績《ぼくみんいせき》』六巻にまとめている）。『近江地誌畧』は、最初に近江国全体に簡潔にふれた後、近江国管内一二郡の地誌を詳細に記述したものである。

上巻では、全国総論から始まり、滋賀郡誌　栗太郡誌　甲賀郡誌　野洲郡誌　蒲生郡誌　神崎郡誌の順序で叙述し、下巻に愛知郡誌　犬上郡誌、坂田郡誌　浅井郡誌　伊香郡誌　高島郡誌の計一二郡誌を叙述している。一二郡誌の内容は「全郡形勢　山嶽《さんがく》　河川　原野　瀑布《ばくふ》　田圃《でんぽ》反別《たんべつ》　区画戸口　神社　寺院　学校　物産　村落市街　陵墓《りょうぼ》　古城　古跡《こせき》　古戦場」である。

『近江地誌畧』中の「蒲生郡誌」の項の一節を引用してみよう。

〈区画戸口〉「全郡ヲ十八区ニ分割シ村数二百五ケ村町数六十八町戸数二万零八百零二戸人口八万三千百二十六男四万零八百十六人女四万二千三百十人」

〈古城〉「安土城ハ下豊浦村ニアリ天正四年織田信長ノ築ク所七層ノ天守閣ヲ作ル高サ七丈十年明智光春火ヲ縦《た》テ之ヲ燔《や》ク…………西大路ニ市橋氏ノ邸アリ元和年中市橋壱岐守《いきのかみ》長利以後世々之ニ居リ封地一万八千石明治維新ノ後西大路藩ト称シ又版籍ヲ奉還シ県トナシ後大津県ニ合ス」

北川の郷土地誌本の特色として、次の三点が挙げられる。

（1）近江全国の概要説明でも統計数字がかなり使われており、各郡誌の冒頭部分でも統計数字がよく使われている。

（2）各郡誌において、沿革略史（陵墓、古城、古跡、古戦場）に多くの頁数を割いている。郷土地誌ではあるが、郷土史を重視している。

（3）挿絵、地図が全く見られない郷土地誌本である。小学校の児童用としてはこの点からしても用いることが困難であり、この本は教師用の郷土地誌本として使用されたものと推測される。

〈３〉奥田栄世編『滋賀県管内地理書』（明治一〇年）

奥田栄世《おくだえいせい》編『滋賀県管内地理書』（明治一〇年一一月　大津・澤宗次郎刊）は、明治一〇年代の県下の郷土地誌教科書として、最も長期間使用された教科書である。『滋賀県管内地理書』の編輯者奥田栄世は、一八七六（明治九）年一二月六日に文部省督学局より滋賀県第五課学務課長に転任してきた人物である。奥田の学務課長就任の背景は、「本庁夙《つと》ニ本校ノ不振ニ見ルアリ　明治九年冬文部省ノ中視学奥田栄世ヲ以テ学務課長トナシ　管下ノ学政ヲ更正シ本校ノ規模ヲ一振拡張スルヲ期ス」（『大津師範学校』第一年報　明治一〇年）とあり、滋賀県権令《ごんれい》籠手田安定が教育行政と師範学校の教育養成を充実させるために文部省から招聘した人物である。

奥田栄世編輯『滋賀県管内地理書』は、県下の小学校教育の充実・発展をめざして、教育内容面で「上から」テコ入れするねらいを具体化する教科書であった。この教科書の関連本で河野通宏《こうのみちひろ》編輯『滋賀県管内地理書字引《じびき》』（明治一〇年一二月）や、河野編輯、大島一雄校正『滋賀県管内地理書訳図《やくず》』（明治一一年一〇月）、河野編輯『滋賀県管内地理書問答《もんどう》』（明治一一年六月）が、いずれも大津・澤宗次郎から発行されている。教員や児童が使いやすいように「字引」や「滋賀県地図」を発行し、同教科書の「問答教科書」も発行したのである。

河野通宏は、一八七七（明治一〇）年三月三〇日に大津師範学校書記になり、同一三年一月一七日まで大津師範学校に勤務した（明治一二年三月より教員兼務）。河野は、奥田栄世の協力者として、同教科書の普及・使用の便宜となる本を編輯した。河野編「問答教科書」が登場したのは、明治一三年一二月の「滋賀県小学模範教則」まで地理科として独立しておらず、『滋賀県管内地理書』は専ら「問答科」・「読物科」という科目のなかで教えられたからである。同教科書は明治一〇年の初版本に続き、明治一二年三月再版の『改正滋賀県管内地理書』（澤宗次郎刊）も発行され、相当普及していたことを窺わせる。

『滋賀県管内地理書』は、「明治一〇年九月二五日　版権免許」を得ている。滋賀大学教育学部附属図書館には、同教科書の版権免許証が残されている。免許証は「第三千五百七拾壹號／版権免許之證／奥田栄世編輯　滋賀県管内地理書中本壹冊／　高知県士族　奥田栄世蔵版／　右者明治十年九月二十五日ヨリ向三十年ノ間版権免許候也／明治十年九月二十五日／内務卿　大久保利通　印」となっている。また、河野編輯の同教科書字引についても、同様の版権免許証が残っている。

図7-1 『滋賀県管内地理書』

『滋賀県管内地理書』の内容であるが、一丁から二四丁が近江国、二五丁から三三丁までが若狭国、三三丁から三五丁までが越前国敦賀郡の地誌となっている。当時の滋賀県管轄下の近江国一二郡と若狭国三郡、越前国一郡である。各国の郷土地誌は、位置　自然（山岳・河川・島・滝など）街道　町村名　人口　反別　社寺　学校　物産を記している。地誌の記述は、それほど子どもの興味をひく内容となってはいないが、見開きの一丁にほぼ一枚の挿絵や簡単な地図が入っており、親しくする工夫がなされている。たとえば、「瀬田橋ノ図」「唐崎ノ図」「伊吹山ノ図」「建部神社ノ図」とか、「大津市街ノ図」「彦根市街ノ図」などである。

『滋賀県管内地理書』の人民の生業に関する内容の一節を抜きだしてみよう。

「人民ハ一般ニ耕種《こうしゅ》ヲ業トナスト雖モ　伊香浅井坂田ノ諸郡ハ専ラ桑蚕紡織《くわかいこぼうしょく》ヲ業トシ　甲賀郡及ヒ愛知郡ノ南部ハ茶《ちゃ》ヲ産シ沿湖ノ人民ハ漁魚《こぎょ》ヲ業トシ　蒲生神崎ノ二郡ハ盛ニ貿易《ぼうえき》ヲ勉メ又醸造《じょうぞう》ヲ業トシ　或ハ遠ク函館ニ貿易シ或ハ東西諸国ニ支舗《しほ》ヲ設ケ家資数万ヲ累《かさね》ルモノ頗《すこぶ》ル多シ　盖《けだ》シ封建ノ世ニ賦税《ふぜい》重ク民命ニ勝ヘサルニヨリ遂ニ地ヲ去テ行商《ぎょうしょう》ヲ業トスルニ到レリ　是ヲ以テ村民頻《しきり》ニ家ヲ興《おこ》シ暴富《ぼうふ》ニ到ルモノ歴々屈

指スルニ暇《いとま》アラス　故ニ當時ノ富ヲ称スルモノハ多ク此諸郡ヲ推ス」（四丁）

この部分は「問答科」「読物科」でどのように教えられたであろうか。河野通宏編輯『滋賀県管内地理書問答』では、次のようになっている。

「問　桑蚕紡織ヲ専業トナス地ハ何郡ナルヤ」、「答　伊香、浅井、坂田郡」

「問　茶ヲ産スル地ハ何郡ナルヤ」、「答　甲賀、愛知郡」

「問　貿易ヲ勉メ醸造ヲ業トスル地ハ何郡ナルヤ」、「答　蒲生、神崎郡」

『滋賀県管内地理書』の教授は、「問答科」のなかで郷土生活の知識を与えるために行われたが、教授方法は「問」と「答」を交互に繰り返しながら、記憶していく形でなされた。この問答のやり方に見るように、郷土人民の生業の概括的知識だけが問われて、これに答えるだけでよいとされた。「問答科」の方法を使って、郷土地誌教科書の基礎知識の記憶を重視する方針がとられたのである。

他方で、河野は『滋賀県管内地理書訳図』の囲みにおいて、「下等五級生徒ノ如キ年《とし》歯《は》学力共ニ未ダ浅キヲ以テ許多《いくた》ノ事物ヲ悉《ことごと》ク記憶セシメント欲セバ却《かえっ》テ其要ヲ失シ所謂《いわゆる》蜂虻《はちあぶ》両ナガラ之ヲ得ザルニ至ル……管内地理書ヲ授クルハ管内地理ノ概略ヲ知ラシメントノ主意ニシテ……山川岬角等悉皆《しっかい》之ヲ記憶セシムベシトノ意ニ非ザルベシ」と、記憶中心の方法をしりぞけようとした。実際の授業では河野の意図に反して、郷土の概括的知識を記憶することが重視されたのである。

　滋賀県は、最初の滋賀県独自の教則を一八七四（明治七）年一〇月一四日に「滋賀県小学教則校則」（滋賀県布達第一三三八号）として出した。この布達にしたがって、滋賀県の郷土地理教科書が刊行され、前記の河村祐吉『頭書近江風土誌』上・下（琵琶湖新聞会社　一八七五〈明治八〉年）、田中織遠『滋賀県管内地理問答』（彦根・小川九平　一八七六〈明治九〉年）、北川舜治『近江地誌畧』上・下（大津・澤宗次郎　一八七七〈明治一〇〉年）、奥田栄世『滋賀県管内地理書』（澤宗次郎　一八七七〈明治一〇〉年）のような滋賀県地誌の教科書が相ついで編纂、発行されたのである。先に見たように河村祐吉は滋賀県師範学校教員、奥田栄世は文部省から滋賀県学務課長に赴任した人、田中織遠と北川舜治は地元滋賀県の学者で私塾経営を行っていた。

　滋賀県の県地誌教科書の中にあっては、奥田栄世編輯『滋賀県管内地理書』がもっとも普及した地理書であった。滋賀県の府県教則として、さきの一八七四年教則以後に、一八七五（明治八）年の「滋賀県上下等小学教則」、一八七七（明治一〇）年の「小学教則校則改正」（「滋賀県改正小学教則」）、一八七九（明治一二）年の「滋賀県普通高等小学教則」、一八八〇（明治一三）年の「小学模範教則」、一八八二（明治一五）年の「小学校教則及試験法」（「滋賀県小学校改正教則」）の五回の教則改正があった。

　奥田栄世編『滋賀県管内地理書』は、一八七七年以後の四回の教則改正にあっても、すべての教則表に郷土教科書として掲載されている。めまぐるしく変わる教則表にあって、一八七七（明治一〇）年より一八八二（明治一五）年まで掲載されていることから、一八八六（明治一九）年「小学校令」に至るまで、県下では最も長期間の十年間にわたって使用され続けたことがわかる。

　奥田は一八七九（明治一二）年に改訂本の『改正滋賀県管内地理書』を刊行している。また、奥田は『滋賀県地誌略ノ内若狭国ノ部』（一八七九〈明治一二〉年）を編集・発行している。これは、当時若狭国三郡と越前国敦賀郡の四郡が滋賀県に編入されていたので、若狭国の小学校の部分だけ独立させて若狭国小学校用に刊行したのである（『福井県史』通史編五　近現代一　一九九五年）。

他の滋賀県地誌の教科書としては、梶山弛一《かじやましいち》『滋賀県地誌』（一八八〇〈明治一三〉年）、川添清知《かわぞえきよとも》『滋賀県管内小学地誌』（一八八三〈明治一六〉年）が刊行されている。梶山弛一と川添清知は、ともに大津師範学校教員（滋賀県師範学校の校名変更）であった。

(2) 滋賀県内の郡地誌

子どもたちの生活する地域に即した知識を学ばせようとすれば、県レベルからさらに郡レベルまで郷土町村までおりていかざるを得ない。実際に滋賀県の郡地誌教科書が、明治初年には多数刊行されているのである。これらの郡地誌教科書は一八八〇（明治一三）年の滋賀県の「小学模範教則」以後の教則表に、「近傍市街町村《きんぼうしがいちょうそん》」の教科書として位置づけられて使用された。

一八八一（明治一四）年の「小学校教則綱領」で、文部省は「先《まず》学校近傍《きんぼう》ノ地形即生徒ノ親シク目撃《もくげき》シ得ル所ノ山谷河海等ヨリ説キ起シ」て、続いて地球の有様、日本地理、外国地理へと学ばせていくべきであると述べている。

滋賀県の郡地誌教科書の刊行状況は、表7－1の通りである。明治一〇年代に刊行された『滋賀県管内〇〇郡誌』形式の郡地誌教科書は、一二郡のうち一〇郡の発行が確認できていて、蒲生郡と高島

図7-2　滋賀県管内の郡地誌教科書

表7-1　滋賀県における郷土地誌教科書一覧

	書　名	編著者名	発行者・所	発行年	丁数・装丁	折りこみ・地図の有無	県・郡地誌
1	頭書　近江風土誌上・下	河村祐吉	大津・琵琶湖新聞会社	明治８年	上36丁・下23丁	県地図無	県地誌
2	近江地誌畧上・下	北川舜治	大津・澤宗次郎	〃10年	上57丁・下46丁	〃	〃
3	滋賀県管内地理書	奥田栄世	〃	〃10年	35丁	〃	〃
4	改正　〃	〃	〃	〃12年	34丁	〃	〃
5	滋賀県地誌	梶山弛一	彦根・小川九平	〃13年	24丁		〃
6	滋賀県管内栗太郡誌	山本清之進	大津・澤宗次郎	〃12年	25丁	〃	郡地誌
7	改正　〃	〃	〃	〃17年	25丁	〃	〃
8	滋賀県管内坂田郡誌	中矢正意	〃	〃12年	12丁	郡地図有	〃
9	〃　伊香郡誌	長瀬登喜雄	〃	〃12年	9丁	〃　有	〃
10	〃　滋賀郡誌	村田巧	〃	〃13年	15丁	〃　無	〃
11	〃　野洲郡誌	巽栄蔵	〃	〃13年	11丁	〃　有	〃
12	〃　甲賀郡誌	山縣順	大津・古川伊助	〃13年	28丁	〃　有	〃
13	〃　愛知郡誌	横内平	彦根・小川九平	〃13年	18丁	〃無・略解	〃
14	〃　神崎郡誌	松浦果	大津・小川義平	〃13年	15丁	〃有・字類	〃
15	〃　浅井郡誌	中矢正意	長浜・早瀬右内	〃13年	11丁	〃　有	〃
16	〃　犬上郡誌	渡辺弘人	彦根・小川九平	〃14年	22丁	〃　有	〃
17	〃　蒲生郡誌	村田巧	八幡・大内弊六他	〃16年	12丁	〃　無	〃
18	〃滋賀郡小学地誌	川添清知	大津・澤宗次郎	〃16年	18丁	〃　無	〃
19	〃伊香西浅井郡誌	伊香西浅井教育会	天守正信・安達湖一郎・林菊太郎	〃17年	10丁	〃　無	〃
20	鼇頭　甲賀郡小学地誌	高谷柳台・平田次勝	水口・薮音次郎	〃17年	14丁	〃　無	〃
21	高島郡地理概畧	東郷秀太郎	高島郡安井川村・川上平兵衛	〃18年	12丁	〃　無	〃
22	滋賀県管内小学地誌	川添清知	大津・島林専治郎	〃16年	26丁	県地図無	県地誌
23	小学近江地誌	一井寿衛雄	大津・島林専治郎	〃24年	54丁	〃　無	〃
24	近江地誌	滋賀県私立教育会	京都・杉本甚之助	〃27年	45頁・活版	〃　有	〃
25	近江国滋賀郡誌	滋賀郡教員組合会	大津・島林専二郎	〃32年	12丁・〃	郡地図有	郡地誌
26	東浅井郡誌	東浅井私立教育会	長浜・中村藤平	〃33年	6丁・〃	〃　有	〃
27	滋賀県管内甲賀郡誌	久野正二郎	甲賀・栗林徳平	〃33年	9丁・〃		〃
28	近江地誌	宗宮信行	大津・島林専次郎	〃33年	33丁・〃	県地図無	県地誌
29	新撰近江地誌	山木萬治郎他3名	大津・安原正光	〃35年	15丁	〃　有・白地図	〃

（拙稿「明治期の郷土地理教科書」『近代日本の教科書のあゆみ』2006年111頁に修正・加筆）

郡の二郡の確認ができていなかった。二〇一五年三月に近江八幡市史編纂室の協力で『滋賀県管内蒲生郡誌』を発見することができた。『滋賀県管内〇〇郡誌』形式の郡地誌教科書としては、栗太郡、坂田郡、伊香郡、浅井郡、滋賀郡、野洲郡、甲賀郡、愛知郡、神崎郡、犬上郡、蒲生郡の一一郡が、一八七九（明治一二）年より一八八三（明治一六）年に刊行されている。滋賀県内で未発見の『滋賀県管内高島郡誌』であるが、村田杤編で八丁、一八八四（明治一七）年発行との情報があり、現在確認中である。高島郡地誌では、一八八五（明治一八）年に『高島郡地理概略』が発行されている。なお、表中の島林専治郎、専二郎、専次郎は、同一人物と思われ、大津南強堂である。

浅井郡は一八八〇（明治一三）年に東浅井郡と西浅井郡に分れて、西浅井郡は伊香郡と合併して、伊香西浅井郡となった。したがってこの後は、滋賀県は一三郡からなり、郡地誌教科書も、『滋賀県管内伊香西浅井郡誌』が刊行されている。後の一八九六（明治二九）年に西浅井郡伊香郡が廃止され、翌一八九七（明治三〇）年に伊香郡となった。

表7-1の出典は、次の六点を除きすべて滋賀大学図書館教育学部分館所蔵本である。5と27は東書文庫本、15は彦根市立図書館所蔵本、17は近江八幡市史編纂室所蔵本、19は江北図書館所蔵本、26は長浜城歴史博物館所蔵本（旧蔵は長浜小学校所蔵）である。

(3) 四つの郷土地誌教科書——一井寿衛雄《かずいすえお》『小学近江地誌』、滋賀県私立教育会『近江地誌』、宗宮信行『近江地誌』、山本万次郎他『新撰近江地誌』——

一八八六（明治一九）年の「小学校令」により、小学校は尋常科四年、高等科二年ないし四年とされ、尋常科の義務化を進めることとした。尋常科開設の困難な小学校は、当分の間三年間の簡易科の資格とされた。一八九〇（明治二三）年の「改正小学校令」にあわせて、翌年一八九一（明治二四）年の「小学校教則大綱」では、すべての学科（教科）の目標、内容を定めている。地理科は、「郷土ノ地形方位《ちけいほうい》等児童ノ日常目撃《もくげき》セル事物ニ就《つ》キテ端《たん》緒《ちょ》ヲ開キ」、その後で日本の地理の概要、外国地理を授けるとした。このように地理教育は、郷土地理から日本地理へ、さらに外国地理へという身近な日常生活空間から始めて、次第に遠い空間へと至る空間認識の学習順序にしたがって学ばせることとした。

これにより、滋賀県では明治二〇〜三〇年代には、一井《かずい》寿衛雄《すえお》『小学近江地誌』（一八九一〈明治二四〉年）、滋賀県私立教育会編『近江地誌』（一八九四〈明治二七〉年）、宗宮《そうみや》信行《のぶゆき》『近江地誌』（一九〇〇〈明治三三〉年）、滋賀県師範学校附属小学校訓導山本万次郎《やまもとまんじろう》・鈴木治太郎《すずきじたろう》・豊田穣《とよたゆたか》・日向清蔵《ひゅうがせいぞう》『新撰近江地誌』（一九〇二〈明治三五〉年）の四冊が、編集・刊行されて県内の小学校で使用された。

これらの「近江地誌」シリーズとでもいうべき四冊の郷土地理教科書のうち、はじめの三冊の構成は、ほぼ同じ内容である。すなわち、総論として近江国全体の概観から入り、次いで滋賀郡、栗太郡、野洲郡、甲賀郡、蒲生郡、神崎郡、愛知郡、犬上郡、坂田郡、東浅井郡、伊香郡、高島郡と続いて、最後にまとめに総説でしめくくるという構成である。

これらのうち、滋賀県私立教育会の『近江地誌』は、総論部分を「発端」、まとめの総説部分を「結論」として、滋賀県全体の地理的概観を記述している。発端では、「近江国ハ、我日本ノ中央ニアリ、東ハ、伊勢、美濃、北ハ、越前ニ界シ、西ハ、丹波、若狭、山城、南ハ、伊勢ニ接ス」から始まり、「位置、地勢、管轄、戸口、土地」に言及している。ちなみに、一八九四（明治二七）年の県下の戸数約一三万三千戸、人口約六八万九千人であった。

続いて一二郡の各郡地誌を取り上げていくが、「位置、地勢、町村、名所」が記述されている。滋賀郡の町村「大津」は、「大津ハ、当国第一ノ市街ニシテ、湖ノ南岸ニ在リ、戸数、凡ソ六千人、人民多クハ商業ヲ事トス、此地、東、北ノ諸国ヨリ、京都ニ通ズル路ニ当リ、汽車、汽船ノ便アリ、常ニ繁昌セリ」と描かれている。

結論では、「気候、住民、物産、交通」について記述している。滋賀県の物産では、「当国物産ノ主ナルモノハ、長浜縮緬《ちりめん》、生糸《きいと》、蚊帳《かちょう》、陶器、茶、煙草《たばこ》、及ビ魚類等ナリ、殊ニ縮緬ハ、其質上品ニシテ、販路最モ広ク、江州米、其名世ニ高シ」と記している。

最後の滋賀県師範学校附属小学校の四訓導が編集執筆した郷土地理『新撰近江地誌』のみが、大きく内容構成を変えている。この目次を掲げてみると、次のようである。

「近江地誌　其一　近江一周の話、其二　1　位置ととなりの国々と、2　国の広さ、3　一市十二郡、4　土地の高い低いのありさま、5　川につきて、6　琵琶湖、7　気候と地味と、8　人民の業、9　物産、10　住民と学校と、11　交通、12　県税」

其一（五丁）では、近江一国を大津から出発して、鉄道や船や道路にそってぐるりと滋賀県内を一周して、各地域の地勢や名所旧跡、産物などを概観する旅行体地理による記述である。其二（一〇丁）は、近江全体の地勢、産業、市街地などについて記述しており、全体が「です、ます」調で書かれている。子どもの興味・関心を引く書き方を試みたものである。

2　近江の郷土史

郷土史教科書は、明治二〇年代の一《かず》井《い》寿《す》衛《え》雄《お》『小学校用近江史談』（一八九

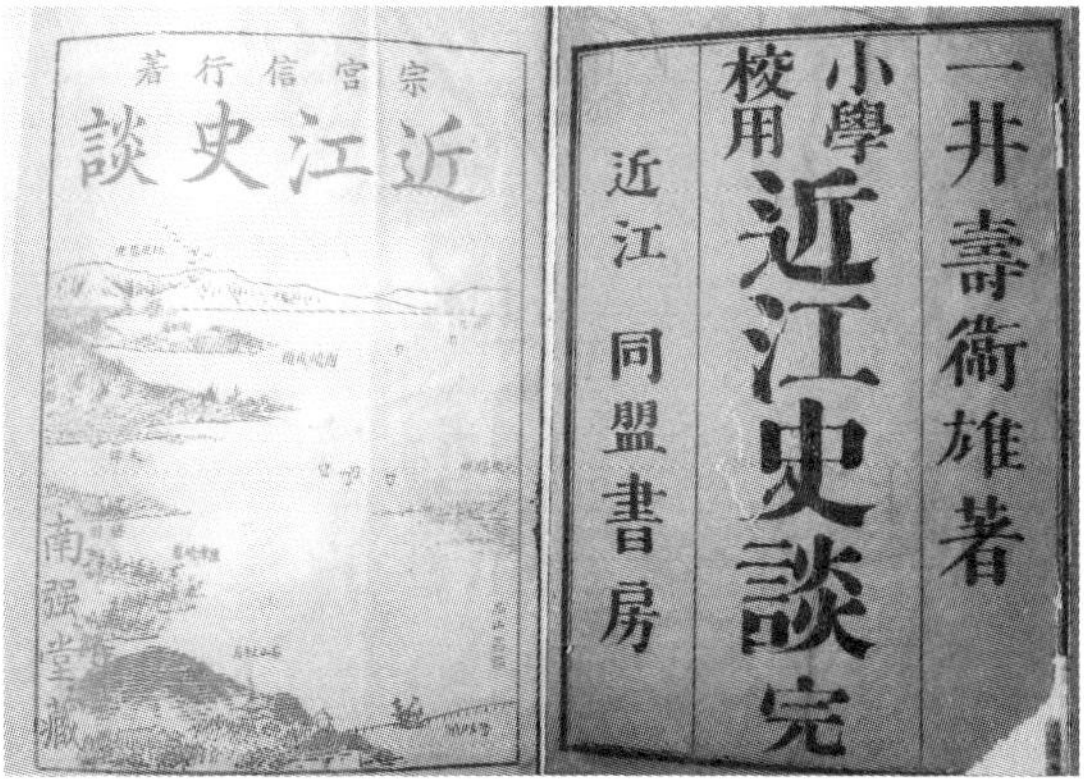

図7-3　2種の『近江史談』教科書

三〈明治二六〉年）と明治三〇年代の宗宮《そうみや》信行《のぶゆき》『近江史談』（一九〇〇〈明治三三〉年）の二冊の発行が確認されている。一井寿衛雄と宗宮信行は、上で見た郷土地理教科書の著者でもあり、ここで見る郷土史教科書とセットで著作し刊行したことがわかる。

郷土史と郷土地理を分冊で発行するのでなく、一冊にまとめた郷土教育の教科書として、山田《やまだ》誠之助《せいのすけ》の『近江教育』（一八九四〈明治二七〉年）の発行が確認されている。山田は滋賀県尋常師範学校教員で、滋賀県私立教育会幹事でもあったが、郷土について地理、歴史、理科の三科を連携させて学ばせるべきだと提案している。現今の総合学習の扱い方の原型のような提案であり、具体的な教材集でもあった。

『小学校用近江史談』と『近江史談』の二著の内容構成は、表７－２の目次一覧表の通りである。前者の一井寿衛雄本は、和装二五丁で本文二三丁に付録二丁、後者の宗宮本は、同じく和装一九丁である。一井本は高等小学校第一学年児童用としており、尋常小学校でも用いることができるとしている。この時期の尋常

表7-2　近江の郷土史教科書目次
―『小学校用近江史談』と『近江史談』―

『小学校用近江史談』（明治26年）	『近江史談』（明治33年）
第 1 課　発端	近江国
第 2 課　日本武尊	高穴穂宮
第 3 課　市辺押磐皇子	大津宮
第 4 課　大津の宮	国府
第 5 課　弘文天皇長等山山陵	日吉神社
第 6 課　逢坂関	延暦寺
第 7 課　紫式部	伝教大師
第 8 課　延暦園城２寺	園城寺
第 9 課　源義経	石山寺
第10課　粟津合戦	近江源氏
第11課　平宗盛	浅井氏
第12課　近江源氏	立入宗継
第13課　織田信長	安土城
第14課　蒲生氏郷	賎ガ岳ノ戦
第15課　浅井長政	蒲生氏郷
第16課　豊臣秀吉	石田三成
第17課　賤ヶ岳の七槍	井伊氏
第18課　毛受荘介	滋賀県
第19課　井伊氏	近江聖人
第20課　近江聖人	北村季吟
第21課　現時の形勢	近江商人
	近江米
名所旧跡	茶
歴代天皇系統表	信楽焼
	近江蚊帳
	近江縮緬

小学校は四年間のみであるから、現在の第五・六学年向けに編集したものである。

一井寿衛雄本の『小学校用近江史談』は、郷土史にゆかりの深い人物史教材が一五教材とほとんどを占めている。大《おお》津宮《つのみや》、弘文天皇陵《こうぶんてんのうりょう》、逢坂《おうさか》の関《せき》、延暦《えんりゃく》・園城《おんじょう》二寺などを除くと、人物史の説話エピソードの物語歴史の形式である。

他方、宗宮信行本の『近江史談』は、人物史教材九教材、寺社・宮・城など八教材、産業史教材（米・茶・蚊帳・縮緬）五教材となっている（表７－２を参照）。

宗宮信行『近江史談』（明治三三年）の内容を見てみよう。「石山寺」の項では、石山寺の由来と紫式部のエピソードを次のように記述している。

「石山寺ハ、聖武《ショウム》天皇ノ時、僧良弁《リョウベン》――奈良東大寺ノ開基――ノ創ムル所ナリ、一条天皇ノ時、紫式部《ムラサキシキブ》、此寺ニテ源氏物語《ゲンジモノガタリ》ヲ著シシトゾ、――式部ハ、藤原為時ノ女ニシテ、藤原宣孝ノ妻ナリ、和漢ノ書ニ通シ、文学ニ長シ、皇后、上東門院ニ仕ヘシ人ナリ――」と記述して、紫式部の挿絵を入れている。

産業史教材の「茶」に関して、唐から伝教大師最澄が持参したエピソードと県内の産地を次のように記述している。

「延暦年間、伝教大師、唐ヨリ茶ノ実ヲ携ヘ帰リテ、之レヲ坂本村ニ植エシガ、弘仁《コウニン》年間、之レヲ甲賀郡信楽《シガラキ》ニ移シ植ウ、コレ信楽茶ノ起ナリ、政所《マンドコロ》茶ハ、貞観《ジョウガン》年間ニ植エシモナリト伝フ、此二所ノ茶ハ、夙《ツト》ニ天下ニ名アリ、土山《ツチヤマ》茶ハ、徳川幕府ノ末、外国ト貿易ヲ創メシヨリ、一時盛大トナリシモ、今ハ衰ヘタリ」

続く「信楽焼」の頁には、徳川幕府の時代に茶壷生産で有名になったエピソードを記して、挿絵に「茶壷行列ノ図」を載せて茶壷道中のイメージをわかせる工夫をしている。

3　近江の郷土習字

習字教育は、江戸時代の寺子屋教育以来重視されてきた教育内容である。「読み、書き、算」の「書き」に相当する文字の習得を毛筆で学ばせる教育が基本であるが、明治初期には生活実用の文字として子どもの居住する村名、町名、郡名などと関連付けて教えられた。郡村町名を学ぶ教育は、郷土地理の教育の入門であるとともに、一方では漢字の読みを覚え、毛筆で書けるようにしていく教育＝習字教育でもあった。

習字教科書には、日常生活で必要な手紙文の常套《じょうとう》文章や形式を学ばせる教科書も存在した。公的な書類のための典型文を集めて編集した「公用文」、私的な手紙のやりとりを集めた「私用文」であり、とくに郷土性や郷土的な内容はないが、日常生活にねざした知識を小学校で教えようとしたのである。

滋賀県内で編纂・刊行されたものに、黒田《くろだ》行元《ゆきもと》著・川瀬《かわせ》白巌《はくがん》書『習字公用文章』、『習字私用文章』（両書とも一八七三〈明治六〉年　文明書樓）がある。黒田は元膳所藩士で藩校遵義堂督学《じゅんぎどうとくがく》として漢学・洋学を教え、幕命で蕃所調所にも出仕した人物である。博学で知られ、英・仏・独等の言葉に通じ、号を麹廬《きくろ》と称した。通称は行次郎、『魯敏孫《ロビンソン》漂流記事』を飜訳出版し、のち滋賀県師範学校でも教えた。

滋賀県の郡村町名に関する教科書として、琵琶湖新聞会社編『近江郡村町名《おうみぐんそんちょうめい》』（一八七五〈明治八〉年）が刊行されていた。この教科書は、滋賀県下の一二郡、一五八区、一四三三カ村、三三八カ町の名称を五二丁に書き出して教える郷土教科書である。

この教科書にしたがって、各郡の町村名、区名の文字（漢字）を毛筆習字で学ばせる教科書がそれぞれの郡ごとで発行、使用された。現在発行が確認できるのは、蒲生郡の『滋賀県蒲生上郡村名習字本』（村田海石書　一八

七七〈明治一〇〉年）、甲賀郡の三好守雄編『大字習字手本』（江添佐書　一八七八〈明治一一〉年）、伊香西浅井郡の中矢正意編『習字手本』（平井義直書　一八七九〈明治一二〉年）、栗太郡の上田伝・藤田義質編『小学初等科第二級習字手本』（川瀬白巌書　一八八四〈明治一七〉年）の四郡の習字教科書である。

　元彦根藩士で明治書聖の三筆の一人である日下部鳴鶴《くさかべめいかく》は、一八八五（明治一八）年に『小学習字帖』を東京・文学社から刊行している。文学社社長の小林義則は、元彦根藩士で一八七四（明治七）年七月官立東京師範学校を卒業後、横浜師範学校や文部省に勤務したあと、出版界に入った人物である。日下部の『小学習字帖』は、滋賀県内はもとより全国の小学校で習字教科書として幅広く普及した。

　このほか、山崎真三編『習字手本　大津町名』（邨《(村)》田海石書　一八七九（明治一二）年）がある。山崎には、『習字手本　いろは五十音』と『習字手本　名頭字』（いずれも一八七九年）の編輯・発行本もある。いずれも琵琶湖新聞会社から刊行されている。山崎真三は、大津明倫学校教員と兼任して、最初の滋賀県師範学校附属小学校教員となった教師である。

　さらに、黒川知美編・川瀬益（白巌《がん》）書『小学初等科習字手本』一〜四（一八八三〈明治一六〉年　発行人東浅井郡山本村・吉田孫治）もある。長浜市神照小学校所蔵本の同書は、小学初等科用で一（第五級）二（第四級）三（第三級）四（第二級）となっている。

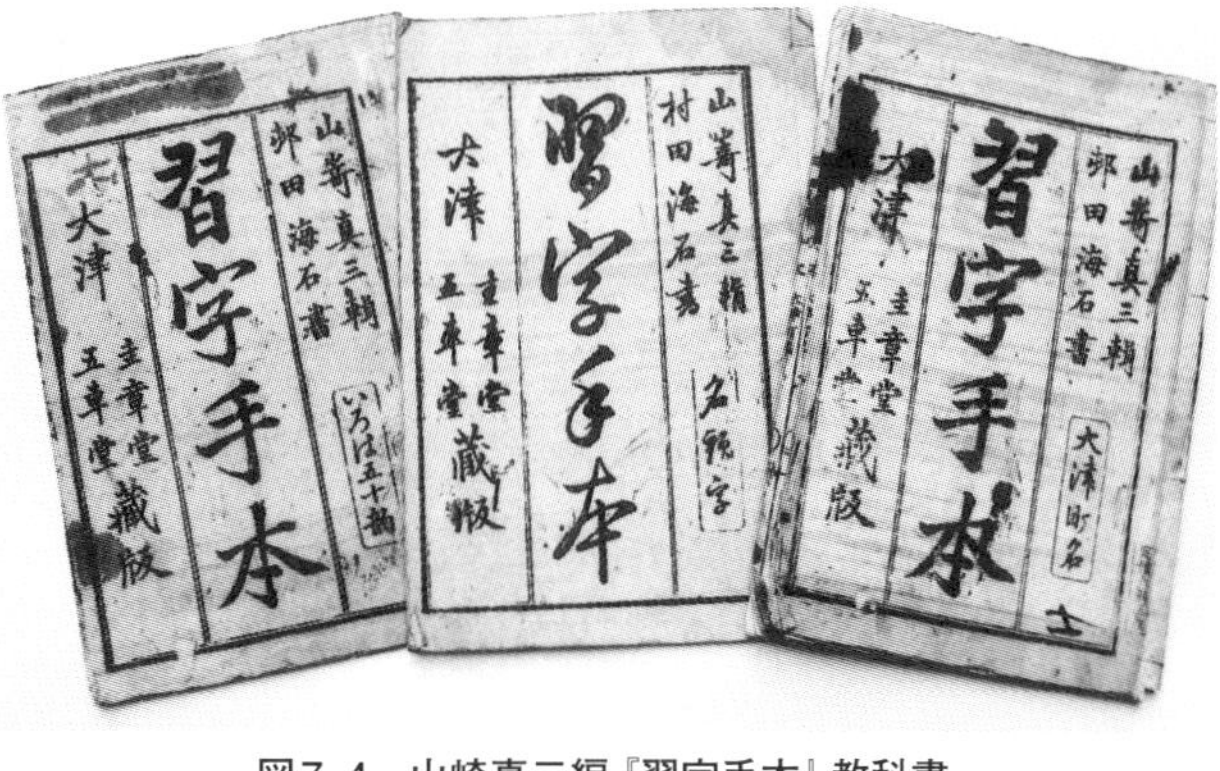

図7-4　山崎真三編『習字手本』教科書

〈1〉『滋賀県蒲生上郡村名習字本』（明治一〇年）

蒲生郡の習字教科書は、蒲生上郡村名習字本とあるように、日野町、旧蒲生町、旧永源寺町、近江八幡市の一部を含む蒲生上郡中心の村名を書き出したものである。本文末尾に、「蒲生上郡及愛知神崎両郡接近之村名凡三町百二十七邨《（村）》」とあるように、接する周辺の愛知郡、神崎郡の主な村名も書き出している。

この本の発行は、教育親和《しんわ》社会蔵となっており、巻末にこの習字本刊行にかかわる経緯を窺わせる人名が挙げられている。習字教科書の版木彫刻《はんぎちょうこく》寄付人名に「金二円五十銭　正野玄三《しょうのげんぞう》、仝二円　竹村太左衛門《たけむらたざえもん》、仝二円　大《おお》野市治《のいちじ》、仝二円　島田勘右衛門《しまだかんえもん》、仝壱円五十銭　中井源三郎《なかいげんざぶろう》」など計一九名の日野商人などの名前が挙がっている。「習字本斡旋曽我部信雄《そがべのぶお》」から、この習字本発行を日野商人たちに働きかけたのが、西大路村の朝陽学校教師曽我部信雄であったことがわかる。曽我部信雄は、官立大阪師範学校を卒業後、旧西大路藩校日進館《にっしんかん》の系譜を引く朝陽《ちょうよう》学校教員になった人物である。習字本の書家村田海石は、江戸時代以来の藩校、寺子屋で教えられてきた書体である「御家流《おいえりゅう》」を革新して、幕末から普及してきた楷書書法である「唐様《からよう》」書体の代表的な書家であった。

〈2〉三好守雄編『大字習字手本』（明治一一年）、中矢正意編『習字手本』（明治一二年）、上田伝・藤田義質編『小学初等科第二級習字手本』（明治一七年）

甲賀郡の習字本は、甲賀郡第一〇区一三〇カ村を書き出したものである。第一区一一カ村の「石部、西寺、東寺、柑子袋、菩提寺、正福寺、平松、針、夏見、吉永、三雲」から始めて、第一〇区一九カ村にいたる。書体は江添佐《えぞえすけ》による典型的な「御家流」であり、江戸時代の近世くずし文字の伝統を受け継ぐものである。

伊香郡習字本の中矢正意《なかやまさい》編『習字手本』は、長浜講習学校蔵版となっているが、編集者中矢正意は長浜講習学校教員である。一八七七（明治一〇）年三月に官立東京師範学校小学師範学科を卒業後、滋賀県大津師範学校教員として赴任、大津師範学校支校（分校）である長浜講習学校教員になった。長浜講習学校は、長浜の開知学校に併設された湖北三郡の現職教員の研修施設兼教員養成の学校であった。

栗太郡習字本の上田《うえだ》伝《でん》・藤田《ふじた》義質《よしただ》編『小学初等科第二級習字手本』は、栗太郡八区のうち、第一区二二カ村、第二区一五カ村、第三区一五カ村、第四区一一カ村及び第五区一カ村を書き上げている。現在の大津市大石、栗東市域、草津市域の村名である。栗太郡は第五区一〇カ村、第六区一四カ村、第七区一一カ村、第八区一一カ村があるが、この教科書には書かれていないので、おそらく次巻の『小学初等科第三級習字本』に所収されたのではないか。編者の上田伝は、明治一〇年官立大阪師範学校卒業後、大津の鶴里《かくり》学校（現逢坂小学校）教員として着任し、その後栗太郡内の更始《こうし》学校（現栗東市大宝小学校）に転勤、明治一二年より一七年まで咸熙《かんぎ》学校（現栗東市葉山小学校）教員となった。もう一人の編集者藤田義質は、明治一〇年より草津の知新《ちしん》学校（現草津小学校）の首座教員であった人物である。

〈3〉日下部鳴鶴『小学習字帖』（明治一八年）

明治から大正の著名な書道家で、旧彦根藩士日下部《くさかべ》鳴鶴《めいかく》の『小学習字帖』は、明治中期の代表的な習字教科書である。日下部鳴鶴は、明治維新後の一八六八（明治元）年に徴士として明治政府に召募され出仕し、太政官の小書記官から大書記官になり、大久保利通の厚遇を得た。一八七八（明治一一）年紀尾井坂での大久保暗殺の翌年、一八七九（明治一二）年に官を辞して、以後は書家の道を歩んだ。長三洲《ちょうさんしゅう》、水口藩出身の巌谷修《いわやおさむ》（一六）とともに、明治書聖の三筆の一人と称された。号は鳴鶴、東嶼《とうしょ》・翠雨《すいう》とも名乗り、名は幼名八十八、のち東作と改めた。

『小学習字帖』巻一～八（文学社）は、一八八五（明治一八）年初版で、滋賀大学図書館教育学部分館所蔵本は明治二〇年訂正三版本である。巻一はひらがな「いろはにほへと」からカタカナ「アイウエオ」に進み、次に「一二三四五……」、「甲乙丙丁……」「子丑寅卯辰巳……」へと進む。巻二からは、じょじょに易《えき》から難《なん》の漢字に進み、楷書《かいしょ》・行書《ぎょうしょ》・草書《そうしょ》を習っていく構成である。

4　近江の小学読本

滋賀県管内でのみ使用された小学読本の教科書が、明治初年に発行されている。河野通宏《こうのみちひろ》編『滋賀県管内小学読本』巻一～四（一八七九〈明治一二〉年）である。河野通宏は大津師範学校三等助教兼書記を一八七七（明治一〇）年から一八七九（明治一二）年まで勤めた人物である。

明治初期に文部省は、小学校読本教科書として『師範学校編輯小学読本』巻一～四（一八七三〈明治六年〉年）を発行した。田中義廉《たなかよしかど》編輯のこの小学読本は、アメリカのウイルソン・リーダーの翻訳教科書であったので、読本の内容が明治初期の日本の子どもの実生活とは大きくかけ離れたものであった。たとえば、スカートをはいた女児の挿絵や洋靴をはいた少年の姿や、机といすで洋装で学ぶ子どもの学校生活など、また文章も「彼」「彼女」などいかにも翻訳調の教科書であった。

こうした文部省刊行の翻訳教科書に対して、河野の『滋賀県管内小学読本』（一八七九〈明治一二〉年）は巻一から巻四までの四巻本において、滋賀県の郷土教材を盛り込んだ内容はほとんど見られない。しかし、子どもたちの身の回りの生活用品の名前や、動物や植物の名前、各種の大人の仕事、産業のようすなどを書き込んで、これを読ませて

図7-5　『小学読本』（明治12年）

書かせる内容となっている。

巻一では、「人ノ住居スル所ヲ家ト云フ、家ハ柱《はしら》、梁《はり》、桁《けた》、榱《たるき》等ヲ具《そな》ヘテ作ル」から始まり、以下に「瓦ハ」、「竈《かまど》ハ」と続き、上段に挿絵を、下段に簡単な説明文を付す形をとっている。臼《うす》、磁器《じき》、箕《み》、斧《おの》、連木《れんぎ》、蓆《むしろ》、桶《おけ》、升《ます》、尺《しゃく》、秤《はかり》と続いて、第一から第九三にまで及んでいる。巻三になると、文章も詳しくなり、事物の説明文の程度も難しくしている。第一の稲の種類、田植、大麦小麦、黍《きび》、大豆、大根から始めて、植物、昆虫、魚類、鳥類、哺乳動物と続き、第八〇人体で終わっている。このうち第二二課は「茶ハ山城宇治ノ産ヲ最トス其花茶梅ニ似テ、小ク《（ママ小サク）》色白クシテ微シ黄ヲ帯ブ、秋ノ末ニ開キ後実ヲ結フ、コレヲ採リテ種植ス」としている。何とも素っ気ない記述であり、滋賀県の茶に関する説明を行えたはずであるが、あえて郷土性や郷土色を斥けたかのような感がある。

河野の『滋賀県管内小学読本』の編集意図は、翻訳教科書による弊害から子どもを守ることにあった。子どもの日常生活で身近に触れるものを素材にして、それらを具体的に説明していくことで、合理的な生活感覚を身につけさせようとしたのではないかと考えられる。

5　近江の商業

高田義甫『小学読本商業初歩』（一八八〇〈明治一三〉年）

高田義甫《たかだよしなみ》の『小学読本商業初歩』（大津・澤宗次郎、島林専治郎、小川義平）は、

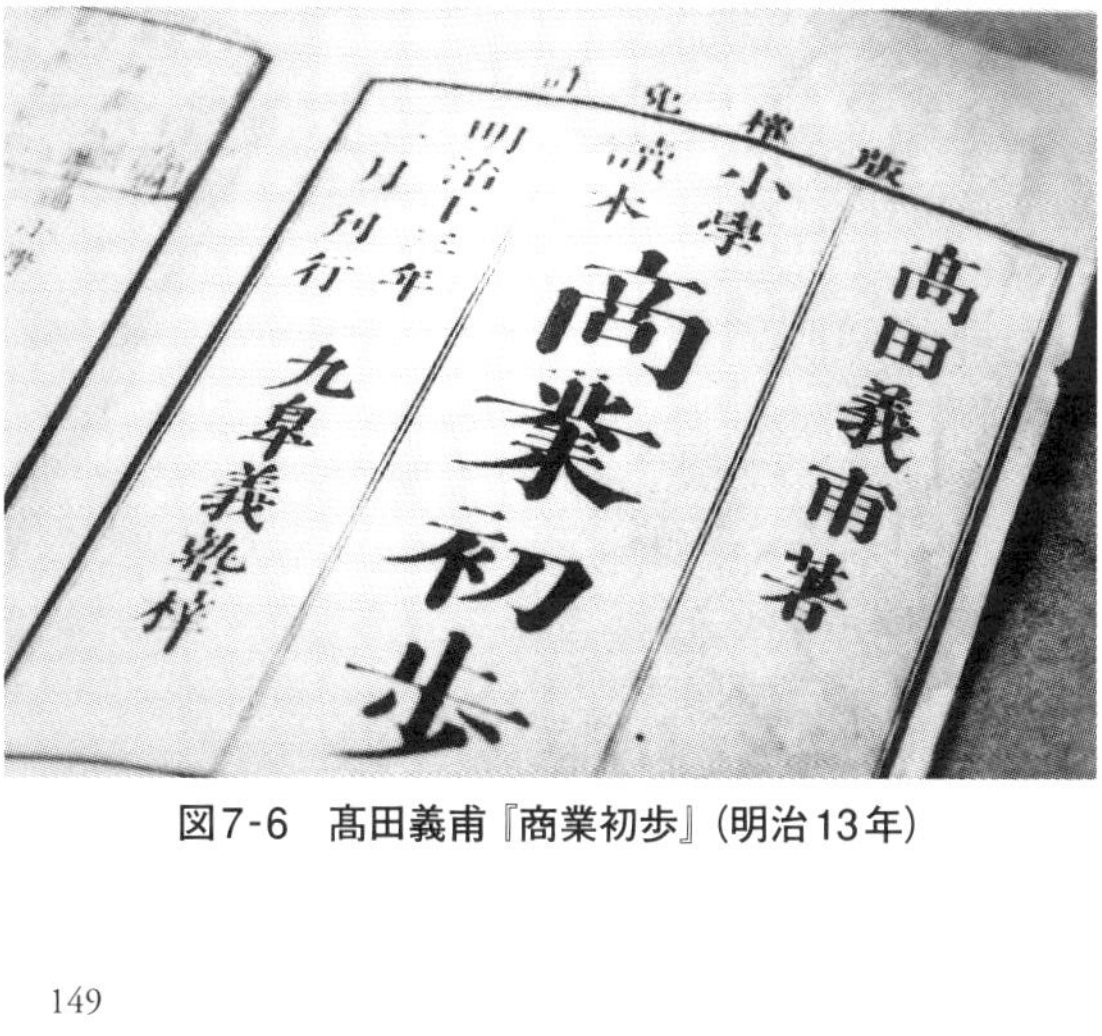

図7-6　髙田義甫『商業初歩』（明治13年）

奥田栄世『小学読本農業初歩』（明治一二年）とともに、滋賀県の小学校生徒に実業向け教科書として発行された。高田義甫は近江八幡の商家出身で、幕末から明治初期にかけて勤王家として活躍した。明治になり小学校が開校するや、民衆の啓蒙教育活動を展開した。私塾の「速成義塾《そくせいぎじゅく》」や「九皐義塾《きゅうこう》」を設立して人材育成を行いながら、教科書を執筆・出版した。

『小学読本商業初歩』の「商業大旨」では、商業は世間の物貨を流通し、我身を利して家を富ませ、他人の利便を助ける為の仕事なので、不正の行為や不義の品の扱いを排して、正直信実を守り公益を慮《おもんぱか》るべきだとした。また、質素倹約して衆人の信用を得ることが肝要で、不正詐欺《さぎ》を戒めて金銭を宝と為さず、「堪忍《かんにん》は幸福の資本《もとで》、勉強は人間の財産《たから》」と知るべきとした。商法、貸借、簿記なども記して、近江商人の伝統を引き継ぐ商人倫理や商業活動の重要性を教えている。

コラム1 明治中・後期の近代日本の教科書 1～6

1 明治中期の唱歌――文部省音楽取調掛『幼稚園唱歌集』一八八七(明治二〇)年

文部省音楽取調掛は、小学校の音楽教育を開始するに当たって、伊澤修二《いざわしゅうじ》、目加田種太郎《めかたたねたろう》をアメリカに派遣して欧米の音楽教育を学ばせている。伊澤と目加田は帰国後に、「唱歌教育」の重要性を文部大輔田中不二麻呂《たなかふじまろ》に上申した。彼らは御雇外人メーソンとともに、『小学唱歌集』初編を一八八一(明治一四)年に、『同』第二編を一八八三(明治一六)年に、『同』第三編を翌一八八四(明治一七)年に刊行した。

本教科書の『幼稚園唱歌集』は、これら小学校唱歌集に続いて一八八七(明治二〇)年に発行された。日本で最初の唱歌教科書シリーズは、和洋折衷の唱歌教授をめざして、洋楽と伝統音楽を融合させようとした。本教科書の緒言には、幼稚園に入園した児童が他人と交遊する時、「嬉戯唱和《きぎしょうわ》ノ際、自ラ幼徳ヲ涵養《かんよう》シ、幼智《ようち》ヲ開発セシメンガ為ニ、用フベキ歌曲ヲ纂輯《さんしゅう》シタル」ものと書いている。選定曲は、「心は猛《たけ》く」・「てふてふ(蝶々)」・「霞か雲か」・「学べよ」・「友だち」・「大原女」・「我大君《わがおおきみ》」・「蜜蜂」・「数へ歌」など三〇曲であった。

2 明治中期の図画――毛筆画の図画教科書『毛筆画帖』一八九三(明治二六)年

明治初期の図画教科書は、鉛筆画による幾何的基本形体の手本を模写することから始まった。欧米模倣の鉛筆画による臨画《りんが》の手本時代である。明治中期になると、国粋保存の日本画の復興気運が起こり、毛筆臨画中心の時代になる。毛筆画優位が続くが、鉛筆画論者と毛筆画論者との激しい論争は、明治三〇年代（一八九七～一九〇六年）でも続き、明治後期までも残る。

光風学館編池田真也画『毛筆画帖』巻一～十二は、検定期の典型的な毛筆画教科書である。巻一では直線・曲線の運筆《うんぴつ》から入り、次に簡単な器具と模様に移り、第三巻より花卉《かき》に進み、第九巻で淡墨を用い、第十巻から虫・魚・鳥・獣に進む。臨画を基本として、運筆練習→形状の斎整→用筆の綿密さと形状の斎整、墨染の方法を学ばせた。明治後期の国定制になっても決着はつかず、図画科での毛筆画と鉛筆画の二種類の国定教科書が発行され、『尋常小学鉛筆画帖児童用』と『尋常小学毛筆画帖児童用』として刊行されたのであった。

図コラム1-1　『毛筆画帖』（明治26年）

3　明治中期の算術――佐久間文太郎編纂『チャールススミス氏中等算術』一八九三（明治二六）年　津逮堂

チャールス・スミスは、イギリスの数学者、数学教育学者であり、原著は一八九一年に刊行されている。この教科書は佐久間文太郎が翻訳・編纂して、原著者の名を冠した教科書として一八九三（明治二六）年に京都・津逮堂より発行された。序文には「本著ハ算術ノ基礎ヲ正確ニ其原則及ヒ運算ヲシテ明白且ツ完全ニ説明スルヲ以テ主眼トナシ」と書かれている。

上巻第一編「読数《どくすう》法及記数《きすう》法」は、「数（Number）之思想ハ同シ種類ノ聚《あつ》マリヨリ起レルモノナリ」「算術

（Arithmetic）ハ数ニ就《つい》テ諭《ゆ》スル所ノ学問ニシテ其数ニ属スル種類ヲ考究スルモノナリ」と説明した上で、例題を提示している。数学的概念規定を正確につかませ、具体的な問題練習をさせていくスタイルである。第二編「加法減法乗法除法及其例題」第三編「複数量及其例題」へと進む。他にも『チャールスミス氏代数学』（一八八八〈明治二一〉年）、『中等代数学教科書』（同年）、『スミスシ小代数学』（一八九一〈明治二四〉年）、『ちゃーるすすみす氏中等数学』（一八九二〈明治二五〉年）が刊行されており、算術・数学教育の日本の黎明期に大きな影響を与えた。

4 明治中期の修身──『末松氏修身女訓　生徒用』一八九三（明治二六）年

江戸時代の寺子屋では、「女範」・「女訓」・「女鑑」・「女大学」など女子向けの修身、作法・礼法の教科書が多数使用されて、封建時代の女性の心構えを教えていた。明治になっても儒教思想に基づく女子向け修身教科書が多数発行され、男子と女子とは別の修身が教えられた。明治一〇年代には千河岸《ひがし》貫一《かんいち》『教訓絵入女子善行録』、小谷時中『小学教科女児礼式』、岡本賢蔵『修身

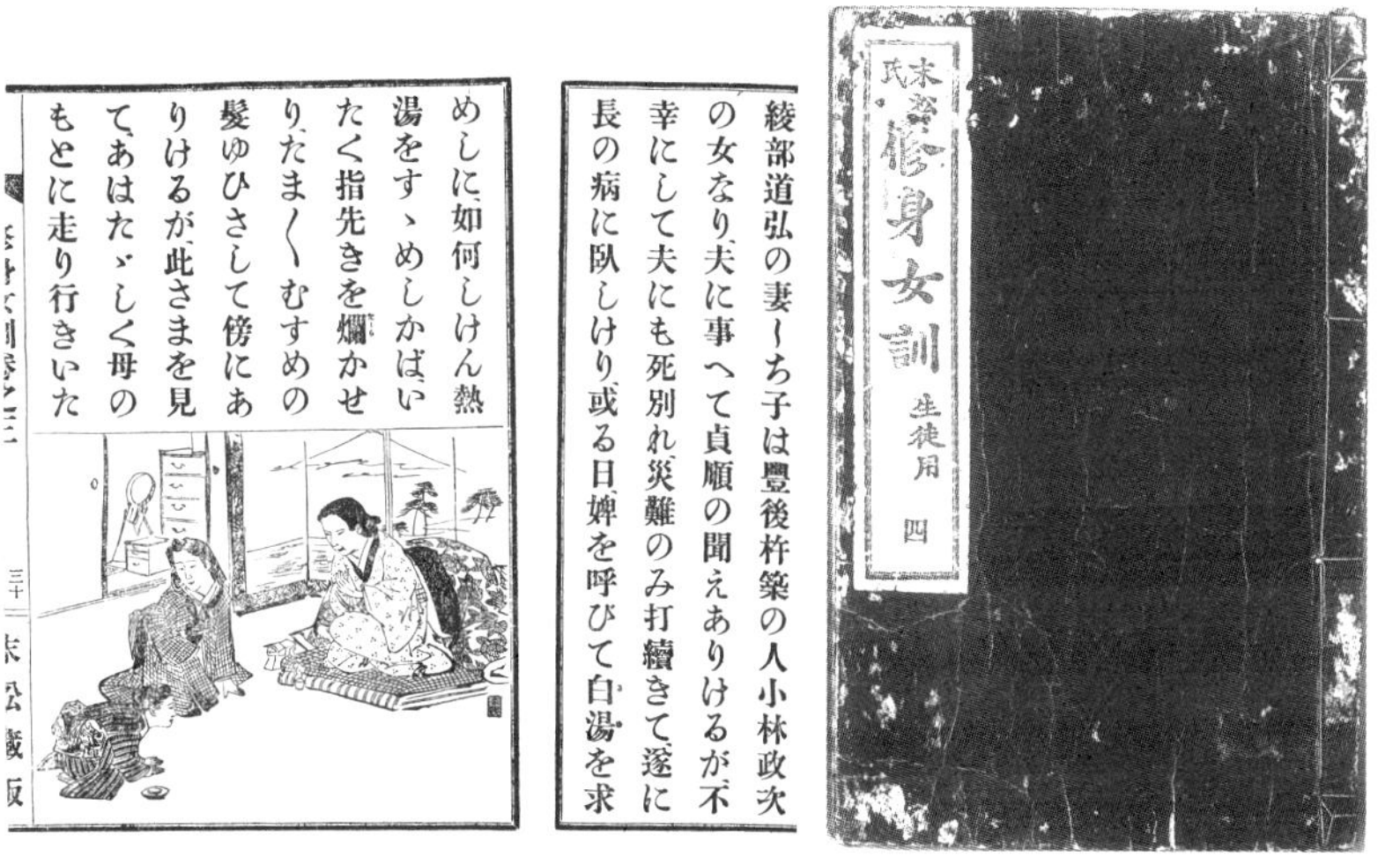

図コラム1-2　『末松氏修身女訓』（明治26年）

女訓』、木澤成粛『小学女子修身書』、若林雅太郎『小学女子修身要録』などが刊行された。

明治二〇年代の検定期になると、高等科用の女子生徒向け修身教科書が刊行されていく。末松謙澄《すえまつけんちょう》『末松氏修身女訓　生徒用』巻一～四（精華舎）は、明治二〇年代の代表的な女子修身教科書である。巻一の目次は「孝行、七郎とすゑ女、橘逸勢《たちばなはやなり》の娘、祖父母を大切にすべし　附孝女《こうじょ》きそ、兄弟の親しみ、松平定信と種姫、……」の二八課の構成である。古今東西の説話から女子としてあるべき修身を取りあげており、第四巻には女子礼式を配置している。

5　明治後期の国語読本――金港堂編輯所『尋常小学国語読本』一九〇〇（明治三三）年

「国語科」が成立したのは、他の教科にくらべて意外に新しく一九〇〇（明治三三）年であった。この年八月に「小学校令」が改定され、「小学校施行規則」が制定されて「国語科」が生まれた。これ以前の国語教育関係の教科は、一八八六（明治一九）年以来「読書」・「作文」・「習字」であった。三科が統合され「国語科」とされ、これに基づいて金港堂が発行したのが本教科書である。

巻一、巻二は甲種と乙種の二種が発行され、巻三から巻八まで（尋常二年から四年）は一種のみであった。甲種巻一はカタカナの単語から入り、ひらがなの単語、文章に進み、乙種巻一はカタカナの単語、文章に進んでいる。

当時は検定教科書の時代であり、普及舎、育英舎、国光社、冨山房から「国語読本」が発行されており、坪内雄蔵《ゆうぞう》（逍遥《しょうよう》）編の冨山房《とやまぼう》本が著名である。明治初期以来、「小学読本」、「読書読本」、「帝国読本」、「新体読本」など〇〇読本と呼ばれてきた。読本には「修身、歴史、地理、理科、其ノ他生活ニ必要ナル事項及処世ニ必須ナル事項」の教材文を盛りこむものとされた。第1期国定国語読本の刊行は、一九〇四（明治三七）年であった。

6　明治後期の理科——『小学理科』一九〇〇（明治三三）年

理科は、一八八六（明治一九）年の小学校令で高等科の学科（教科）として成立した。明治一〇年代の学制期、教育令期の学科名は、窮理（物理）、化学、博物、生理と呼称され、自然科学を直接に学ばせる科学教育が行われ、『物理階梯』（一八七二〈明治五〉年）、『小学化学書』（一八七四〈明治七〉年）などが使用された。明治二〇年代になり自然を愛することをねらいとした理科へと転換し、高島勝治郎『新撰理科書』、学海指針社編輯部『小学理科新書』、文学社編輯部『生徒用新定理科書』などが刊行された。

『小学理科』巻一～四（学海指針社）は、一九〇〇（明治三三）年の改正小学校令に基づく検定期の代表的理科教科書である。『小学理科』は、巻頭に採集や顕微鏡、避雷針、りんごの落下などのカラー挿絵を配置して、実験・観察に関心を向かわせる工夫を施した。教科書は縦書きであり、教材は身近な自然界の事象を季節に従って配置している。また、実物現象の観察を十分に行わせ、比較を重視し、法則性をつかませようとした。

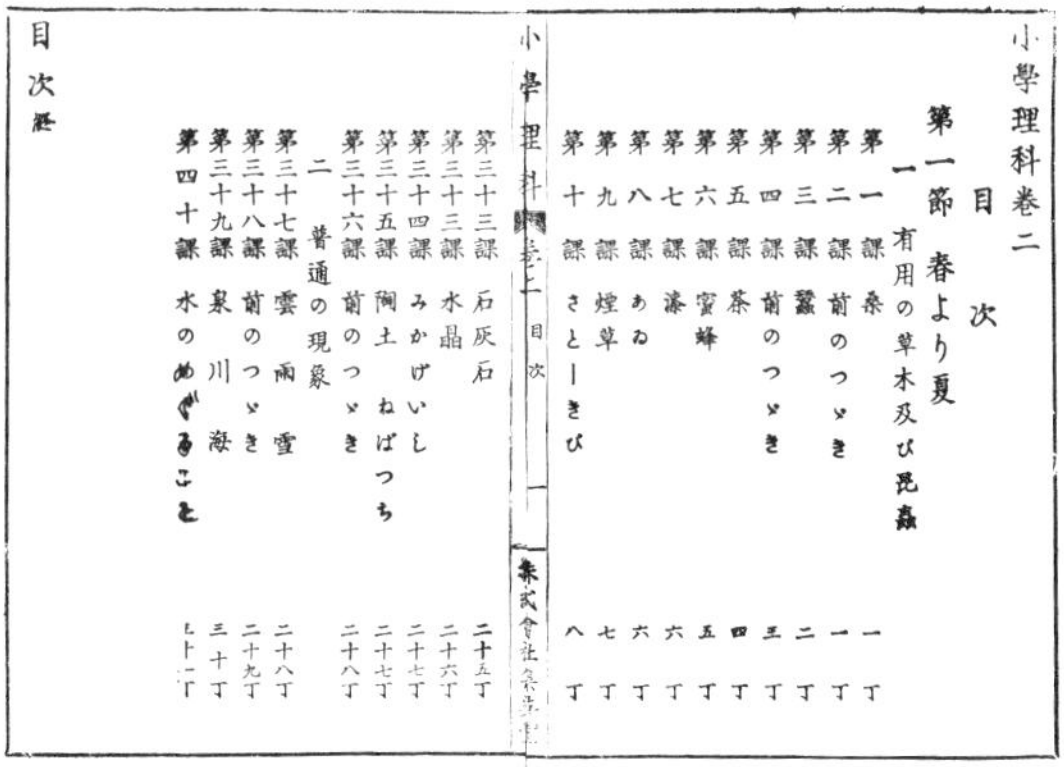

小學理科巻二

目次

第一節　春より夏

一　有用の草木及び昆蟲

第一課	桑	一丁
第二課	前のつゞき	一丁
第三課	蠶	二丁
第四課	前のつゞき	三丁
第五課	茶	四丁
第六課	蜜蜂	五丁
第七課	漆	六丁
第八課	あゐ	六丁
第九課	煙草	七丁
第十課	さとーきび	八丁
第三十三課	石灰石	二十五丁
第三十三課	水晶	二十六丁
第三十四課	みかげいし	二十七丁
第三十五課	陶土　ねばつち	二十七丁
第三十六課	前のつゞき	二十八丁
二	普通の現象	
第三十七課	雲　雨　雪	二十八丁
第三十八課	前のつゞき	二十九丁
第三十九課	泉　川　海	三十丁
第四十課	水のめぐること	三十一丁

小學理科巻上　目次

目次終

図コラム1-3　『小学理科』（明治33年）

第8章　国定地理教科書の中の「滋賀県」の扱い

はじめに

戦前の国定教科書制度は、一九〇四（明治三七）年度使用本から始まり、制度的には戦後の一九四六（昭和二一）年度まで実施された。制度的にはというのは、一九四五（昭和二〇）年八月一五日の敗戦後以降からは連合国軍総司令部（ＧＨＱ）の占領教育政策の影響を受けたからである。すなわち、同年一二月三一日の「修身，日本歴史、地理科の授業停止」指令により、三教科は即時授業停止と戦時下の教科書回収を命じられ、再開指令があるまで教科書使用が禁止された。地理科の授業再開は三教科のなかで一番早く、暫定教科書の最初の分冊が一九四六（昭和二一）年五月二五日に発行されたのを受けて、同年六月二九日にはＧＨＱの再開指令が発せられた。一九四六年度は戦前の国定地理教科書を大幅に省略・削除した暫定教科書に基づき、授業が再開されていった。

以下では、明治から大正、昭和戦前期における小学校の地理科国定教科書では、「滋賀県」がどのように扱われてきたかを検討していく。戦前の地理科国定教科書は、第一期本から第七期本までの七期に分けられる。戦前の義務教育においては小学校第五学年と第六学年に日本地理を配置しているので、尋常科・初等科の地理教科書の内容について分析する。ただし、第一期国定の時期は義務教育四年間であったので、第五学年に相当する高等科第一学年使用本を取り上げる。
検討にあたっては、まず各時期において日本全体の地理的概観がどのように描かれているかを検討し、その後に各時期の教科書で「滋賀県」がどのように記述されているかを見ていくことにする。

１　国定第一期『小学地理』二（明治三八年）における滋賀県

国定第一期本は、巻一・二・三・四からなる四巻本であるが、国定教科書以前の検定教科書や自由発行・自由採択制度下の教科書と大きく異なる点がある。それは地域区分において、旧来の八道八十五カ国の地域区分を改めて、国定教科書後は九地方区分の方式を採用したことである。また、地域区分が畿内、京都から始まる地理でなく、関東地方、東京から始まる日本地誌に大きく変えられたことである。『小学地理』一「総論」の巻頭は、次のとおりである（以下では旧漢字を新漢字に、促音便に改める）。

「我が大日本帝国は、多くの島島より成れる国なり。その中にて、ことに、大なるは本州、四国、九州、北海道本島、台湾の五つなり。北海道本島の東北には、千島の島島、飛石の如く、ならび、九州と台湾との間には、琉球の島島、また、飛石の如く、ならべり。千島のはてより、台湾のはてまでは、およそ、一千二百里あり。わが国に東より南にかけて、太平洋あり。太平洋をへだてて、とほく、東に方には、アメリカ合衆国、カナダなどあり（中略）。

わが国の広さは、一里四方の地を、二万七千ばかりも合わせたるほどあり。これに住める人民の数は、ほとんど五千万におよべり。これらの人人は、上に万世一系の天皇をいただきて、みな、たのしく。その日を

おくれり」（三～四頁）

続いて、行政的に北海道本島、千島、台湾を除いて、三府四三県に分けて統轄されていること、北海道庁が北海道と千島を、台湾総督府が台湾を統治していることを述べている。

このように国定第一期地理教科書は、日本の地方区分を「関東地方、奥羽地方、本州中部地方、近畿地方、中国地方、四国地方、九州地方、北海道、台湾」の九地方に区分している。北海道の扱いは「北海道地方」とは呼称されず、府県制、町村制の行政組織の枠外とされており、「外地」の扱いであった。また、一八九四～九五年の日清戦争後に日本領土となった「台湾」は、「わが帝国の地理」として位置づけている。

『小学地理』二では、「近畿地方」全体が説明されて、「滋賀県」から七県が順に扱われていく。近畿地方の七県とは、「滋賀県、京都府、奈良県、三重県、和歌山県、大阪府、兵庫県」で、三重県を近畿地方に組みこんでいる。以後の国定地理教科書は、近畿地方の二府五県として変化していない。滋賀県の記述は、以下のとおりである。

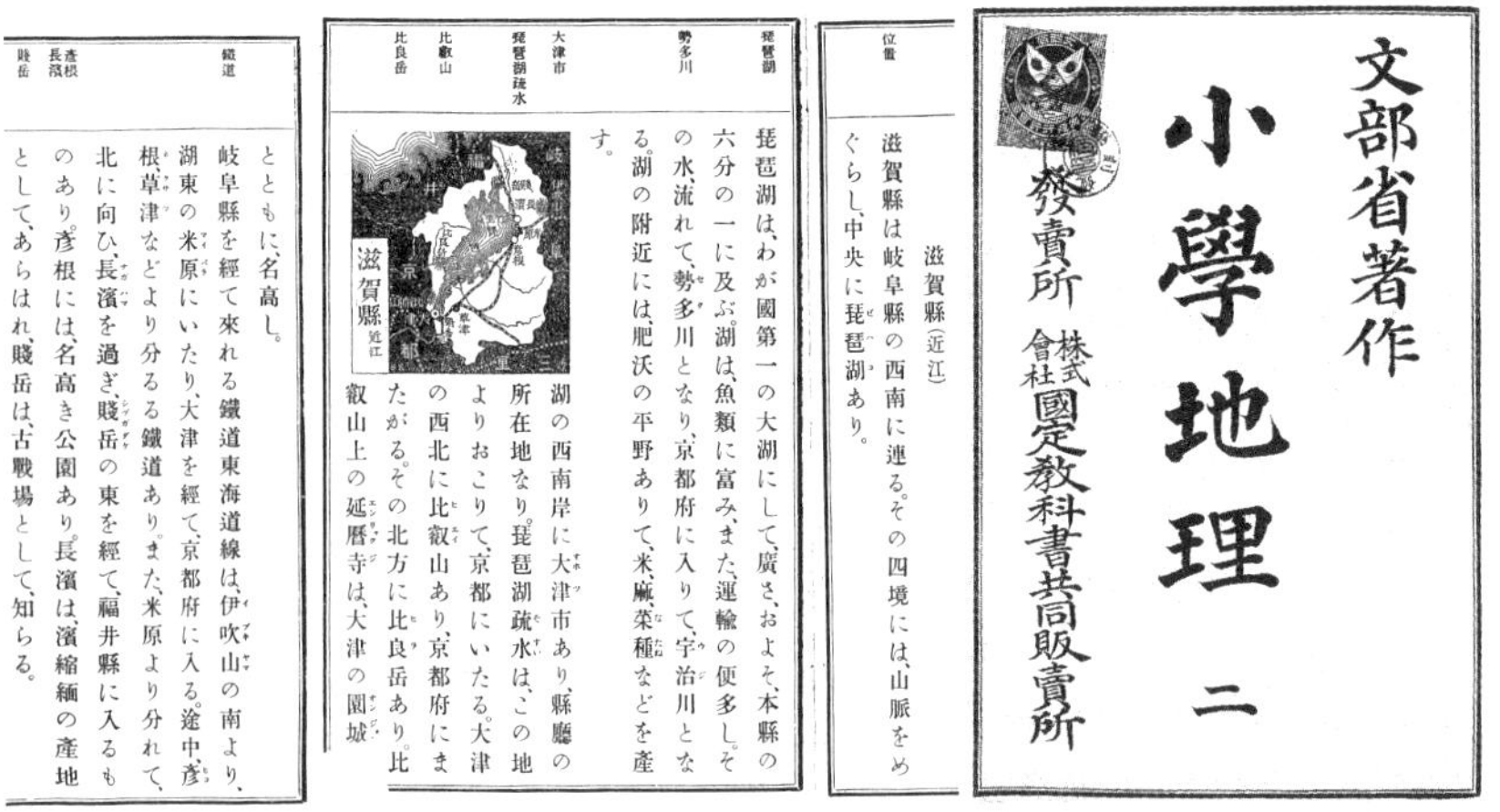

文部省著作

小學地理　二

發賣所　株式會社國定教科書共同販賣所

滋賀縣（近江）

位置

滋賀縣は岐阜縣の西南に連る。その四境には、山脈をめぐらし、中央に琵琶湖あり。

琵琶湖　勢多川　大津市　琵琶湖疏水　比叡山　比良岳

琵琶湖は、わが國第一の大湖にして、廣さ、およそ、本縣の六分の一に及ぶ。湖は、魚類に富み、また、運輸の便多し。その水、流れて、勢多《セタ》川となり、京都府に入りて、宇治《ウジ》川となる。湖の附近には、肥沃の平野ありて、米、麻、菜種《なたね》などを産す。

湖の西南岸に大津《オホツ》市あり、縣廳の所在地なり。琵琶湖疏水は、この地よりおこりて、京都にいたる。大津の西北に比叡《ヒエイ》山あり、京都府にまたがる。その北方に比良《ヒラ》岳あり。比叡山上の延暦《エンリヤク》寺は、大津の園城《オンジヤウ》寺とともに、名高し。

鐵道　彦根　長濱　賤岳

岐阜縣を經て來れる鐵道東海道線は、伊吹《イブキ》山の南より、湖東の米原《マイバラ》にいたり、大津を經て、京都府に入る。途中、彦根、草津《クサツ》などより分るる鐵道あり。また、米原より分れて、北に向ひ、長濱《ナガハマ》を過ぎ、賤岳《シヅガタケ》の東を經て、福井縣に入るものあり。彦根には、名高き公園あり。長濱は、濱縮緬の産地として、あらはれ、賤岳は、古戰場として、知らる。

図8-1　国定１期『小学地理』二　1905（明治38）年

「滋賀県は岐阜県の西南に連なる。その四境には、山脈をめぐらし、中央に琵琶湖《ビハコ》あり。琵琶湖は、わが国第一の大湖にして、広さ、およそ、本県の六分の一に及ぶ。湖は、魚類に富み、あまた、運輸の便多し。その水流れて、勢多川《セタ》となり、京都府に入りて、宇治川《ウジ》となる。湖の附近には、肥沃の平野ありて、米、麻、菜種などを、産す。

湖の西南岸に大津市あり。県庁の所在地なり。琵琶湖疏水《ソスイ》は、この地よりおこりて、京都にいたる。大津の西北に比叡山《ヒエイ》あり、京都府にまたがる。その北方に比良岳《ヒラ》あり。比叡山上の延暦寺《エンリャクジ》は、大津の園城寺《オンジョージ》とともに名高し。

岐阜県を経て来れる鉄道東海道線は、伊吹山《イブキヤマ》の南より、湖東の米原《マイバラ》にいたり、大津を経て、京都府に入る。途中、彦根《ヒコネ》、草津《クサツ》などより別るる鉄道あり。また、米原より分れて、北に向ひ、長浜《ナガハマ》を過ぎ、賤岳《シズガタケ》の東を経て、福井県に入るものあり、彦根には、名高き公園あり。長浜は、浜縮緬の産地として、あらはれ、賤岳は古戦場として知らる」（三～四頁）

2　国定第二期『尋常小学地理児童用』巻一（明治四三年）における滋賀県

国定第二期本は、一九〇七（明治四〇）年に義務教育年限の延長が実現し、六年制がスタートしたことに伴い、改訂された。尋常科六年間の義務化により、地理科、日本歴史科、理科は、尋常五～六年生の教科となった。第一期国定段階は、尋常科四年制だったので、これらの教科は高等科（二ないし四年間）に配置されていた。

第二期本の巻頭は「第一大日本帝国」とされて、第一期本段階より日露戦争の結果、日本領土が広がった点を組み入れた記述になっている。本州、四国、九州、台湾、北海道本島の五島と樺太（南部）、千島列島、琉球列島に及ぶ長さ「凡そ一千二百里」、面積は「四万三千方里」である。我が国の四周を説明した後に、「気候・産物・住民」について次のように書いている。

「我が国は気候一般に温和にして、雨量多く、米・麦・繭《まゆ》等の農産物に富み、鉱産物及び水産物も亦《また》少からず。住民は概《おおむ》ね大和民族にして、其の数凡そ六千八百万あり。上に万世一系の天皇を戴《いただ》き奉《たてまつ》り、忠君愛国の心に富めり」

関東、奥羽、中部、近畿、中国の五地方と、九州、北海道の二地方の七地方に、「四国、台湾、朝鮮、樺太を加へて、全国を十一地方となす。」とまとめている。国定第一期本との異同では、(1)日本地誌を九地方としていたが、一一地方とした、(2)「本州中部地方」の呼称を「中部地方」と変えたが、この後は中部地方の呼称に固定する、(3)領土の拡大に伴い、人口は「五千万」から「六千八百万」に書き換えた、(4)「国民」については、民族構成はふれておらず「概ね大和民族」とだけ記している。

第二期本の各地方、各府県の記述は、第一期本とは大きく異なる。記述形式は、まず各地方の全体的な概観（位置・地勢・産業・交通・行政上の区分）を書いて、次に府県ごとに説明していくスタイルをとった。「近畿地方一」では、近畿地方の概観を述べており、たとえば地勢について、「近江平野には我が国第一の大湖なる琵琶湖あり。湖の水は流れて淀川となり、京都・大阪の両平野を過ぎて大阪湾に入る」と書いている。

「近畿地方二」に「滋賀県（近江全部）」と上段に書いて、下段で次のように描いている。第一期本に比べると、かなり簡単な内容になっている。各府県をそれぞれ詳しく紹介するよりも、近畿地方全体の中で二府五県の特色づけに重点をおいていく形式となっている。

「滋賀県（近江全部）
　滋賀県は琵琶湖附近の地を占め、四方に山脈を繞《めぐ》らせり。琵琶湖は水運の便に富み、湖畔に景色よき所多し。疏水は湖の西南隅なる大津に起こりて京都に至る。大津は県庁の所在地にして、其の西北に比叡山あり、比叡山のある所なり。湖の東岸には彦根・米原・長浜あり。米原は鉄道交通の要地に当り、長浜は縮緬の産地として著《あらわ》る」（五〇～五一頁）

3　国定第三期『尋常小学地理書児童用』巻一（大正七年）における滋賀県

　国定第三期本から地理教科書の頁数が増えており、厚手の本になっている。これは、それまでの地理、日本歴史（国史）であわせて一週三時間の配当時間であったのが、それぞれ一週二時間になったからである。また、第一次世界大戦は一九一四（大正三）年に勃発して一九一八（大正七）年に終結して、戦後に国際社会の協力組織が生まれた。国際連盟の結成や社会主義国ソビエトの誕生など世界情勢の変化やこれに伴う国内情勢の変動も出て来た。第三期本の巻頭は、「第一大日本帝国」である。以下のような記述説明を行っている。

　「我が大日本帝国はアジヤ洲の東部に位して、太平洋中にある日本列島と、アジヤ大陸の東部に突出せる朝鮮半島とより成る。日本列島は大小あまたの島々より成り、東北より西南につらなりて、長さ凡そ一千二百里に及ぶ。
　列島中の大なるものには、中央に北海道本島、本州、四国、九州ありて列島の主要部をなし、西南に台湾あり、北に樺太（南半）あり。其の小なるものには、是等《これら》諸島の附近にあるものの外、九州と台湾との間につらなりて、琉球列島をなせるもの、及び北海道本島の東北につらなりて、千島列島をなせるものあり。又本州南方の洋中には小笠原諸島あり。

わが国の総面積は四万三千余方里。本州と朝鮮とはいずれも、総面積の凡そ三分の一を占め、北海道本島、台湾、九州、樺太（南半）、四国之に次ぐ」（一～二頁）

「我が国の北部には寒さや、強き所あり、又南部には暑さや、はげしき所あれども、大部は気候おほむね温和にして、雨量少なからず。したがって我が国は種々の天産に富み、住民の生活に適し、戸口増加して、国民の総数七千余万に上がれり。

国民の大多数は大和民族にして、其の数五千四百余万に及ぶ。その他、朝鮮には約一千六百万の朝鮮人あり、台湾には十余万の土人と支那より移り住める三百余万の支那民族とあり。又北海道にはアイヌ、樺太にはアイヌ其の他の土人あり。民族は相異なれども、ひとしく忠良なる帝国の臣民たり」（三～四頁）

これに続いて、本州、四国、九州及び琉球列島を三府四十三県に行政区分して府庁、県庁が統轄していることを述べている。その後に、「外地」である北海道本島、千島は北海道庁、樺太は樺太庁、朝鮮と台湾は総督府をおいて統治し、さらに「我が国は此の外に、支那より満州の関東州を租借《そしゃく》して、こゝに都督府《ととくふ》をおく」と書いている。

日本の領土として一九一〇（明治四四）年に韓国併合により朝鮮を植民地とし、総督府をおいて統治していることや、「満州の関東州」を中国から租借をした記述が出てくる。第三期本からは、「大日本帝国」が複合的な多民族国家であることを強調する記述が書かれ始める。明治期には記述されなかった北海道の先住民族のアイヌ民族について「旧土人」、樺太には「アイヌ、其の他の土人」と呼称して書きこんでいる。

第三期本の『尋常小学地理書児童用』の日本地誌の地域区分は、巻一「関東地方、奥羽地方、中部地方、近畿地方、中国地方、四国地方」、巻二「九州地方、台湾地方、北海道地方、樺太地方、朝鮮地方、関東州」となっている。各地方の内容は、「一区分、二地勢、三交通（鉄道・航路）、四産業（農業・商業・工業・林業・水産業）、五都邑《とゆう》」などで統一されている。第一期本、第二期本のように、府県ごとの記述は全くなくなり、各地方全体の中で府県の特徴を記述していくスタイルとなる。

「第五近畿地方」では、「滋賀県」に関する記述は、主として「二地勢」で「近江盆地」に関する所、「五都邑」で「滋賀県」に関する所の二カ所である。

「近江盆地にある琵琶湖は我が国第一の大湖にして、灌漑・運輸の便多く、又水産の利あり。湖畔には名勝の地少からず。湖の水は西南に流れ出でて淀川となり、京都盆地・大阪平野を過ぎて大阪湾に注ぎ、又別に疏水運河となりて京都に至る。共に灌漑・運輸・発電に利用せらる」（五七～五八頁）

「琵琶湖東岸の平野には彦根及び長浜あり。長浜は縮緬の産地なり。又平野の南部には麻織物を産する所少からず。湖の西南岸にある大津は湖上航路の起点にして、其の西北、比叡山には名高き延暦寺あり」（六六頁）

4　国定第四期『尋常小学地理書児童用』巻一（大正一五年）における滋賀県

第四期国定教科書は、『尋常小学地理書児童用』巻一で第三期本と同名であるが、表紙の尋常小学地理書の左右に縦線が付されている。第四期本から、教科書文体が文語体から口語体に改められ、子どもにとって親しみやすくなった。

第四期本の巻頭は「日本」となっている。第三期本の巻頭「大日本帝国」とは異なっているが、「我が国の領土・四周、面積、地勢・気候・産業・交通」の記述内容はほぼ同じである。「国民」の項は、文章の説明だけでなく、グラフ「国民の民族別と其の割合」と挿絵三枚「台湾土人と其の住家」「アイヌ人と其の住家」「ギリヤク人と其の住家」が新たに加えられて、子どもに理解しやすいよう工夫されている。北海道のオホーツク沿岸地域に居住する少数民族のギリヤーク族が、初めて教科書に登場したことが注目される。北海道には、アイヌ民族以外にギリヤーク族、オロッコ族など狩猟採集の少数民族が居住していたが、これまで公的には一切認められていなかった。本文では「其の他の土人」だが、ギリヤーク族の存在が教科書の挿絵に初めて掲げられた。

「第一　日本

国民の総数はおよそ八千万、其の大部分は大和民族であるが、朝鮮には一千七百万の朝鮮人、台湾には十余万の土人と、支那から移住した三百余万の支那民族がゐる。又北海道本島には少数のアイヌ人、樺太には少数のアイヌ人と其の他の土人がゐる。諸外国に移住してゐる我が国民は百三十万ばかりである」(五～六頁)

日本の領土の行政区画では、第一次世界大戦後に創設された国際連盟から旧ドイツの植民地であった南洋諸島が日本の委任統治領とされたことに伴い、書き加えられた。すでに書かれている三府四十三県、北海道庁、樺太庁、朝鮮・台湾の二つの総督府に加えて、「支那から租借している関東州」の関東庁、「列国から預かった南洋諸島」の南洋庁を置いていると書いている。関東地方以下の一一地方を日本地理の範囲にする点は変化していないが、日本地誌の末尾に「南洋諸島」を加えて、実質は一二地方区分としている。

「第五近畿地方」の「滋賀県」の記述は、次のようである。近畿地方は、「一区域、二地勢（西北部、南部、中央部、海岸）、三交通（陸上の交通、海上の交通）、四産業（工業、農業・林業、水産業、工業）、五都邑（京都、奈良、大阪、神戸、其の他）」の区分で書かれている。「滋賀県」関係の記述は、「二地勢」にやや詳しく書かれているが、他の項目では触れられていない。

「近江盆地には琵琶湖がある。我が国第一の大湖であって、灌漑の便が多く、水産物も少くない。其の沿岸各地には、大津を起点として汽船が往来してゐる。又沿岸はいたる処、景色がよく、処処に名勝の地がある。延暦寺があるので名高い比叡山も、この湖の西岸にある。琵琶湖の水は、大津の東南から流れ出て淀川となり、西南の方、京都平野・大阪平野を過ぎて、大阪湾にはいってゐる。

又大津から起こってゐる二条の疏水運河によって、西方へ約三里の間、山地をくぐり、平地を通って流れ、京

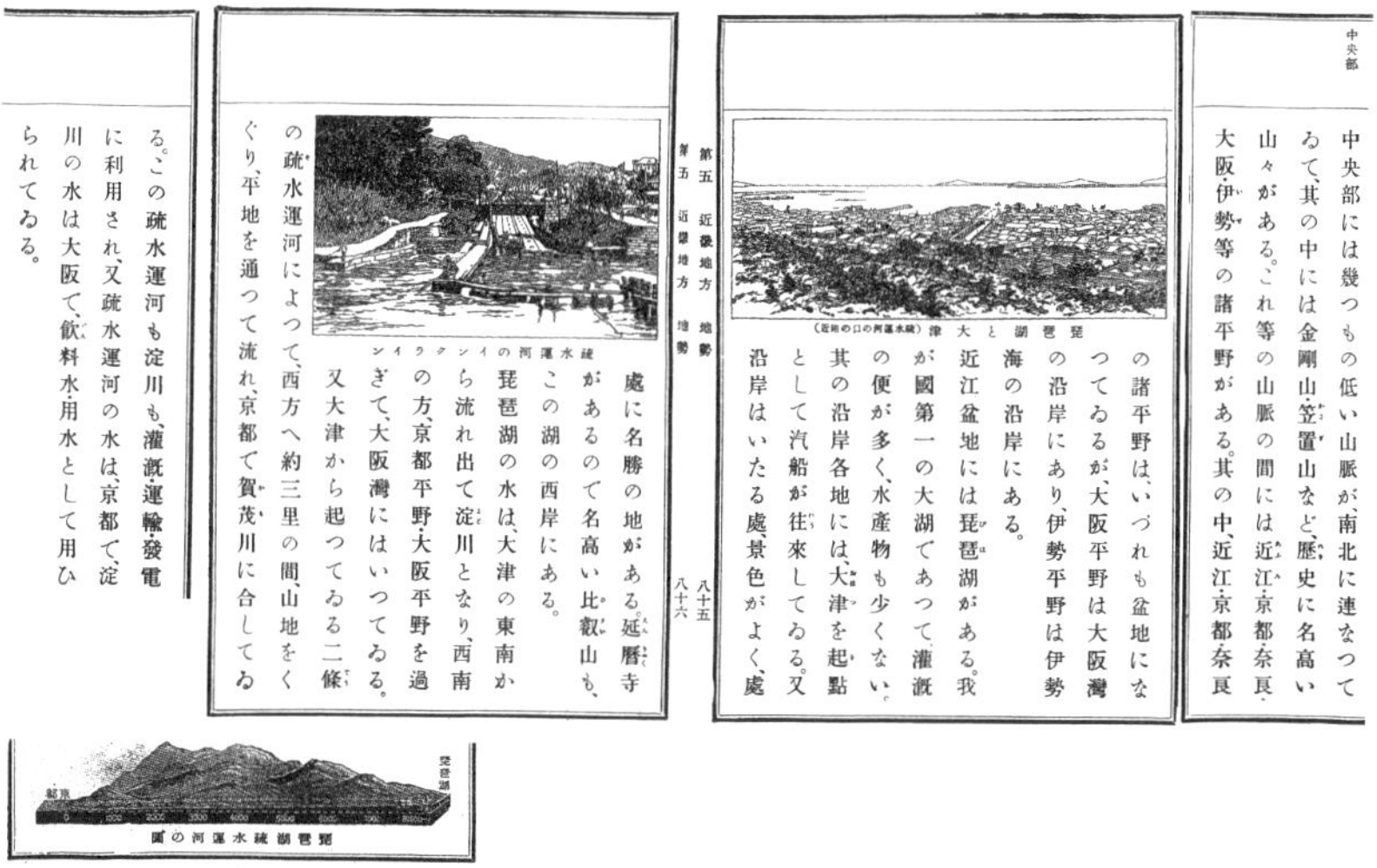

図8-2　国定４期『尋常小学校地理 児童用』巻一　1926（大正15）年

都で賀茂川に合してゐる。この疎水運河の水は、京都で、淀川の水は大阪で、飲料水として用ひられてゐる」（八五～八七頁）

5　国定第五期『尋常小学地理書』巻一（昭和四年）における滋賀県

第五期国定教科書は、『尋常小学地理書』巻一であり、大正期の第三期本、第四期本の「児童用」が削除された。また、この間にメートル法の実施があり、数字の単位表記が尺貫法からメートル法に変えられている。

第五期本の巻頭は「第一　日本」となっており、この部分は第四期本の内容とほとんど変わっていない。「国民」の人口数だけが増加しており、訂正した数を書き込んでいる。「国民の総数は九千万を超え、その大部分は大和民族であるが、朝鮮には約二千万の朝鮮人、台湾には支那から移住した約四百三十万の支那民族と、十余万の土人とがゐる。又北海道本島には少数のアイヌ人、樺太には少数のアイヌ人とその他の土人がゐる」までは同じだが、この後に、「諸外国に移住してゐる大和民族は約六十万である」を書き加えている。民族別構成区分のグラフと三点の挿絵（「台湾土人とその住家」、「アイヌ人とその住家」、

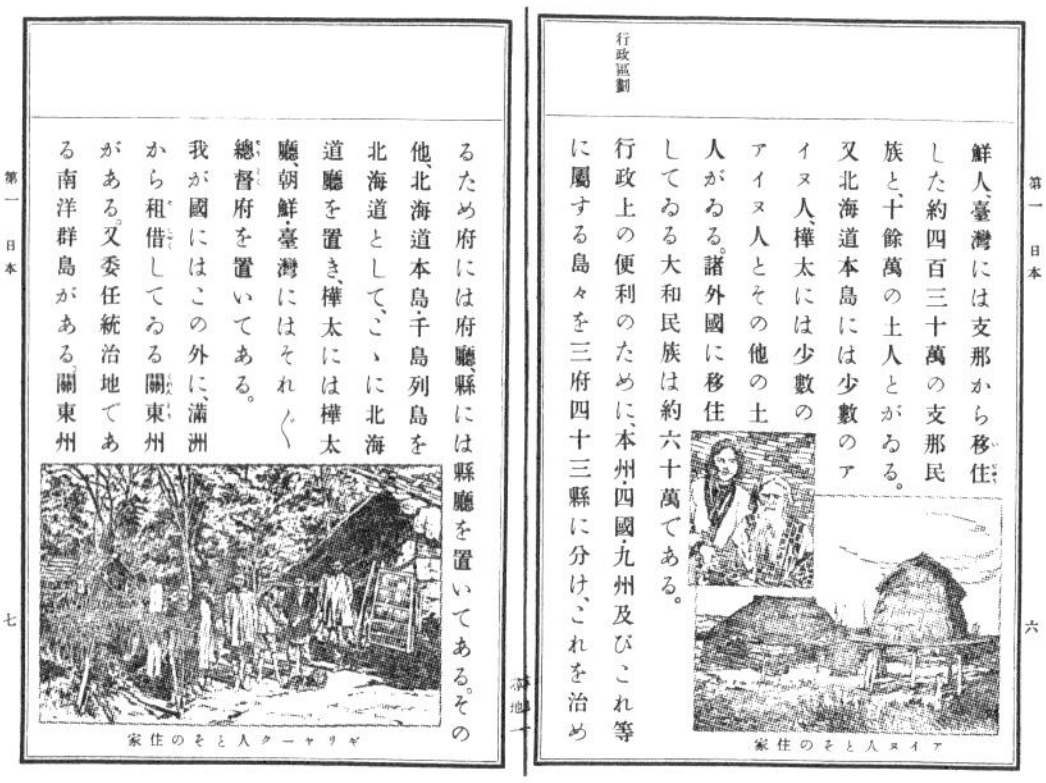
行政區劃

第一　日本

鮮人、臺灣には支那から移住した約四百三十萬の支那民族と、十餘萬の土人とがゐる。又北海道本島には少數のアイヌ人、樺太には少數のアイヌ人とその他の土人がゐる。諸外國に移住してゐる大和民族は約六十萬である。

行政上の便利のために、本州・四國・九州及びこれ等に屬する島々を三府四十三縣に分け、これを治めるため府には府廳、縣には縣廳を置いてある。その他、北海道本島・千島列島を北海道として、こゝに北海道廳を置き、樺太には樺太廳、朝鮮・臺灣にはそれぞれ總督府を置いてある。我が國にはこの外に、滿洲から租借してゐる關東州がある。又委任統治地である南洋群島がある。關東州

アイヌ人とその住家

ギリヤーク人とその住家

六　七

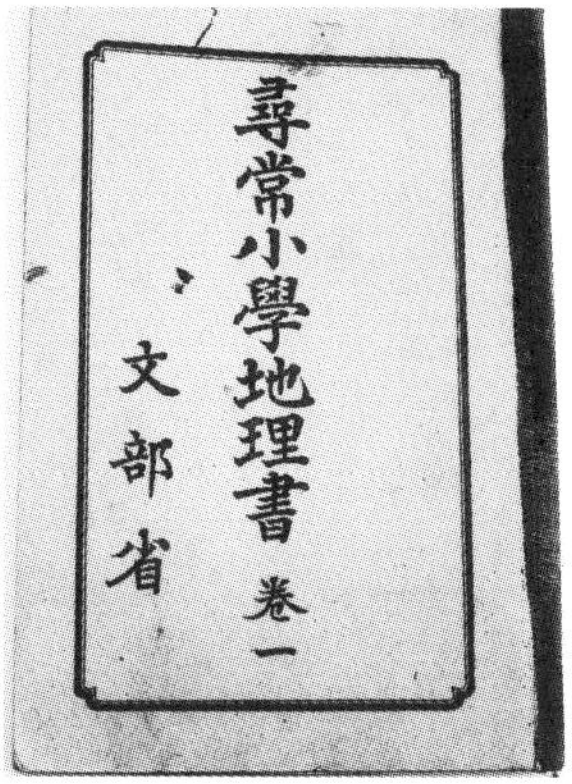

図8-3　『尋常小学地理書』巻一　1929（昭和4）年

「ギリヤーク人とその住家」）も第四期本と同様である。第四期に続いて、アイヌ民族、ギリヤーク族の挿絵が掲載されている。

第五期本の「滋賀県」の扱い方も、第四期本と記述内容は同様である。第四期本にある二つの挿絵「琵琶湖と大津」、「疎水運河のインクライン」も、そのまま第五期に踏襲されている。こういう点から見ても、一九二〇年代から一九三〇年代後半（大正半ばから昭和一〇年代）に使用された国定地理教科書は、記述内容において全く変わっていないといってよい。

日本の地方区分では、『尋常小学地理書』巻二で「第六我が南洋委任統治地」が書かれているが、すでに第四期本にもあった内容である。「赤道から北の旧ドイツ領の全部、即ちカロリン群島、マーシャル群島の全部とマリヤナ群島の大部分とで、世界大戦の結果、我が国が統治するやうになった処である」と書いている。

6 国定第六期『尋常小学地理書』巻一（昭和一三年）における滋賀県

第六期国定教科書は、『尋常小学地理書』巻一として第五期本タイトルと同じ書名である。表紙は、これまでの黒灰色と変わって、セピア色の明るい色に変わった。一九三一（昭和六）年九月一八日の「満州事変」以後の国際情勢の変化を反映して、改訂されたものである。しかし、日本地理の記述内容は第四期本、第五期本と基本的には変わらず、記述上の大きな変化が見られない。

「第一大日本帝国」では、「領土・四周、面積、地勢・気候・産業・交通、国民、行政区画」の順に記述する点も、変化していない。内容もあまり変えられずに、数値の変更ぐらいである。「国民」では、「国民の総数は約一億で、その大部分は大和民族であるが、朝鮮には約二千三百万の朝鮮人、台湾には約五百万の支那民族と、十余万の土人たちがゐる。又北海道には少数のアイヌ人、樺太には少数のアイヌ人とその他の土人がゐる。諸外国に移住してゐる大和民族は約百万である。」と書いているが、第四期本、第五期本と全く内容は同じである。第四期本と第五期本に記述されたギリヤーク族の挿絵は削除され、「その他の土人」になって消されていった。

第六期本の「滋賀県」の記述も、上記同様に第四期本、第五期本と変わってはいない。戦前の国定地理教科書では、一九二〇年代初頭から一九四〇年代前半までの時期の約二〇年間、第四期本から第六期本まで使用時期は、比較的内容も変化せず安定して長く使われた教科書で、戦前の国民の地理的な意識に大きな影響を与えたといえよう。

7　国定第七期『初等科地理』上（昭和一八年）における滋賀県

第七期国定教科書は、一九四一（昭和一六）年四月から国民学校制度が発足し、同年一二月八日に「太平洋戦争」が始まったことを受けて、改訂した教科書である。日本の軍部指導者が直接政権担当をして軍部独裁政治を開始して、この戦争目的を遂行するために改訂した地理教科書であった。『初等科地理』は、別名「大東亜地理」教科書と言われ、「大東亜戦争」の戦争目的である「大東亜共栄圏」の正当性を至る所に書き込んでいる。なお、教科書文体は口語体のままだが、「である」体から「です」「ます」体に変えられた。

『初等科地理』上の巻頭「一日本の地図」では、「北の千島列島、中央の本州、南の琉球列島が、それぞれ太平洋へ向かって弓なりに張り出してゐるぐあひは、日本列島全体をぐっと引きしめてゐるやうで、かうした形から、われわれは何かしら強い力がこもってゐるやうに感じます」ときわめて情緒的な書き出しで始まっている。

「わが国土が大陸に近い位置にあるといふことは、わが国と大陸とのいろいろな関係を考へる上に、たいへん意味のあることであります。歴史が物語るやうに、古来わが国は、交通や文化の上に大陸と深い関係をもってゐたし、また今後ますます国民が大陸の諸地方に発展するのに、都合のよい立場にあるのです。もしわが国土が、大陸から遠くはなれたはなれ島であったら、大陸とかやうな関係は結ばれなかったでせう。この古い縁故のある東亜の大陸は、今やわれわれの前に、新しい活動の天地として開けて来ました」(四～五頁)

第六期まで記述されてきた「大日本帝国」の「国民」の内容は、『初等科地理』上では全く取りあげられていない。多民族から構成される国家という観点は出されないで、「大東亜」の地図を開いて、日本列島から太平洋上の諸地方を南洋諸島の島々、さらにオーストラリアまで触れていく内容となっている。「大東亜戦争が起こって、これらの熱帯の島々の大部分は、インド支那半島のマライやビルマなどとともに、わが皇軍の占領するところとなりました。ビルマに続いてインドがあり、皇軍の活躍は西へのびてインド洋に広がり、南にくだって豪州に及んでゐます」と、戦争の正当性を書き込んでいる。最後に、「神国日本」を次のような文章で締めくくっている。

「神代の昔から海の魂によってはぐくまれ、また大陸に近く接して、そのあらゆる文化をとり入れて来たわが国は、海に陸にのびて行く使命をはたすにふさはしい位置を占め、その形ものびのびと、四方に向かって手足をのばして進むやうすをあらはしてゐます。
かやうに位置といひ、形といひ、たぐひない国土に恵まれたわが日本は、まことに神の生み給うた国であることを、つくづくと感じるのであります」(八頁)

日本地誌は、第六期までの地方区分による記述を改めている。代わって、東京中心に東京から各地域に鉄道線にそって広げていく記述スタイルを採用している。「三帝都のある関東平野、四東京から神戸まで、五神戸から下関まで、六九州と島々、七北陸と山陰、八中央の高地、九東京から青森まで、十北海道と樺太、十一朝鮮と関東州、十二台湾と南洋諸島」。「滋賀県」についての記述は、第四期から第六期まで簡単な記述内容になっていたが、第七期では分量がかなり多く取られている。「四東京から神戸まで」の中で、東海道線に乗って、「富士と箱根、みかん山と茶畠、濃尾平野と伊勢海、琵琶湖のほとり、京都と奈良、大阪と神戸、黒潮洗ふ紀伊半島」と地域ごとのまとまりで説明している。

「琵琶湖は、わが国でいちばん大きな湖で、滋賀県の面積の六分の一に当ります。県全体が琵琶湖を中心とした一つの大きな盆地で、国の名をとって近江盆地といひます。

盆地の川は、みな琵琶湖に注ぎます。湖の西岸は、山がせまって平地も少いのですが、東岸には、湖に注ぐ

琵琶湖《びはこ》のほとり　琵琶湖は、わが國でいちばん大きな湖で、滋賀《しが》縣の面積《めんせき》の六分の一に當ります。縣全體が琵琶湖を中心とした一つの大きな盆地《ぼんち》で、國の名をとつて近江《あふみ》盆地といひます。

盆地の川は、みな琵琶湖に注ぎます。湖の西岸は、山がせまつて平地も少いのですが、東岸には、湖に注ぐ川々の下流にできた平野があり、人口も密です。湖の水は、一部は南端《なんたん》から流れ出て淀《よど》川となり、一部は大津《おほつ》から疏水《そすゐ》運河《うんが》により京都へ引かれて、水運に利用され、また飲料水《いんれうすゐ》ともなつてゐます。

琵琶湖と大津

近江盆地は、その位置が、京都と東の地方とを結ぶ主な街道の通る道すぢに當つてゐて、古來交通上、軍事上大切とされ、これらの街道が盆地に入る要所には、關所が設《まう》けられてゐました。また、琵琶湖は交通上よく利用され、大津を始め、沿岸には所々《ところどころ》に港があります。

琵琶湖を中にたたへた近江盆地は、いたるところ風景《ふうけい》がよく、盆地全體が一つ

四　東京から神戸まで　五十一

の美しい風景畫とも見られます。

琵琶湖は、盆地の氣候にも關係が多く、夏の暑さと冬の寒さをやはらげてゐることに役立つてゐます。

琵琶湖では漁業が行はれるほか、魚類の養殖が行はれ、殊に鮎《あゆ》はわが國諸地方の川に放すためにたくさん育てられ、元氣のよい小鮎が、遠く各地へ送られて行きます。

湖岸の平野は土地がよく開け、品質《ひんしつ》のよい米が取れ、また菜種《なたね》を多く産します。北陸《ほくりく》に近くて雪の多い盆地の北部では、養蠶が盛んで、その中心の長濱《ながはま》は絹織物《きぬおりもの》の產地です。

米原《まいばら》は、東海道本線から北陸本線が分れるところ、彦根《ひこね》は城下町として發達したところで、りつぱな城が殘つてゐます。大津は湖上交通の中心で、市の内外には人造絹絲《じんざうけんし》の大工場があり、わが國でもその主な産地となつてゐます。

四　東京から神戸まで　五十二

図8-4　国定7期『初等科地理』上　1943（昭和18）年

川々の下流にできた平野があり、人口も密です。湖の水は、一部は南端から流れ出て淀川となり、一部は大津から疏水運河により京都へ引かれて、水運に利用され、また飲料水ともなってゐます。

近江盆地は、その位置が、京都と東の地方とを結ぶ主な街道の通る道すぢに当ってゐて、古来交通上、軍事上大切とされ、これらの街道が盆地に入る要所には、関所が設けられてゐました。また、琵琶湖は交通上よく利用され、大津を始め、沿岸には所々に港があります。

琵琶湖を中心にたたへた近江盆地は、いたるところ風景がよく、盆地全体が一つの美しい風景画とも見られます。

琵琶湖は、盆地の気候にも関係が多く、夏の暑さと冬の寒さをやはらげてゐることに役立ってゐます。

琵琶湖では漁業が行はれるほか、魚類の養殖が行はれ、殊に鮎はわが国諸地方の川に放すためにたくさん育てられ、元気のよい小鮎が、遠く各地に送られて行きます。

湖岸の平野は土地がよく開け、品質のよい米が取れ、また菜種を多く産します。北陸に近くて雪の多い盆地の北部では、養蚕が盛んで、その中心の長浜は絹織物の産地です。

米原は、東海道本線から北陸本線が分れるところ、彦根は城下町として発達したところで、りっぱな城が残ってゐます。大津は湖上交通の中心で、市の内外には人造絹糸の大工場があり、わが国でもその主な産地となってゐます」（五〇～五三頁）

おわりに

明治末年から昭和戦前期までの七期の国定地理教科書の中で、日本地理の「大日本帝国」と「滋賀県」の記述内容がどのように変わってきたかを見てきた。戦前の日本人に「日本の国土」認識と郷土性の「地域」認識を与える上で、義務教育六年制における尋常科第五学年・第六学年での日本地理の学習は、重要な意味を持ったと考えられる。

「日本の国土」認識では、明治末から昭和戦前期まであいつぐ対外戦争を通じて植民地、委任統治地を拡大させ、その結果日本が多民族国家であることを強調するとともに、大和民族が中心となりアジア・太平洋地域の他民族を支配する「大日本帝国」の国家像を子どもたちに与えたのである。他方、日本の各地方の扱いとして郷土性の「地域」認識は、各地方の自然や環境の多様性を述べたあとに、日本国家の資本主義経済の浸透になかで、各地方の経済的特色を産業・産物に限定して記述していった。それぞれの地域的特色が、地域の独自の文化や政治・経済の発展にあることにはふれずに、日本国家を構成する一地方としてのみで全国各地を網羅的に扱っている。

「滋賀県」の扱い方の記述の変遷は、次のように要約で

表8-1　国定地理教科書の変遷（初等教育6カ年）

期	教科書名	発行日	総　頁	備　　考
一	小学地理　一 二	1903（明36）年10月 1903（明36）年10月	62頁附録4頁 80頁 〃 2	畿内八道方式より、八地方区分方式へ 高等小学校用
二	尋常小学地理　巻一 児童用　巻二	1910（明43）年1月 1910（明43）年11月	68頁 65頁	巻頭に「大日本帝国」あり 巻二　外地・植民地と外国地誌
三	尋常小学地理書　巻一 児童用　巻二	1918（大7）年2月 1919（大8）年2月	89頁附録3 110頁 〃 3	府県別地誌を廃して、地方地誌を採用
四	尋常小学地理書　巻一 児童用　巻二	1925（大14）年1月 1925（大14）年12月	153頁附録4 182頁 〃 1	口語体をとる。本文・さし絵、国の分量を増加
五	尋常小学地理書　巻一 巻二	1929（昭4）年3月 1930（昭5）年3月	144頁附録5 189頁 〃 1	巻二に「我が南洋委任統治地」を加える
六	尋常小学地理書　巻一 巻二	1938（昭13）年3月 1939（昭14）年3月	122頁附録5 180頁 〃 1	巻二に「我が南洋諸島」と改める
七	初等科地理　上 下	1943（昭18）年2月 1943（昭18）年2月	156頁附録4 147頁	「大東亜共栄圏」の教科書 下は「大東亜共栄圏」の地誌

（出典：『復刻国定教科書〈国民学校用〉解説』ほるぷ出版　1982年より作成）

きる。最初の国定第一期本では、近畿地方の二府七県を各県ごとで扱う中で、「滋賀県」の地勢、産業、主な都市をていねいに説明した。第二期になると、近畿地方全体の説明の中に位置づけ、近畿の一地方の扱いで「琵琶湖」と「近江平野」に焦点化した簡素な説明になっている。

大正期から昭和戦前期の第三期から第六期までは、近畿地方の「地勢」で近江盆地、「都邑」で大津、彦根、長浜を簡単に記すのみとなり、日本国家を構成する一要素という扱いになっていく。大正期から昭和初期に郷土教育運動が全国各地で起こってくる背景には、こうした国定教科書での郷土軽視の姿勢が影響を与えたものと考えられる。国民学校期の第七期本では、外国地理が「大東亜共栄圏」の地域のみとなって日本地理の比重が高まった。第六期本までの教科書から一転して、「琵琶湖のほとり」で滋賀県の地勢、産業、都市などを詳細に扱うように変わったが、内容は情緒的説明に終始するものとなってしまった。

日中全面戦争以降、愛国心を育成するための手段として郷土愛が強調され、国家愛に直結する郷土教育だけが実践されていった。郷土教育運動の復興は、敗戦と占領を経験をするなかで戦後直後の一九五〇年代になり、ようやく子どもの郷土研究、郷土調査の形で登場してくるのである。

コラム2　実業補習学校の「読本」・「農業」教科書――滋賀県教育会編『補習読本』と『農業教科書』

1　大正期の実業補習学校の国語読本教科書――『補習読本』（一九一五〈大正四〉年）・『改訂補習読本』（一九二三〈大正一二〉年）

滋賀県の実業補習学校用の教科書として、滋賀県教育会が編纂した教科書がある。明治末期から大正初年にかけて、小学校卒業後における教育機関として実業補習学校が、県下の各小学校に附設されていく。実業補習学校では修身科、国語科、算術科、実業科などの教科が教えられ、実業科は地域により農業科、商業科、水産科などと異なる科目が教えられた。滋賀県下の実業補習学校の読本教科書は、一九一五（大正四）年二月発行の滋賀県教育会編纂『補習読本』正編が主として使用された。

「実地教授者の意見を参照し大改訂した」読本教科書として、一九二三（大正一二）年五月になり『改訂補習読本』前篇・後篇の全四冊が刊行された。発売所は金港堂書籍株式会社で、売捌所《うりさばきじょ》は大津・文泉堂支店であった。改訂点は「一、文学的材料を多く採択　一、愛郷の念を深くするため、郷土的材料を豊富にした　一、田園趣味を鼓吹する材料を多く採択　一、青年の修養自覚に関する材料を増加　一、国民思想涵養、公民教育、実業に関するもの、軍事教育や常識養成に関する材料を採択　一、自修文を五課に一課加え、自学自修に留意」したとしている。

『改訂補習読本』前篇は、前篇上―二三課の九二頁、前篇下―二九課の一三八頁であった。現在のところ前篇上・下のみは確認できるが、後篇上・下が未入手なので、後編の詳細がわからない。発行元は菊版和装全四冊とも金港堂書籍株式会社であった。

この『改訂補習読本』編纂経過は、『滋賀県教育会五〇年史』（一九三六〈昭和一一〉年）にかなりくわしく記されている。一九二二（大正一一）年一二月に『補習読本』正編の改訂本が完成しているが、滋賀県女子師範学校の笹川教諭と滋賀県師範学校の坂上教諭が補習読本の改訂作業を進めたことがわかっている。嘱託として両教諭は『改訂補習読本』を編輯し、翌年一九二三（大正一二）年六月に『近江教育』第三三二号に、笹川教諭が改訂補習読本の教授資料を掲載した。

2　大正期の高等小学校・実業補習学校の農業教科書――『新定農業教科書』（一九一六〈大正五〉年）・『改訂高等小学校用　農業教科書』（一九三二〈昭和七〉年）

滋賀県の高等小学校農業教科書及び農業補習学校教科書として、滋賀県教育会は『新定農業教科書』（東京六盟館　一九一六〈大正五〉年四月）を編纂・発行した。この教科書は上・下二巻本で、上巻は高等小学校第一学年用、下巻は第二学年用であった。

その後、滋賀県教育会はこの教科書の改訂作業を進めて、『実業補習学校用農業教科書』を刊行した。

このような経過の中で、『改訂高等小学校用　農業教科書』（六盟館　一九三二〈昭和七〉年八月）が発行されていく。発行所は澤宗次郎、販売所は滋賀県国定教科書販売書肆《しょし》となっている。同教科書は、滋賀県の高等小学校児童用の農業教科書として刊行され、また実業補習学校の前期用教科書としても使用された。教科書は上・下二巻で、上巻は高等小学校第一学年用（九六頁）、下巻は高等小学校第二学年用（八〇頁）とした。

緒言には、教材選択の視点として、「イ、最近農業界の趨勢と滋賀県の実情に鑑みて選択、ロ、小学校農業科の使命、利用厚生や趣味的教材を多くし農村生活の信念を啓培」と説明している。教材の配列として「教材相互との関連と他教科との連絡を考慮、実習・実験との関連」に配慮して、教材の内容では「各課を簡潔にし、教師と児童との研究活動の範囲を広くした」としている。

滋賀県教育会編纂の教科書は、昭和初期の昭和恐慌や世界大恐慌下のもとで、日本農業の現状や農村疲弊の現実に切り込む農業教科書になっていたであろうか。残念ながら、当時の多くの農業教育がそうであったように、改訂された小学校高等科用の農業教科書の内容は、農業技術の改良や個別的工夫による対処の仕方を教えるものに終始するものであった。

3　滋賀県における実業補習学校の歴史

一八九三（明治二六）年に文部省は「実業補習学校規程」を制定し、実業に従事する児童に対して小学校教育の補習と簡易な職業に関する知識技能を授ける教育機関として実業補習学校を設置した。入学者は小学校尋常科卒業程度の学力程度とし、教科は「修身・読書・習字・算術・実業に関する科目」で、実業科目を地域の実情に合わせて農業・商業・水産・工業から選ぶとした。修業年限三カ年以内で、授業は日曜日・夜間・農閑期などに適宜行い、普通科目は小学校教員に兼務させるとした。

滋賀県は、一九〇五（明治三八）年に県訓令第十五号「実業補習学校規程」を定めて設置を奨励した。その結果、一九〇八（明治四一）年度には、学校数四九校（農業四四、商業三、工業一、水産一）、教員数二五一人（専任九〇、兼任一六一）、生徒数三二六四人（男一九〇一、女一三六三）となった（『明治四一年滋賀県統計要覧目録』）。全国的な傾向でも農業補習学校が圧倒的に多く、滋賀県も全く同様の傾向であった。滋賀県は一九一六（大正五）年の県訓令「実業補習学校施設要領」を示し、実業教育を徹底することと、夜学教授を本体とすることを指示した。普通科目で小学校教員の兼務は変わらず、実業科専任教員の配置も経費面から抑えられた。

一九二五（大正一四）年五月三一日には未設置の町村は僅か一〇カ村のみ、学校数総計二百校を数えるに至った。一　学校数二〇〇（男子のみ四五校—農業三五、商業三、農商六、水産一、女子のみ五校—農業四、商業一、男女収容一五〇校—農業一三五、農相一一、農工一、商業一、工業二）、二　生徒数　総計一万七四六六人（前期三五九八、後期一万一〇八三、研究科二七八五）、これを男女別で見ると、男子九八二八人（前期一〇四五、後期六九三〇、研究科一八五三）、女子七六三八人（前期二五五三、後期四一五三、研究科九三二）であった。三　教員数　実業科担当教員三三一人（農業科一四三、商業科担当三、裁縫科担当一八〇、その他の教科五）、兼任教員九六一人の合計一二九一人であり、専任の農業科の教諭・助教諭一一六人、商業科一人、裁縫科七七人、その他二人で、専任合計数は一九六人であった（滋賀県知事官房『滋賀県勢概要』一九二七〈昭和二〉年）。

昭和戦前期に入り、実業補習学校は一層普及していく。しかし、勤労青少年のために軍事教練を中心にした「青年訓練所」も一九二六（大正一五）年から設置されており、教育を受ける年齢層が一部重なり同訓練所との異同が問題となっていった。ついには両者の合併問題が起こり、「青年学校」の義務化へと展開していった。

第9章　明治期から昭和戦前期の修身教科書の変遷

1　明治初期の修身教科書――開化啓蒙期の飜訳修身教科書

明治初期には独立の教科として修身科は設けられていなかった。道徳的ないし修身的な内容は、一般的な読物教科書のなかで扱われた。一八七二（明治五）年の「学制」に基づく小学教則では、下等小学教科に「修身口授《ぎょうぎのさとし》」が設けられ、教師が教科書を参考にして子どもに教訓を説き聞かせるという授業形式であった。低学年の修身口授は一週二時間、二日おきに一時間ずつとして、第八級から第五級まで現在の第一学年前期から第二学年後期まで設けられた。高学年では、修身的内容は読物科で口授により教えるとされ、読み物として道徳教科書が使用された。

明治初期の道徳教科書は、欧米の道徳や倫理の書物や教科書を翻訳したものが多く採用された。福澤諭吉や箕《み》作《づくり》麟祥《りんしょう》ら幕末からの著名な洋学者たちの書いた啓蒙的な書物が、小学校教科書として採用された。この時期が自由発行・自由採択制の時代であったからであった。

代表的な修身教科書には、箕作麟祥訳『泰《たい》西《せい》勧善訓蒙《かんぜんくんもう》』前編三冊　一八七一（明治四）年、阿部泰蔵《あべたいぞう》訳『修身論』

三冊　一八七四（明治七）年　文部省刊、福澤諭吉訳『童蒙教草《どうもうおしえぐさ》』五冊　一八七二（明治五）年がある。

箕作麟祥の『泰西勧善訓蒙』は、前編三冊（原本フランス人ボンヌ）、後編八冊（原本アメリカ人ウインスロウ）、続編四冊（原本アメリカ人ヒコック）からなる大部のもので、よく使われたのは前編三冊である。第一篇は勧善学の大意で原理を述べ、第二篇から以下で「天に対する務《つとめ》、自己に対する務、族人に対する務、国に対する務」に分けて実践道徳を論じている。阿部泰三の訳本はアメリカ人Ｆ・ウェーランドのエレメンツ・オブ・モラル・サイエンスを訳したもので、前編で原理を後編で実践について論じている。

福澤の『童蒙教草』は、初篇三冊、二篇二冊よりなる、イギリス人チャンブルのモラル・カラッス・ブックの訳本である。各章始めに一般的な教訓を述べ、次に数個の寓話《ぐうわ》・例話《れいわ》を示している。巻一は「一動物ヲ扱フ心得ノ事、二親類ニ交ル心得ノ事、三貴キ人ニ交リ賤シキ人ニ交ル心得ノ事、四働ク事、五自カラ其身ヲ動カシ自カラ其身ヲ頼ミ一身ノ独立ヲ図ル事、六狼狽《ウロタエ》ザル事」となっている。

この他、中村正直訳『西国立志編』一四冊　一八七一（明治三）年や、和田純吉訳『訓蒙勧善雑話』二冊　一八七六（明治九）年がよく普及した。前者はイギリス人スマイルの翻訳本で、後者はフランス人ドラパルムの翻訳本である。

このように明治初期にはイギリス、フランス、アメリカなどの翻訳書が教科書に多く使われたが、江戸時代以来の教訓書系統のものも教科書に採用されていた。主なものは、上羽勝衛『勧孝邇言』一冊　一八七三（明治六）年、石村貞一『修身要訣』二冊　一八七四（明治七）年、近藤芳樹『明治孝節録』六冊　一八七五（明治八）年である。

2　「教学聖旨」による東洋道徳の強調と修身科の成立

文部省は、「学制」の実施状況を調査するために文部省高官を地方へ巡視させ学事の実態把握に努めた。一八七七（明治一〇）年ごろの文部省年報の調査報告から、日本の実情にあった制度改革の必要性が強く主張され始めた。また、維新後の開化啓蒙思想は自由民権運動という形で、地方の知識人や学校の教師の間に西欧的な人権や権利の考えを広めつつあった。

他方で、明治初期に明治天皇は数多くの全国行幸《ぎょうこう》を行っていった。一八七八（明一一）年八月末から一一月初旬まで東山・北陸・東海の地方巡幸で諸学校を視察した天皇は、その内意を元田永孚《もとだながざね》に伝えた。元田は天皇の内意を受けて、「教育令」の発布一カ月前の一八七九（明治一二）年八月に「教学聖旨《きょうがくせいし》」を作成した。天皇の命で出された教学聖旨は、のちの「教育勅語」の骨格につながる重要な教育理念が含まれていた。

教学聖旨は「教学大旨《きょうがくたいし》」と「小学条目二件《しょうがくじょうもく》」とからなっており、前者は仁義忠孝《じんぎちゅうこう》、君臣父子《くんしんふし》の大義を教育の根本にすべきことを、後者は人間の一生で重要な小学校教育の二つの目的を述べている。一つは仁義忠孝の思想を幼少より徹底して教育すべきこと、二つは教育内容を実際生活と結びついたものとすべきことで、国民の大部分を占める農商の子弟の実際生活に即した教育を実施すべきだとした。学制の理念の変更を迫るものであった。

文部省は一八七九（明治一二）年九月に「教育令」を公布するが、地方官会議の決議を受けて翌一八八〇（明治一三）年一二月には教育令を改正した。一八七九年の「教育令」において修身科が初めて教科として独立し、一八八〇年の「改正教育令」ですべての教科の先頭に置かれる筆頭教科にされた。

翌年一八八一（明治一四）年の「小学校教則綱領」が公布され、修身科の教科内容は次のように規定された。「初等科ニ於テハ主トシテ簡易ノ格言《かくげん》事実《じじつ》等ニ就《つ》キ、中等科及高等科ニ於テハ主トシテ稍《やや》高尚ノ格言事実ニ就テ　児童ノ徳性ヲ涵養スヘシ又兼テ作法ヲ授ケンコトヲ要ス」

3 明治一〇年代の修身教科書——儒教主義重視の修身教科書

明治一〇年代になると、欧米の翻訳型の教科書内容を批判し、東洋道徳の仁義忠孝を基礎とした教訓を主体に格言を選んだ修身教科書が現れてきた。文部省編輯局長西村茂樹の『小学修身訓』二冊　一八八〇（明治一三）年は、その代表的教科書であった。中国古典だけでなく、日本の教訓書、欧米の修身書からも古語《こご》や嘉言《かげん》、名句《めいく》などが選ばれているが、中核は東洋道徳であった。巻一の内容の構成は、「第一学問、第二生業、第三立志、第四修徳」であり、巻二は「第五養智、第六処事、第七家倫、第八交際」となっている。

文部省編輯局は、『小学修身書』一二冊　一八八三（明治一六）年で教則綱領に示した、「格言」「事実」を網羅した教科書を刊行した。西村と異なるところは翻訳書からの引用がいっさい無いことであった。初等科之部は首巻、巻一〜五からなる六冊もので、首巻は口授用に編纂したもので、「父母兄弟、忠君、尊師《そんし》、友愛、学問、言語、行状《ぎょうじょう》、改過《かいか》、廉恥《れんち》、堪忍《かんにん》、謙遜《けんそん》、利《り》、貧窮《ひんきゅう》、富貴《ふうき》」という内容を取り上げている。巻一から巻五まで各冊では、首巻の徳目内容をさらに詳しく扱っていく構成となっている。

首巻の巻頭は次のようである。

「人として、幼き時より、父母に孝をつくすことを以て、第一の勤めとすべし、父母に孝なるものは、自

ら其外の事にも道あるものなり　孝は徳のもとなり　孝経
人の行ふべき道は、様々あれども、孝を以て、尤も大切なるものとす
人のおこなひは、孝よりも大なるはなし　同上（後略）」

全巻このように、初めに教師が口授する要点をあげており、その後に嘉言《かげん》を書き出典をあげていく形式であった。文部省は、修身の一部に作法《さほう》を加えて、教える方針をとっていたので、小学校の作法書も同時に出版した。『小学作法書』三冊　一八八三（明治一六）年の巻一は、父母に対する礼儀から書き出しており、修身書の孝行と関連づけている。

「人の子たるものは、朝おきたる時と夜いねんとする時は、かならず父母を拝して、其きげんを問ふべし。いづくへ行くにも、かならず父母に告げて、後行くべし。帰りたる時も、亦《また》其よしを告ぐべし。
天皇は、国家無上の至尊《しそん》なれば、尤《もっと》も尊敬を、尽さざるべからず。親愛と尊敬とは、共に欠くべからざるものなれども、父母には、親愛を主とし、天皇には、尊敬を主とすと思ふべし。天皇を見奉る時は、帽を脱し、身を屈《かが》めて敬礼をつくすべし」

作法書の内容は、家族から他人、日常の応対など、日常生活の作法全般にわたって述べられているが、この時期から家族への礼儀から天皇への親愛と尊敬が直結されていたことに注目しなければならない。

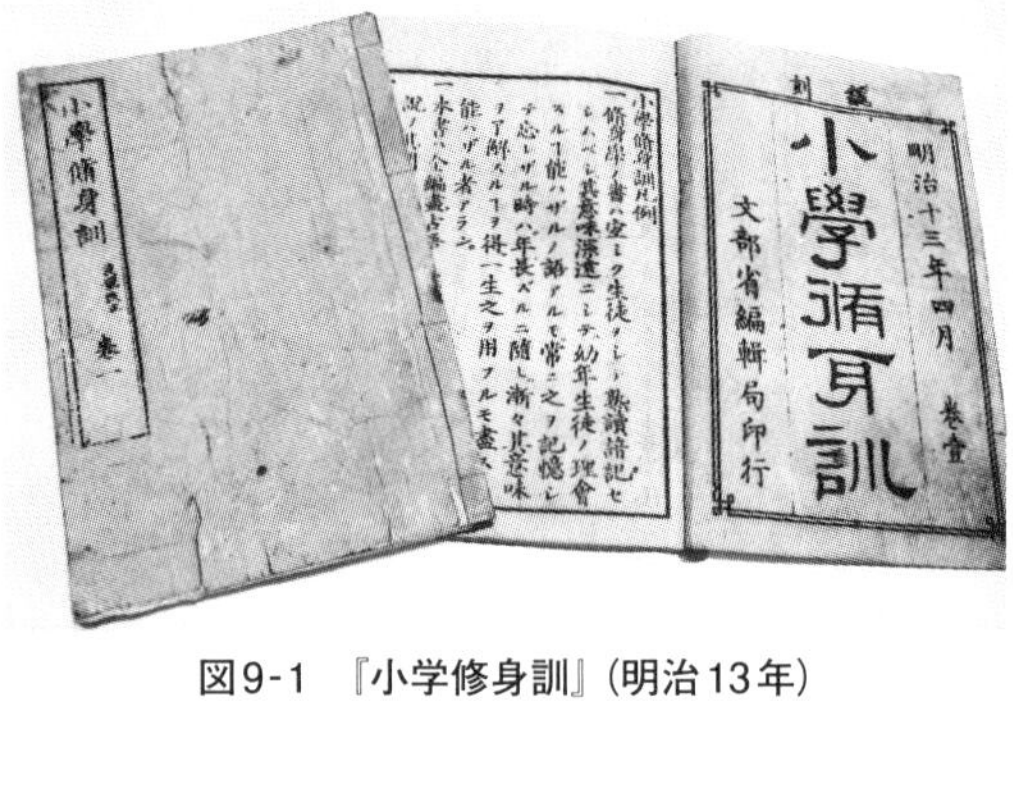

図9-1　『小学修身訓』（明治13年）

元田永孚は文部省に修身教科書を編纂させる一方で、宮内省の儒学者たちと協力して『幼学綱要《ようがくこうよう》』七冊　一八八二（明治一五）年を編輯して刊行した。幼少児童のために「忠孝ヲ本トシ仁義ヲ先ニスヘシ」との趣旨で編纂して、宮内省から全国の諸学校に希望に応じて頒布したのである。天皇による「教学聖旨」を具体化して刊行することと、文部省の修身教科書を編纂・発行することを併行して進めたことは、明治期の道徳教育政策の本質がどのようなものであったかを示すものである。

こうした影響下で明治一〇年代に民間で発行された主な修身教科書に、次のものがある。

亀谷行『修身児訓』一〇冊　一八八〇（明治一三）年、同『和漢修身訓』一一冊　一八八二（明治一五）年、

木戸麟『修身説約』一〇冊　一八七八（明治一一）年、同『小学修身書』一二冊　一八八一（明治一四）年、

同『新撰小学修身口授書』一二冊　一八八三（明治一六）年、福井光『修身叢語《そうご》』二冊　一八八一（明治一四）年、山名留三郎・辻敬之・増川蛸雄『錦絵修身談《にしきえしゅうしんだん》』六冊　一八八三（明治一五）年、同『修身教場掛図《かけず》』別製折本一・二　一八八四（明治一六）年

亀谷行《かめたにこう》の『修身児訓』と木戸麟《きどりん》の『小学修身書』は、当時最も普及した修身書であり、児童が読みやすいように大きな字で書かれている。明治一〇年代には教師が口授用として使う教師用教科書だけでなく、児童が自分だけで読むことのできる児童用の修身教科書が発行され始めた。木戸の『小学修身書』は一八八一年に初版を出して、三年後には一三版も出している。初等科一年より各学年前・後期各一冊で、和漢洋からの例話や実話、寓話を児童向きに選んで、文章を読みやすくわかりやすいように工夫している。山名・辻・増川の『錦絵修身談《にしきえしゅうしんだん》』は、巻頭に錦絵を掲げて本文にも図画を挿入したユニークな修身教科書である。児童の興味を喚起しようとする意図

に基づいて編纂したとして、和漢洋の美談を錦絵を用いて表現している。その掛図分だけを集めたものが、『修身教場掛図』である。

女子修身教科書は同時期に多数出版されており、女子のための道徳は別なものと考えられていた。明治初期からの列女伝《れつじょでん》形式のものに加えて、儒教主義の教訓・例話をとりいれた修身教科書が刊行された。代表的なものは河野善『小学修身女訓』二冊　一八八二（明治一五）年、小田深蔵『改正女範』三冊　一八八〇（明治一三）年である。他に、女子の作法、礼式の教科書が、編纂され使用されている。

4　明治中期の検定修身教科書――教育勅語の公布と忠君愛国主義道徳の注入

一八八六（明治一九）年に森有礼《もりありのり》文相は、「小学校令」など学校法令を整備して、公布した。小学校令に基づき「小学校ノ学科及其程度」が定められ、尋常科四カ年（義務期間）、高等科四カ年の学科の内容、週当り時数が示された。また、教員一人は尋常科児童数八〇人以下、高等科児童数六〇人以下で教授するとされた。修身科は、尋常・高等とも一週一時三〇分とされ、その内容は次のとおりであった。

「内外古今人士ノ善行《ぜんこう》ニ就キ児童ニ適切ニシテ且理会《りかい》シ易キ簡易ナル事柄ヲ談話《だんわ》シ日常ノ作法ヲ教へ教員身自ラ言行《げんこう》ノ模範《もはん》トナリ児童ヲシテ善ク之ニ習ハシムルヲ以テ専要《せんよう》トス」（第一〇条）

修身科では、尋常・高等とも第一学年より第四学年まで「嘉言善行《かげんぜんこう》、日常作法」が内容とされている。小学校令第一三条で教科書の検定制度を決定したので、一八八六（明治一九）年から国定制までの一九〇三（明治三六）年までは、検定教科書時代が出現した。修身教科書も多数の民間出版社から修身教科書が刊行された。

とはいえ、自由な道徳律を自由に盛り込んだ多種多彩な教科書が出現したわけではなかった。一八九〇（明治二三）年一〇月三〇日に「教育ニ関スル勅語（教育勅語）」が教育の根本原理を規定するものとして、天皇から直接国民に示されたからである。教育勅語は、学校教育において「教育の淵源《えんげん》」とされ、道徳の基準とされたのであった。修身科の教科書は、すべて教育勅語の精神に基づき編集しなければならなくなり、道徳教育の教授においては勅語から逸脱することが許されなくなった。

一八九一（明治二四）年一一月に「小学校教則大綱」が定められ、修身科は次のように記された。「修身ハ教育ニ関スル勅語ノ旨趣ニ基キ児童ノ良心ヲ啓培《けいばい》シテ其徳性《とくせい》ヲ涵養《かんよう》シ人道実践ノ方法ヲ授クルヲ以テ要旨トス」。尋常小学校においては、孝悌《こうてい》、友愛、仁慈《じんじ》、信実、礼敬、義勇、恭倹《きょうけん》など実践の方法を教えて、尊王愛国の志気を養い、国家に対する責務の大要を指示して、児童の風俗・品位を純正にすることとされた。

一八九三（明治二六）年八月に文部省は、修身科授業に関する訓令を出している。修身は他の教科と異なり、「全身にわたり神経の作用を霊活《れいかつ》なさしめ、教師は生徒の年齢、男女の別、都鄙《とひ》の風俗習慣、人文の発達などを考えて、各人の性質を見て訓告しなければならない」とした。修身教科書は教師の教授資料として大事であるが、教科書のみに依存せずに、かえって教科書を用いず口授法のみで教授してもよいとした。

明治二〇年代の検定期の修身教科書は、徳目主義教科書といわれた教科書が多く刊行されている。教育勅語に示された徳目を、各学年とも繰り返し程度を高めながら配列するものであり、次のような教科書である。

井上頼圀《よりくに》『尋常小学修身書』八冊、『高等小学修身書』八冊　一八九三（明治二六）年
峯是三郎『明治修身書』尋常小学生徒用　四冊　一八九二（明治二五）年
東久邇《ひがしくに》通嬉《みちとみ》『尋常小学修身書』四冊、『高等小学修身書』四冊　一八九三（明治二六）年
渡辺政吉『実験日本修身書』尋常小学生徒用八冊、高等小学生徒用八冊　一八九三（明治二六）年

峯是三郎《みねこれさぶろう》の『明治修身書』を見よう。教育勅語の徳目を九章に編成し、毎学年同じ題目を繰り返している。第一は父母に孝、第二は兄弟に友、第三は夫婦相和す、第四は朋友相信ず、第五は恭倹《きょうけん》己《おのれ》を持《じ》す、第六は博愛衆に及ぼす、第七は学を修め業を習う、第八は公益を広め世務《せいむ》を開く、第九は義勇公に奉《ほう》ずとなっていて、徳目を主題として、そのなかに訓言・格言・例話を集めて、一つのまとまった内容としている。

明治三〇年代になると、修身教科書では徳目主義から人物主義への転換がおこり、低学年では童話《どうわ》・寓話《ぐうわ》を、中学年以上では人物伝記をあげて説明していく教科書スタイルとなっていった。ヘルバルト学派の児童の興味を根本にして教授にあたる思想が広まり、修身では毎巻に一人または二、三人の模範人物の例話をあげて、人格的感動を呼び起こしていくことが重視された。人物主義の方針では、徳目は人物例話のなかに入り、課の題目としては人物名だけになっていく。人物主義を代表する教科書に次のものがある。

普及舎編『新編修身教典』尋常小学校用四冊、高等小学校用四冊　一九〇〇（明治三三）年
学海指針社編『帝国修身訓』尋常科生徒用八冊、高等科生徒用八冊　一九〇〇（明治三三）年

普及社『新編修身教典』の巻一（第一学年用）は、一・二「がくこー」、三〜五「ももたろー」、六〜八「はなさかぢぢ」、九・一〇「まつだひらよしふさ」、一一〜一四「なかよききょーだい」一五「をののとーふー」、一六「かめとうさぎ」、一七・一八「うらしまたろー」、一九「おもひやり」、二〇・二一「きん一ほんをかふ」、二二〜二四「したきりすずめ」、二五「ともじともをいさむ」二六「おたけのしよーじき」、二七「らつぱそつ」、二八「きゆーじよー」となっている。

巻三では、一「日の丸のはた」、二・三「和気清麻呂公《わけきよまろこう》及その姉」、四「忠誠」、五・七・八・一〇「貝原益軒《かいばらえっけん》先生」、六「志を立てよ」、九「思ひやり」、一一・一二「名取彦兵衛《なとりひこべえ》氏」、一三〜一五・一七〜一九・二一・二二「渡辺崋山《わたなべかざん》先生」、一六「兄弟に友なれ」、二〇「親に孝なれ」、二三「瀧鶴台《たきかくだい》先生の夫人」、二四「女子の心得」、二五「公徳を守るべし」、二六「おきてを守るべし」、二七「勇ましき水兵」、二八「義勇公に奉ぜよ」、となっている。上のように教育勅語の徳目と人物例話を組み合わせて、しかも各人物例話が数課にわたるように編成されている。

高等小学校用の第一学年の巻一では二宮尊徳《にのみやそんとく》に全三〇課中一二課をあて、第二学年の巻二では、全三〇課中の一〇課を中江藤樹《なかえとうじゅ》にあてており、人物を重点化して扱っている。外国人では第三学年の巻三でナイチンゲールを、巻四でワシントンをとりあげている。

5　明治後期の最初の国定修身教科書——近代的な市民倫理重視の国定一期

修身教科書の国定化の論議は、一八九二（明治二五）年ごろから帝国議会から起こり、一八九九（明治三二）年三月に衆議院で「小学校修身書ニ関スル建議案」が提出されるに至った。「全国ノ就学児童ノ徳行ヲ同揆《どうき》ノ下ニ教養シ忠君愛国ノ精神ヲ啓発シ以テ国家ノ文明ヲ進メ富強ヲ致スニ在リ」と述べた。

帝国議会の意見が強く反映して、一九〇〇（明治三三）年に文部省内に修身教科書調査委員会が設置され、加藤弘之を委員長に、一〇名の委員、四名の起草委員が決められた。この動きに対して、外山正一は修身教科書の無用論を述べ、福澤諭吉は官製修身教科書を批判し、全国の教育を画一化する危険性があるとして反対した。

国定化論争が起こるさなかに教科書疑獄《ぎごく》事件が、一九〇二（明治三五）年末に起こった。教科書汚職に知事、視学官、師範学校長、中・小学校長など全国で二〇〇余名が関与した事件として、起訴された。この事件をきっかけにして、教科書の国定制度化が一九〇三（明治三六）年に決定され、翌年一九〇四年から実施された。修身教科書調査委員会は、さきの人物主義と徳目主義との論議を踏まえて、独自の教科書編集の方針を立てて国定教科書の編纂作業を進めた。

調査委員会は児童の生活とその経験とを基にして道徳教材を生活と結びつけるべきことを提案し、徳目は「学校生活の心得」・「個人の心得」・「家庭における心得」・「社会における心得」・「国民としての心得」に分けて編成した。生活との結びつきは、学年を追って次第に高次の社会生活に発展するように配当して、上学年で国家社会における心得が教えられるようにした。

「学校生活」・「個人」・「家庭」・「社会」・「国家」の五区分は、以後の国定修身教科書の教材に引き継がれていった。最初の国定修身教科書は、一九〇三年に発行され、翌一九〇四年から使用された。『尋常小学修身書』児童用は、第二学年から第四学年まで三冊であり、第一学年は発行されなかったが、教師用は第一学年から第四学年まで四冊が刊行された。『高等小学修身書』は児童用、教師用とも四冊が刊行された。

低学年は生活のなかでの道徳を説くことを定めたので、童話・寓話の教材は採用されず、現実の子どもの生活に取材した教材が選ばれた。第二学年用修身書には、「オタケ、イチロー、オウメ、オツル、オキヌ、ブンキチ、コタロー」など架空の人物の名が示され、子どもの生活としての道徳が説かれている。「イチローノゲタノハナヲガキレマシタ。オウメハ、ソノハナヲスゲテキマス。キョーダイハナカヨクセネバナリマセン」のように、姉弟の親愛を教える教材がある。名前を特定しないが、「ヒトリノコガブレイナコトバヲツカイヒマシタ。ホカノコドモガ、ソレヲトガメマシタ。コトバヅカイヒヲ、ツツシマネバナリマセン」という文があり、下校時の子どもの絵を掲げている教材もある。第二学年は二七課あり、この中で子どもの生活から遊離している教材は、「天皇陛下」、「きぐちこへい」、「すいらいていの話」、「呉服屋のでっちの正直」の四つの例話である。

『尋常小学修身書』は徳目による例話を持って編成しており、基本徳目は学年毎に繰り返していく形式である。「天皇・忠義・孝行・兄弟愛・朋友・共同・勤勉・勇気・健康・公益」は各学年に掲げられている。『高等小学修身書』は尋常と反対に、人物主義の考えを取り入れ、一人物の伝記でいくつかの課にわたる内容とした。

第一学年用は豊臣秀吉（四課）、加藤清正（三課）、上杉鷹山（四課）、フランクリン（四課）、ナイチンゲール（三課）が伝記教材で、二八課中一八課が人物主義による伝記である。第二学年用は中江藤樹（二課）、高田屋嘉兵衛（二課）、リンコルン（四課）、徳川吉宗（二課）などで、他の人物伝記には一課ずつをあてている。

第一期国定修身教科書の道徳教材の特色は、どこにあるだろうか。

第一に、正直・親切・人に迷惑をかけないこと・博愛など、人間関係において社会性を示した市民倫理の教材が多くみられることである。家における人間関係の道徳、すなわち孝行・長幼・師弟・主従などは比較的少ないのである。第二に、国体・天皇に関する教材は各学年に配置されているが、検定時代の教科書に比べても、この後の国定教科書に比べても最も少ないことである。第三に、国家に対する教材では、国民の権利・義務・公益・

殖産《しょくさん》などの公民的教材が多く、天皇への忠誠を重く見る教材観とは異なる近代市民的な性格を強く打ち出している。第四に、家族倫理については、親に報いることを説いているが、孝行を絶対的なものと見ていない。第五に、個人道徳においても禁欲的・自己抑制的な内容でなく、自分のことは自分でする・独立自営・自主的態度など自発的・普遍的な良心をもつことを強調している。

軍国教材の木口小平《きぐちこへい》の例話でも、戦死を忠君愛国としてでなく、勇敢な態度として教えるように述べているのである。このように第一期国定教科書の修身教材は、編集委員会の加藤弘之《かとうひろゆき》委員長や委員たちの近代的な道徳観によって、近代社会の市民倫理を積極的に取り入れたものとなっていた。

6　明治末期から大正期の天皇制国家主義の道徳重視——国定二期・国定三期

一九〇七（明治四〇）年に小学校は義務教育六年制に改められた。これに伴い一九〇八（明治四一）年から文部省は修身教科書の修正に着手し、一九一六（大正五）年に修正を完了した。国定修身二期本の発行は、一九一〇（明治四三）年から始まった。第一期修身教科書に関して、多方面から修身教育に関する批判が寄せられ、その批判に答えて多くの点で教材が改変された。

国定二期本の教材の特色として、次の五点があげられる。

第一に仮作物語ではなく、歴史上の事実に取材した教材を多く取り入れた点に特色を持つ。二期本の児童用は、『尋常小学修身書』が第一学年から第六学年まで六冊、『高等小学修身書』が第一学年から第二学年まで二冊、合計八冊が発行された。尋常科第二学年の巻二の初めに、二宮金次郎《にのみやきんじろう》の教材が二六課中の七課にわたって取り上げられた。一～七「オヤノオン、カウカウ、キョウダイナカヨクセヨ、シゴトニハゲメ、シンルヰ、ガクモン、キンケン」の題目で二宮金治郎教材が扱われた。他の巻では、巻三渡辺登（崋山）、巻五加藤清正、上杉鷹山、巻六伊能忠敬などが四課にわたって人物例話として取り上げられた。

各巻に歴史上のよく知られた日本の人物を掲げて、人物例話の教材を増やそうとした。外国人の人物は減らして、巻三ワシントン、巻四ジェンナー、ナイチンゲール、巻五コロンブス、巻六フランクリンの五人のみとして、第一期本より五人も少なくしたのである。

第二に、国体と忠孝を扱った教材では、皇室関係や国家意識をつちかう教材が重視された。第二学年では天皇陛下・忠義、皇大神宮の祖先を尊ぶ教材が新たに加えられ、第三学年以上で、国家主義的教材が多く取り入れられた。巻三「くわうごうへいか、ちゅうくん、くわうしつをたつとべ」、巻四「天皇陛下、忠君愛国、皇室を尊べ、靖国神社、国旗、祝日・大祭日」、巻五「大日本帝国、皇后陛下、忠君愛国」、巻六「皇大神宮、天皇陛下、忠君愛国、忠孝、祖先と家」。

第三に、天皇・国家・祖先・家に関する教材が増えた反面で、第一期で重視された公民的な国民の義務・権利の教材は激減している。

第四に、家族道徳に関しての教材は多くなり、上学年になると忠と孝とを一つにみる家族国家の考え方に進むように配列されている。

第五に、二期本では教育勅語の扱いを第四学年以上で、巻頭に勅語の全文を掲げて、第五学年のいくつかの課で勅語の語句を説明し、第六学年最後の三課で勅語の大意を説いている。

第二期国定修身教科書は、第一期が近代市民的な教材を多く採用したのに対して、国家主義、家族主義を強化するように編集されたものであったといえる。

第三期本の『尋常小学修身書』は、一九一八（大正七）年度から修正が行われて一九二三（大正一二）年に全六冊が、『高等小学修身書』は一九二七〜二八（昭和二〜三）年に二冊が発行された。第二期本からの修正は、第一次世界大戦後の世界情勢を考慮して国際強調の考えや、普選運動による大正デモクラシーの時代の影響による公民的内容を取り入れた点である。原則として国家道徳や家族道徳を重視することに変わりはなかったが、児童の発達段階や個性尊重を配慮して、文体を口語体に改めたり、記述を平易で具体的な理解しやすいものとした。修身教材の内容では、第五学年で「公民の務、公益、衛生、自信、勤労」が、第六学年で「国交、進取の気象、共同、憲法」など公民的・社会的内容が新たに加えられた。

7　昭和戦前期の軍国主義・国家主義的道徳重視――国定四期、国定五期

第四期の修身教科書は、一九三一年九月一八日に始まる中国東北部のいわゆる「満州事変」、一九三七年七月七日以降の日中全面戦争下で修正された教科書であり、第五期は一九四一年一二月八日に始まるアジア・太平洋戦争下で修正された教科書である。総力戦体制下の軍国主義的内容を強調した教材を大幅に増大させた教科書であった。第四期本は、一九三四（昭和九）年から一九三九（昭和一四）年にかけて修正されたもので、従来の薄墨色から青色に花模様がある教科書に変わり、巻一から巻三まで挿し絵が色刷りになった。編纂意図は、「忠良ナル日本臣民タルニ適切ナル道徳ノ要旨ヲ授ケ」「殊ニ国体《こくたい》観念ヲ明徴《めいちょう》ナラシム」ことにあるとして、天皇や国体に関する教材が多くなり、忠君愛国の思想を強化する教材を多く取り入れている。

第五期本は、一九四一（昭和一六）年四月からの国民学校の発足にあわせて改訂されたもので、国語、国史、地

理、修身の四科を統合して国民科となった「国民科修身」の教科書であった。『ヨイコドモ』上・下と『初等科修身』一～四、『高等科修身』一～四が出版された。国民道徳は、すべて皇国民錬成の道徳授業の教授とその実践の指導をするものとされた。個人も家庭もすべて国家の中に融合するものとされて、国家主義的道徳しか存在しないと説明された。修身教授は皇国の道義的使命を自覚させることを主眼としたので、国家に対する道徳の教材が著しく増加して、全体の五四％を占めた。天皇制国家主義教材と軍国主義的な戦時教材は、次のように戦争を賛美する文章で表現された。

低学年の教科書の『ヨイコドモ』上で、「私タチハ、日本ノ子ドモデス。小サイケレドモ、ミンナ日本ノコクミンデス」と書き、『ヨイコドモ』下では、「日本ヨイ国、キヨイ国、世界ニ一ツノ守ノ国、日本ヨイ国、強イ国、世界ニカガヤクエライ国」と書いて、他民族に優越する日本民族の選良性と優秀性を子どもの頭脳にうえつけようとした。

戦時体制下の軍国教材の扱いとして、『ヨイコドモ』上では、「テキノタママガ、雨ノヤウニトンデ来ル中ヲ、日本グンハ、イキホイヨクススミマシタ。テキノシロニ、日ノマルノハタガ、タカクヒルガエリマシタ。『バンザイ　バンザイ　バンザイ』勇マシイコエガ、ヒビキワタリマシタ」と、子どもたちを戦争に積極的に加担する人間に育てようと図った。

第五期本の修身教科書は、戦争に勝ち抜くために皇国民の使命の自覚と決意をもたせることを直接的に表現した教科書であった。天皇は一九四五（昭和二〇）年八月一五日にポツダム宣言受諾による無条件降伏を国民に伝えた。日本は無謀なアジア・太平洋地域への侵略戦争に敗北したのである。偏狭な国家主義と民族主義をめざした軍国主義教育は、敗戦という結果で終結した。教育勅語体制を修身科教授を通して行ってきた戦前の道徳教育は、ここに終焉を迎えたのであった。

コラム3

明治初期の滋賀の修身教科書――大島一雄『小学生徒心得』・瀬戸清『習礼入門』・高山直道『新撰生徒心得』

1　大島一雄《おおしまかずお》編『小学生徒心得』（一八八一〈明治一四〉年）

明治初期の滋賀県で使われた修身教科書の一つに、大島一雄編纂の修身教科書がある。滋賀県の郷土を題材にした内容をとりあげたものではない。しかし、県下の現職の小学校教員が編纂・刊行した修身教科書であり、滋賀県小学教則に掲げられ、県下各校で広汎に使用された。大島は一八七七（明治一〇）年三月官立東京師範学校小学師範学科を卒業後、滋賀県に招聘され来県した。しかし、二日後に西南戦争が勃発し、六カ月間従軍した。除隊後の一八七七（明治一〇）年一〇月から一八八六（明治一九）年一〇月まで大津の開達学校校長、八六年一一月から一九〇七（明治四〇）年まで近江八幡の八幡尋常高等小学校長を勤めた人物である。明治一〇年代に滋賀県下で使用された小学校教科書を精力的に執筆し、多数の教科書を編纂・刊行した。

大島編纂の修身科は『小学修身編』（一八七九〈明治一二〉年）と『小学生徒心得』一・『同』二（一八八一〈明治一四〉年）の二種がある。他に算術科の『珠算教授書』（一八八〇〈明治一三〉年）、綴方科の作文『作文初歩』自巻一至巻四・『同』巻五六（一八七九〈明治一二〉年）、実物科の『実物問答』巻一二三（一八八一〈明治一四〉年）などを執筆している。以下に『小学生徒心得』一を旧字体のまま紹介して、明治初期の教科書を味わっていただく。

大島一雄『小学生徒心得一』（一一丁　湖南合書堂　一八八一年）修身の部

第一章

善き事を行ひ、悪しき事を為《せ》ざるやうにすべし、是れを修身の學といふ、凡《およ》そ事ハ習ひ慣るゝときハ、六《むず》ケ敷事《かしきこと》も易く、慣れざるときハ、易き事も六ケ敷、覚ゆるものなれバ、幼《いとけ》なき時より、習ひ覚え、善《ぜん》に移つるやう、心がくべし、人として、身の行ひ、正しからざるときハ、人といふべからず、鳥獣《とりけもの》にひとしきものといふべし、故に左の个條《かじょう》を、一々我身《わがみ》に行ひて、常に忘るべからず、

朝ハ早く起き、着物を着、顔と手を洗ひ、口を漱《すす》ぎ、髪をとき、父・母・兄・姉など、己より目うへの人にハ、必ず挨拶《あいさつ》すべし、若《も》し病人などあるときハ、之を顧みいたハるべし、朝、食事終れバ、學校へ出づる用意をなし、其日入用の書物・算盤《そろばん》・石板《せきばん》・宿題の帳《ちょう》、清書紙など、忘れざるやう心がくべし、

學校に出づるときと、帰りたる時にハ、必ず父母に告《つ》ぐべし、他に行くときも、同じく告ぐべし、然らざるときハ、父母ハ己《おのれ》の在る所を、知らずして、心配せらるゝものなり、學校に至る途中にて、遊び戯《たわ》むれ、稽古《けいこ》の時限《じげん》に、後るべからず、若し事ありて、後るゝときハ、其の後れし所以《ゆえん》を、包《つつ》まず先生に告ぐべし、父母の使に行くときも、途中にて遊びなどして、後るゝやうの事、あるべからず、

図コラム3-1　『小学生徒心得』（明治14年）
『小学修身編』（明治12年）

學校に至りてハ、先つ先生に禮《れい》を述べ、次に同輩《どうはい》に挨拶《あいさつ》すべし、退校の時も同じく、先生に一禮《いちれい》し、同輩ハ互に、挨拶して別るべし、學校に在る時、他校の教師、又ハ戸長・学務委員・其の他尊敬すべき人の、来らる丶ときハ、必ず禮をなすべし、途上にて逢《あ》ふときも同じ、

學校にありてハ、何事も教師の指図《さしず》に順《したが》ひ、仮りにも我意我慢《がいがまん》をバ出すべからず、席に就《つ》きてハ、他念《たねん》なく教師の教に順ひ、専心に勉強すべし、仮りにも外見雑談《わきみざつだん》などを為すべからず、外見雑談などをするときハ、教師の教ふる所一も耳に入ることなし、

教場にて、もの言はんと欲するときハ、右の手を挙げ、教師の許《ゆるし》を得て後、いふべし、

猥《みだ》りに席を離るべからず、若し已《や》むを得ざるときハ、教師に請《こ》ふて指図を待つべし、教場出入のとき、戸《と》・障子《しょうじ》・襖《ふすま》などの開閉《あげたて》ハ、成《な》る丈《だけ》音のセぬやう、静かに為すべし、然らざれば、他人の稽古の妨と為るべし、此事ハ學校のみにあらず、家にあるときも、同じく物静《ものしず》かに為《す》すをよしとす、

書物其他何品によらず、丁寧《ていねい》に取扱ひ、破損《はそん》せざるやう、心がくべし、殊に紙は破れ易《やす》きものなれバ、爪《つめ》にて傷《いた》め、或ハ指に唾《つば》をつけて、書物を開くべからず、又墨《すみ》をつけ、或は楽書《らくがき》などをなし、書物其他の器具を、汚《けが》すことある可からず、若し誤りて窓を破り、書を汚し、墨を翻《こぼ》せるときハ、教師の前に行き、其始末を訴《うった》へて、罪を謝すべし、是れ啻《ただ》人を欺《あざむ》かざるのみならず亦□□□ざるなり、

板塀《いたべい》其他壁などへ、白墨又ハ墨などにて、楽書《らくがき》すべからず、又傷つくべからず、毎日學びし事は、退校の後、能く温習《うんしゅう》すべし、又翌日の用意をもなすべし、決して宿題などの未だ出来ざる内に、遊歩《ゆうほ》すべからず、學校其他何れの場所にても、危き遊、又ハ他人の妨となる遊を、なすべからず、又男女入り交りて遊ぶべからず、

第二章

父母ハ我を生み、且つ我を養育《よういく》せし、恩人なれば、常に之を大切にして、其いひ付《つけ》に順ふべし、今衣食に不自由なくして、學問を為すことを得るは、皆父母の恩なり、故に其恩に報ゆるため、常に怠りなく勉強し、父母を安心さするやうに、心がくべし、又人より食物等を贈られたらバ、必ず父母に献じ、父母食して余あれバ、兄弟姉妹と共に、分ち食ふべし、決して父母より先に食ひ、或は己れ一人にて、食ふべからず、

父母病あるときは、格別物事を静かにし、決して噪《さわ》がしからざるやうにすべし、湯薬《ゆくすり》の類ハ、自其加減《みづからそのかげん》をなし、他人に打ち任すべきものにあらず、父母の呼ぶときハ、潔《いさぎ》よく返事して、直に立つべし、決して遅緩《ちかん》なるべからず、父母の愛せる器具等ハ、決して玩《もてあそ》ぶべからず、父母の訓戒《くんかい》をば、守るべし、

凡そ父母の命に順ひ、父母の心を安んじ、父母の身をよく敬ひ養ふを、孝行と云ふ、故に人の子たるものは、上のケ條《かじょう》を、一々心に記して、忘るべからず、

兄弟姉妹ハ同根《どうこん》より出でたる、数幹《すうかん》の如く、同幹より出でたる、数枝《すうし》の如きものなれバ、互に相親みて、苟且《かりそめ》にも、喧嘩口論《けんかこうろん》などすべからず、兄姉は年長じて、弟妹に優れるものなれば、よく弟妹を教訓し、苟且《かりそめ》にも、悪道に誘引《ゆういん》すること勿《なか》れ、又弟妹は兄姉の言葉に逆らはずして、よく其訓《をし》へに順ふべし

父母の己れを愛すること、兄弟を愛するより、薄《うす》しと思ふべからず、又過《あやまち》ありて叱《しか》らるゝことあるときハ、己《あ》れの悪しきを正して、善人とならしめんとの、慈愛《じあい》なりと思ひ、喜びて其罪を受け、再び叱られざるやうにと、心がくべし、

老者《ろうしゃ》をバ之を尊敬し、之を慰め安んじて、安楽《あんらく》に一生を、終らしむべしことを勉むべし、

伯叔父母ハ、父母に次ぎて、之を尊敬すべし、先生ハ父母に代りて、我れに善を教へ又學術を授けて、我資益《しえき》をなしたるものなれバ、父母に等しく、之を愛敬《あいけい》し、之に従順《じゅうじゅん》して、其恩を忘るべからず、

第三章

朋友と交はるにハ、信実《しんじつ》を尽して、決して虚言《きょげん》すべからず、人に對して親切に交り言ハ必忠信なるときハ、人も亦我を愛して、其身も自幸福を得べし、人として我が身を愛せざるものなし、故に人を愛することハ、我が身を愛するが如くし、己れの欲《ほっ》せざる所をバ、人に施《ほどこ》すことなかれ、

我が過ちを人より告げ知らせらるゝときハ、其親切を謝《しゃ》し直に改むべし、決して、其人を怒《いか》り又ハ怨《うら》むなどの事をなすべからず、人の過ちハ、知りても知らざるまねして、外に顕《あら》はれざるやうにすべし、若し大なる事なれバ、其人を諫《いさ》めて、改めさすやうにすべし、他人の悪事を擧《あ》げて、我が悪を掩《おお》ひ、罪を逃れんと思ふことなかれ、又人の害となる談話等ハ、決して為すべからず、

悪しき友だちと遊ぶべからず、悪しき友と交はるときは、己れも悪しき人となるものなり、他人を憐れみいたはりて、苟且《かりそめ》にも手暴《てあら》き振舞《ふるまい》等あるべからず、

又鳥獣虫魚の類といへども、必ずいたはりて、無益《むえき》に殺生《せっしょう》することあるべからず、すべて、悪ハ小さき事といへども、必ず為すことなく、善ハ小さき事にても、必ず之を為す為すべし、己れの年長《としちょう》せるを恃《たの》みて、幼《いとけな》き児女を猥《みだ》りに使役《しえき》することハ、甚だ悪しきことなれバ、決して此の如き行ひあるべからず、

第四章

人の業《わざ》にハ、種々ありといへとも、先づ書を読み、字を写し、物を数ふることを學ぶを、第一とす、之れを知らざれバ、何れの業《わざ》をも習ふこと能ハざるものなり、故に人たるものハ、六歳より十四歳までハ、小學校に入りて、學問すべし、小學校は是等の業を授《さず》くる所なり、

何事を學ふにも、勉強を第一とす、勉強せざれバ、上達すること能ハず、一事にても、記《き》し得《え》たる所は、

能く心を用ゐて忘るべからず、初より多く記せんとすれバ、却《かえっ》て忘るゝものなれば、怠なく、日毎《ひごと》に一事を記し得て、忘れざるときハ、自然に多くの事を、記し得らるべし、

覚《おぼ》え悪《あ》しきとて、心を変《へん》ずべからず、他人の一たびする所ハ、百《も》たひもし、他人の十《と》たび習ふ所は、千《ち》たひも習ひて、怠りなければ、必す覚え得らるべし、學校にありて、日々學ぶとき、一々心をとゞめざれバ、何を學ぶといへども、用をなすことなし、故に心を用ゐることの、要用《ようよう》なるところを、左に記して、生徒の心得とす、

凡そ書を讀むときハ、身躰を端《ただ》しくして、書物に對《たい》し、詳《つまびら》かに文字を看《み》、音聲《おんせい》を分明《ぶんめい》にして、讀み、一字を誤らず、一字をも少なくせず、一字をも多くせず、一字をも倒《さかし》まにせずして、能《よ》く諳記《あんき》すべし、

而《しか》して復習ハ、成丈偏数《なるたけへんすう》を多くすべし、凡て偏数を重ねたるものハ、忘れざるものなり、試にいろは、五十音を誦《しょう》することを思へ、いかに忘れんとするも、忘る能ハず、是れ多く偏数を重ねて、讀みし故なり、

講義《こうぎ》ハ教師の口吻《くちさき》を真似《まね》するにあらず、其書中、文章の意味を、解《げ》するを勉むべし、故に講義を聴《き》くにハ、教師の言ふ所は、一事一物といへども、能く心を留めて、之を聴き、意味の解《げ》せざる所ハ、之を質《ただ》し、十分明亮《めいりょう》なるに至るべし、講義は素讀《そどく》に本づくものなれバ、素讀を十分になせバ、其意味は、自然と、暁《さと》ることを得べし、古人も讀書千遍《どくしょせんべん》すれバ、其義自見《みずからあらハ》るといへり、

書を讀むに、三到《さんとう》といふことあり、心到《しんとう》、眼到《がんとう》、口到《こうとう》是れなり、心到とハ、心を能ク書物に留むるをいひ、眼到とハ、眼を書物に留めて、外見《わきみ》せざるをいふ、口到とハ、文字を讀み誤らざるをいふ、此三つの中、心到を最も要用とす、心能く書物に留まれバ、他ハ自然に到るものなり、此の事ハ、讀書のみならず、何事といへども、同じことなり、算術を學ぶときハ、能く数理《すうり》を辨《わきま》へ、問題の如きハ、能く其意を考へ、此数と彼数を乗すれバ、何物となるや、何故に之を除すべきや、何故に之を加ふべきやと、一々考へ覺ゆべし、決し

て疎略《そりやく》に問題を見過《みす》ぐし、又は唯空《くう》に何の見留《みどめ》もなく、除したれば除尽《じん》せざる故に、乗ぜしなど、いふ若きことあるゞからず、

習字のときハ、能く字の形《かたち》、筆の勢《いきおい》等を視《み》て、氣を静かにして、文字を習ふべし、多く草紙《そうし》の数を、習ふのみを以て、善きこと、思ふべからず、一字を書き終らざる内に、墨をつぐべからず、又墨を摩《す》るに、硯の中央のみにて磨るべからず、墨を傾けて磨《す》るも悪るし、

作文課に於ては、先づ書状を送るべき人ハ、己れより目うへの人なりや、目下の人なりやと考へ、言ひ遣《つかい》す事は、何事なる故に、斯《か》く言ひ遣《や》るべしと、預《あらかじ》め思考《しこう》をめぐらして後、筆を下すべし、文の出来《でき》し後ハ、幾度も繰返《くりかえ》し讀みて、意の通せざる處ハ、なきや、文字の誤ハなきやと、一々考へ正すべし、

地理を學ぶには、國々の位置、名山、大川、著名の都府よりして、地勢、風俗、物産等、其大なる事物を諳記《あんき》するを要す、故に一國々々と、熟讀《じゅくどく》、諳記《あんき》して、忘れざるやう、心がくべし、歴史は古今《ここん》の治乱《ちらん》、興廃《こうはい》等を、諳記し其事蹟《じせき》の顚末《てんまつ》を知るを要とす、修身の書ハ唯書物の讀講《どっこう》のみを以て、足れりとせず、我身に行はざれバ、要を為さゞるものなれバ、日々己れの行ひを省《かえり》み、聊《いささ》かにても、道に違《たが》へることあれば、速《すむやか》に改め、以後を慎しみ、戒しむるやうにすべし、

右ハ修身の大畧を、記せしものなれバ、其深意のある所ハ、小學修身訓などにつきて、暁《さと》るべし

大島一雄編のもう一冊の修身教科書『小学修身編』（五七丁　一八七九年）は、二年前に刊行されている。「父子ノ部」一四話、「君臣ノ部」九話、「兄弟ノ部」六話、「朋友ノ部」八話、「倹約慈愛ノ部」八話から構成された徳目主義の教科書である。古今東西の人々の例話を豊富にあげて、子どもに例話から徳目を理解させていく形式をとっている。曰く「和気清麻呂ハ称徳天皇ノ御代《みよ》ノ人ナリ、天皇僧道鏡ヲ寵《ちょう》シ賜ヒシユヱ………」（「君臣ノ部」）、

曰く「フランスノミシエルト云ヘル人ハ葡萄ヲ培殖《ツクル》シテ活計《かっけい》トセリ、其培養《テイレ》ノ候ニ至リ、病ミテ長クハ癒《い》エザレバ……」（「朋友ノ部」）、曰く「宋ノ趙昂発《ちょうこうはつ》、池州ノ太守タリシトキ、元兵池州ヲ攻ル事厳シク……」（「夫婦ノ部」）というような日本・西洋・中国の例話を教師が語り、徳目を教え込んでいったのである。

2　瀬戸清編輯『習礼入門』（一八八二〈明治一五〉年）

＊編輯人瀬戸清―熊本県士族、大津上北国町第三四番地寄留、出版人南強堂島林専二郎、売払所―小川儀平、六丁
一八八二年本教科書刊行時は大津逢坂学校教員。

「緒言」

此冊子ハ家居応対進退ノ大要ヲ録シ　以テ幼童《ようどう》習礼ノ階梯《かいてい》ニ供セントスルノ目的ニ過キサレハ　言語動作ノ細節ニ至テハ　此小冊子ノ能ク尽クス所ニアラス　看者幸ニ諒セヨ

明治十五年五月　編者識

○人と同席するときは長者に上席を譲らざるべからず
○人と同行するときは長者に随《したがひ》て行くべし
○人と同食するときは長者に先つて食うべからず
○長者に交わては奔走《ほんそう》ノ労を辞せず　又其言に□うべからず
○談話するときは人の長短得失を語るべからず

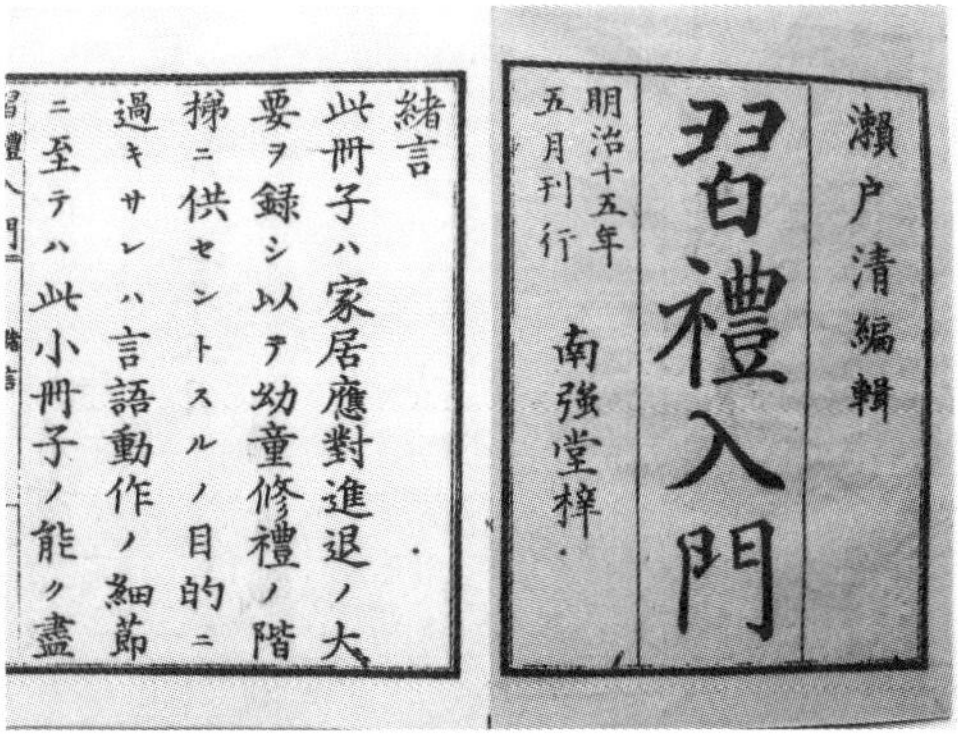
瀬戸清編輯
習禮入門
明治十五年五月刊行　南強堂梓

緒言
此冊子ハ家居應對進退ノ大要ヲ録シ以テ幼童修禮ノ階梯ニ供セントスルノ目的ニ過キサレハ言語動作ノ細節ニ至テハ此小冊子ノ能ク盡

図コラム3-2　『習礼入門』（明治15年）

家居

○朝起きたるときと夜に寝るるときは　必ず父母及び尊長に挨拶すべし
○他に出るときと帰りたるときは一々父母に告ぐることを怠るべからず
○父母或いは尊長の命を承けては速に之を行うべし　決して其意に違うべからず
○階を上下するときは最も静かにして能く足下に注意すべし
○人と対座《たいざ》するときは膝を起て　又は礼を傾くべからず
○飲食の間は談話をなすべからず　又食事ハ務めて静かにすべし

立礼

○人に途上に遭うときハ　先ず冠《かぶ》り物頸巻《くびまき》抔《など》を脱し歩を止め両手を垂れて　丁寧に礼をなすべし
○人に面接するときは　先ず直立して礼をなし　而して後椅子に倚《よ》るべし
○椅子に倚りたる後は　直ちに両手を膝の上に置くべし　肘を杖《つ》き又ハ手を組むハ大に無礼なり
○学校に於て卒業證書等を受くるときハ　肢体を正うして授与者の前　凡そ三尺の処に止まり　一礼して下命を承《う》け　又進んで机前に至り　両手を以て之を受け戴《いただ》き　而して静かに退歩し前の位地（置）に復し再たび礼して去るべし

坐礼

○礼をなすときは　両手を接して　其上に面を俯《ふ》し　腰を起てざるに注意すべきこととす
○尊長の明を承け又ハ啓申するときハ　必ず両手を畳に付くべし
○襖障子を開閉するときは　左手又ハ右手を畳に杖《つ》きて静かに開き　又静かに閉ずべし
○歩むに閾《しきい》を踏むべからず　坐るときは畳の縁を避くべし

○尊長の前に居てハ　欠伸《あくび》し又扇抔《など》を弄《もてあそ》ぶべからず

3　高山直道編輯『高山氏　新撰小学生徒心得』（一八八五〈明治一八〉年）

＊高山直道―長野県士族、滋賀県師範学校教員、滋賀郡大津堅田町二四番地寄留
明治一八年五月一三日版権免許、九月一一日譲受御届、九月一六日刻成発行、一二丁
出版人：京都・杉本甚介、専売人：大津・小川儀平、金五銭五厘

第一章
○朝ハ　太陽に先ちて　起き　食事終らバ　学校に出る　用意すべし
○学校に　行く時は　必父母に告げ　帰りたるときも　亦告ぐべし
○往返　途中にては　犬を嗾《けしか》け　或ハ　田畠に入りて遊び　或は途上にて　戯《たわむれ》るべからず
第二章
○教師は　父母に代りて　吾を教える者なれバ　常に　之を尊敬すべし
○教師の教に従へバ　智識を得　智識なければ　鳥獣に等し
○学校にありてハ　能く規則を守り　教師の命に　背くことなかれ
○教場にては　雑語《ざうご》せず　業に就きては　心を　専一にすべし
○学校にありてハ　能く学び　家に帰りてハ　復習すべし

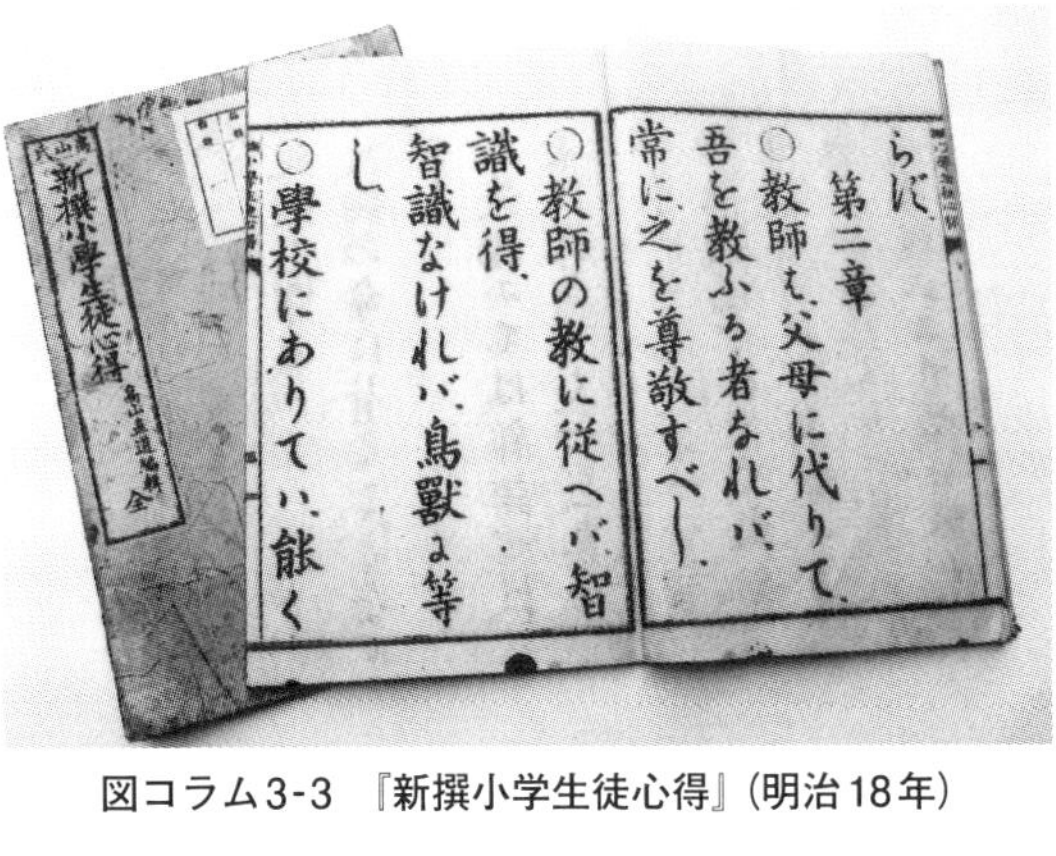

図コラム3-3　『新撰小学生徒心得』（明治18年）

○書籍器械は　大切にし　或ハ汚し　或ハ毀《こぼ》つべからず
○危き遊びと　悪き戯は　なすなかれ

第三章

○我を生み我を育ひ　我を教えるものは　父母なり　故に　父母の教は　之を守り　其恩を　忘るべからず
○能く父母に事へて　順なるは　孝の始なり
○父母呼ふときは　直に立ち　父母の命は　快く行うべし
○父母病あるときは　心を尽くして　介抱すべし　人として　不幸ならバ　鳥獣にも劣るべし
○祖父　祖母　おじ　おばハ　皆父母と同しく　敬い事うべし
兄姉は　弟妹を　愛し　弟妹は　兄姉を　敬すべし
兄弟　相親愛するときは　他人の侮を　受ることなし

第四章

○信実は　朋友　相交るの道なり
○虚言を吐く者ハ　人に憎まれ　多言なる者ハ　人に忌まれる
○人の善き事ハ　之を学び　人の悪き事ハ　倣《なら》うことなかれ
○己より　長する者ハ　之を敬い　己より　幼き者は愛すべし
○同校の生徒は　相親み　愛憎を　なすべからず　決して　人と争い　闘うことなかれ

第五章

○坐作進退は　正くし　座する時ハ　体を屈めず　机に対しては　凭《もたれ》ることなかれ
○戸の開閉は　静にし　戸内にては　疾走《しっそう》せず　又喧呼《けんこ》せず

○門戸を　出入する時は　人と先を争うなかれ
○食する時は　談話せず　又他を　顧視《こし》すべからず
第六章
○食物ハ　進退を養うものなれども　間食は身に害あり
○極て熱く　極て冷き物ハ　歯を害す
○水と牛乳ハ　健康に益あり　茶は　利害少く　酒ハ　害多し
○菓子　果物ハ　多く食すべからず
○汚れたる衣は　必洗い　湿たる服ハ　能く乾すべし
○運動は　身体を　壮健にし　沐浴《もくよく》は　養生に利あり
○炎暑と　極寒には　身をさらすべからず
○睡眠ハ　必用なれとも　朝寝と　午睡は　身体に害あり

「凡例」
一　本書ハ　小学初等科第六級第五級ニ在ル児女《じじょ》ニ　修身ノ一端ヲ知ラシメンガ為メ　編輯セシモノトス
一　初等科第六級生ニハ本書ノ主意ヲ口授シ　第五級生ニハ尚誦読セシムルモノトス
一　古人ノ言行又ハ事実ヲ以テ　本書ノ主意ヲ敷衍《ふえん》シ勉メテ児女ノ特性ヲ　感起《けんき》センコトヲ要ス

第3部

滋賀の授業史・カリキュラム史

第10章　明治期の歴史・地理授業と学校行事

1　一八七五（明治八）年五月の附属小学校の創立・開校

(1) 附属小学校の創立

一八七五（明治八）年六月一日に滋賀県小学教員伝習所が大津上堅田町に設立された。これに先立つ五月大津町内の小学校から生徒二〇名を募集し、伝習生の実地授業を行う附属小学校が創立された。滋賀県師範学校附属小学校の開校である。小学校教員への新しい教授法の伝習期間は当初六〇日間、後に一〇〇日間であった。伝習生は小学校教科書の講習を受けた後、附属小学校で実地授業をして試験後に県下各校に戻っていった。最初の教員は伝習所教員の横関昂蔵《よこせきこうぞう》があたり、打出浜学校柴田孟教《しばたたけのり》、開達学校大津観浄《おおつかんじょう》、明倫学校山崎真三《やまざきしんぞう》の三名が伝習所事務兼任として加えられた。

学校の名称は一〇月滋賀県師範学校、一八七七年三月大津師範学校、一八八〇年四月再度滋賀県師範学校の附属小学校と改められていく。伝習学科の期間も一八〇日となり、二年間の師範学科もできていく。ここに現職教員の伝習を主とする教育と師範生の養成教育の二本立てで師範学校教育が行われるようになった。伝習学科生は最後の三〇日間を、師範学校生は最後の六カ月間を、附属小学校で実地授業を行った。

附属小学校は、滋賀県の定めた教則校則に従って学校運営を行っており、教科書も県教則表のものを使用した。この時期の附属小学校の生徒数は、表10－1の通りである。下等小学、普通科、下等科、初等科などの下学年の生徒が圧倒的に多く、在学年限があがるにつれ退校していった。在学生徒の多数は一～二年間、長くて三～四年間であり、等級制のもとでの試験制度が厳しいこともあって修学期間は短かった。

一八八二（明治一五）年度にやっと附属小学校の専任教員の体制ができた。前年度まで「監督教員一名」がおかれただけであり、しかも師範学校教員の兼務であった。正規の小学校教員資格を持った附

表10-1　明治初期の附属小学校の生徒数
—1878～84（明治11～17）年—

	下等小学	上等小学	計
1878（明治11）	32名(男14、女18)	56名(男49、女7)	88名(男63、女25)
1879（明治12）	124名(男68、女56)	32名(男30、女2)	156名(男98、女58)
	普通科	高等科	
1880（明治13）	97名(男48、女49)	32名(男25、女7)	129名(男73、女56)
	下等科	中等科	
1881（明治14）	52名(男21、女31)	54名(男41、女13)	106名(男62、女44)
	初等科	中等科	
1882（明治15）	68名(男32、女36)	41名(男34、女7)	109名(男66、女43)
	初等科	中等科	高等科
1883（明治16）	48名(男31、女17)	62名(男61、女1)	11名(男11名)
	計	121名（男103、女18）	
1884（明治17）	99名(男51、女48)	101名(男95、女6)	3名(男3名)
	計	203名（男149、女54）	

（出典：各年12月調査『滋賀県師範学校』第2年報～第8年報　明治11～17年より作成）

表10-2　1884（明治17）年12月末調査の「校員進退表」

	准官	本務	兼務	月俸	在職
岡島常三郎	12等	2等助教諭	3等訓導	15円	1年6カ月
辻　勝太郎	12等	2等助教諭	3等訓導	15円	1年4カ月
野村音吉	13等	3等助教諭	4等訓導	14円	1年6カ月
太田幾太郎	13等	3等助教諭	4等訓導	14円	1年1カ月
増田正章	13等	3等助教諭	4等訓導	14円	6カ月

（出典：『滋賀県学事』第12年報「滋賀県師範学校第8年報」1884〈明治17〉年より作成）

属小学校教員として、七～九月に岡島常三郎、野村平吉、澤村捨治郎、辻勝太郎が、一二月に太田幾太郎が採用された。翌年一八八三年に澤村にかわって増田正章が採用され、ここに附属小学校の教員組織が整備され、学校運営の体制が固まった（表10－２）。

(2) 明治初期の附属小学校の授業のようす

江戸時代の寺子屋では、お師匠さんの前で一人一人の子どもが各自学習してきたことを見てもらい、出来た子はより高いレベルのお手本をもらい、上級に進んでいくという個別学習であった。明治の小学校は教場（教室）で一斉に同じ教科書を使って学んでいく一斉学習にかわった。単語図や連語図、九九表などの掛図や絵図、表が多く用いられた。欧米で行われた「開発教授法」という事物に即した教え方が紹介され、「問答法」という教授法が取りいれられた。教科書の前半部分を「問い」とし、後半を「答え」とする問答体で授業が行われ、教案（指導案）を作成して注入的な授業を行い、暗誦させた内容を発表させた。

明治の子どもが学ぶ内容は、寺子屋時代での「読み・書き・算」の生活実用的な知識だけでなく、近代社会で生きる人間としての知識であった。当初は欧米の教科書の翻訳調のものが多く、修身（道徳）、歴史、地理、物理、化学、博物（動植物・鉱物）、生理、簿記など、近代の資本主義社会で必要な知識を盛り込んだ教科書が発行された。同時に、郷土の郡村名、町名をはじめ、滋賀県管内の郷土地理の教科書が多数編集され、県下の小学校で使用された。大島一雄（大津開達学校首座教員）、河野通宏・高山直道（ともに滋賀県師範学校教員）などが編輯した小学読本、修身書、地理書の教科書が郷土の出版社から刊行され、子どもに身近な郷土に関する知識を広めた。

附属小学校では、一八九〇（明治二三）年より修身、作文、習字、算術、理科、歴史の六科の教授細目が、編纂され始める。教授細目とは、各学年の教授内容と授業展開の事例であって、指導計画案の冊子といってよい。

教員は月一回の定例の協議会を開き、教育実習生（教生）の実地授業の批評会を行っており、また、毎月二回互いに研鑽《けんさん》し合うための教授法の研究会を行っていた。

2　明治中・後期の学校行事・学級編成・時間割・教科書

(1)　校外運動や修学旅行の始まりと学級編成、学級定員の変遷

一八八九（明治二二）年に実施された附属小学校の校外運動は、京都へ二回、石山へ二回、坂本へ一回である。京都府教育品展覧会や神崎、愛知郡の教育品展覧会へ出かけたり、動植物採集のため、校外学習へ二回、紡績会社の見学一回を実施している。修学旅行はこの年初めて実施し、二泊以上の旅行として一一月高等科有志生徒を引率し、師範学校本科生とともに山上地方に旅行した。歴史学習の参考に史跡を尋ねる旅行であった。修学旅行が伊勢神宮の参拝になっていくのは、一〇年後の日露戦争後であった。このころは滋賀県内の小学校は、大半が近代都市（大阪・名古屋）の工場見学、勧業博覧会見学や軍事施設（敦賀、大津）の見学を行っており、遠足はあくまで徒歩旅行の「遠行運動《えんこううんどう》」が主流であった。

一八九七（明治三〇）年の附属学校の学級編成と学級定員は、次のようであった。尋常小学科第一学年、第二学年は各一学級づつ、第三学年・第四学年で一学級、高等小学科第一学年から第四学年までで三学級、合計六学級を設置している。

前年の一八九六（明治二九）年は第一学年・第二学年で一学級を編成しており、一学級増となった。尋常小学科第三学年・第四学年の学級定員は、前年の八〇名から七〇名に減員したので、一八九七年度の生徒現員は尋常科生一四四名、高等科生七六名、計二二〇名であった。なおこの他に、単級学級五〇名（男三三名、女一七名）が

設けられていた（『滋賀県師範学校六十年史』一九三五年）。

一九〇四（明治三七）年になると、学級編成や生徒数に大きな変化が出てくる。県下小学校に存在する単級学級、複式学級、学年別などあらゆるタイプの学級を附属小学校内に設置して、それぞれの学級教授法の研究を行うためであった。滋賀県令第一〇号で、附属小学校の任務は「本校生徒ヲシテ児童教育ノ方法ヲ練習セシメ兼テ小学校教育ノ諸般ノ事項ヲ研究スル」こととした。表10－3に見るとおり、生徒数も大幅に増加している。尋常科生三六九人、高等科生徒二五七人の合計六二六人となった（『滋賀県師範学校附属小学校一覧』一九〇四年）。

(2) 附属小学校教員による『新撰近江地誌』の編集

明治後期に子どもが興味・関心をもって、郷土の地理や歴史を学ぶ教育が行われた。附属小学校教員が編集した『新撰近江地誌』（一九〇二〈明治三五〉年）は、子どもの興味・関心にそって滋賀県の郷土地誌を学ばせようとした教科書であった。執筆者は、附属小学校訓導山本萬治郎《やまもとまんじろう》、鈴木治太郎《すずきじたろう》、豊田穣《とよたゆたか》、日向清蔵《ひゅうがせいぞう》の四名で、主事の山松鶴吉《やままつつるきち》が校閲している。郷土地誌は、すでに『小学近江地誌』（一井寿衛雄著）、『近江地誌』（滋賀県私立教育会編）、『近江地誌』（宗宮信行著）などが発行されていたが、県地誌の概観を述べ、一二郡の位置、地勢、市町村、交通などを記述するスタイルであった。

四訓導が編纂した『新撰近江地誌』の郷土地理教科書は、子どもが鉄道、汽船に乗って琵琶湖の周りを一周す

表10-3　1904（明治37）年の学級編成と生徒数

第１学級	尋常科第１学年	男 31 人、女 28 人	計 59 人
第２学級	2	男 43 人、女 32 人	計 75 人
第３学級	3	男 57 人	計 57 人
第４学級	4	男 71 人	計 71 人
第５学級	３・４学年	女 51 人	計 51 人
第６学級	１・２・３・４学年	男 32 人、女 24 人	計 56 人
第７学級	高等科第１学年	男 35 人、女 29 人	計 64 人
第８学級	2	男 32 人、女 14 人	計 46 人
第９学級	3	男 28 人	計 28 人
第10学級	１・２学年	男 62 人	計 62 人
第11学級	３・４学年	男 29 人	計 29 人
第12学級	１・２・３・４学年	女 28 人	計 28 人

（出典：『滋賀県師範学校附属小学校一覧』1904 年より作成）

る形で、自然、産業、町村の特色を叙述する斬新なスタイルである。旅行体スタイルという子どもの興味・関心に合わせて書かれており、「吾等のすめる近江国は、湖山の景色すぐれ、土地も肥え、汽車や汽船の便利がよくて、まことによき国であります。いざこれから、大津をたってこの国の旅行をしませう」から始まる。

大津から汽車で膳所《ぜぜ》町、粟津《あわづ》が原、瀬田《せた》の唐橋《からはし》に向かい、ぐるりと琵琶湖を廻って高島郡勝野《かつの》から汽船に乗り堅田《かたた》町で上陸し、大津に戻ってくる。

後半は、「1　位置ととなりの国々と、2　国の広さ、3　一市一二郡、4　土地の高い低いのありさま、5　川につきて、6　琵琶湖、7　気候と地味と、8　人民の業、9　物産、10　住民と学校と、11　交通、12　県税」の順で説明している。

「近江の国は近年山の木を切り過ぎて、はげ山が方々に出来ましたから、何時とナシに砂や石を流し出して、川が浅くなったので、昔しとは水害がひどくなりました。故に山の木をきりすぎてはなりませぬ」という環境問題への警告の文章も書かれている。

(3)　明治末年の時間割表と国定教科書の使用

一九〇〇（明治三三）年の「小学校令」で全国の学校の教科が決められた。尋常小学校の教科は修身、国語、算術、体操、裁縫（女児）、手工で、他に適宜に図画、唱歌を加えることになった。高等小学校は尋常小学校の教科に加えて、日本歴史、地理、理科、農業（男児）、商業（男児）、随意科の英語（男児）を教えることとなる。

一九〇三（明治三六）年は教科書制度が変わり、国定教科書が発行された年であった。日露戦争の前年に教科書国定化が実施されたのは、国民意識の統合化を図る強いねらいをもったものでもあった。すべて文部省発行本になったかというと、そうではなく編纂発行が間に合ったものだけであった。修身、読本、書方、日本歴史、地理が国定教科書となり、このうち尋常科は修身、読本、書方の三教科であった。

『尋常小学修身書児童用』巻二―四、『高等小学修身書』巻一―四、『尋常小学読本』巻一―八、『高等小学読本』巻一―八、『尋常小学書キ方手本』七冊、『高等小学書キ方手本』八冊。高等小学校用で歴史科の『小学日本歴史』四冊、地理科の『小学地理』四冊。算術に関しては、滋賀県彦根出身の小林義則（文学社社長）の『小学新算術高等科用』五冊を使用し、図画では図画研究会編『新撰毛筆画』八冊を、英語科はイーストレーキ著『新撰英語学教科書』一冊を使用している。

3　明治後期の歴史・地理授業と運動会・学芸会

(1) 国定第一期の歴史・地理授業

一九〇四（明治三七）年に滋賀県師範学校附属小学校は、『国定小学教科書各科教授細目』（文泉堂）という本を刊行した。修身、国語、算術、歴史、地理、手工、図画、唱歌、裁縫、体操の各教科の教授細目をまとめたものである。実地の授業研究をふまえた「当校使用の教授用具案」であるとしており、

表10-4　明治30年代（1897～1906）の附小の時間割

	第１学級（尋１男）						第３学級（尋３男）					
	月	火	水	木	金	土	月	火	水	木	金	土
1	算術	修身	算	修遊	算	算	算	算	国	算	修	国
2	遊戯	遊	国語	国	国	修遊	国	修	算	国	算	算
3	国	国	手工	国	国	国	体操	手	国	手	体	国
4							国	国	書方	体	書方	
5							書方	体		国	国	
	第６学級（尋３・４女）						第８学級（高１・２男）					
	月	火	水	木	金	土	月	火	水	木	金	土
1	国	修	算	国	修	算	修	国	算	修	算	算
2	算	国	国	算	算	体3裁4	国	算	国	国	体	国
3	書方	算	体3裁4	国	体	国	英1手2	体	体	手1英2	国	唱歌手1
4	国	国	国	書方	国		英2	地歴	地歴	英1手2	国	書方
5	裁3体4	体		裁3体4	書方		理科	国	書方	理		
6								図画		国		

＊遊＝遊戯、修＝修身、手＝手工、体＝体操、唱＝唱歌、裁＝裁縫、英＝英語

（出典：『小学校事彙』教育学術研究会　1904年より作成）

理科、商業、農業は既に発行済みだと書いている。

緊急に出版したのは、この年から教科書制度が検定制から国定制になり、広く県下の小学校の教員の参考に供するためであった。歴史科と地理科の高等科第一学年の授業は、四月最初の単元として校区のある膳所《ぜぜ》の歴史、地理からはじめている。明治三七年当時は尋常科四年、高等科四年であり、歴史、地理、理科、商業、農業は高等科の科目であった。

明治末年の附属小学校は四学期制をとっており、四月一日から六月一五日まで、六月一六日から一〇月一五日まで、一〇月一六日から一二月三一日まで、一月一日から三月二一日までに分けられていた。

学級編成は完全に男女別クラス制になっており、尋常科一年から四年まで男組の四学級、女組の一・二年、同三・四年の二学級、一年から四年の男組の一学級、高等科一年と二年男組の二学級、男組一・二年、同三・四組の二学級、一年から四年の女組一学級の合計一二学級であった。

近代学校になっても男女別組の制度が採用されたのは、江戸時代以来の儒教思想の影響であった。また、附属小学校の学級編成が単級学級、複式学級、単学年学級など多くの種類の学級を作っていた。これは明治末年の滋賀県下に存在した小学校のあらゆる学級での教授法を研究するためであった。全国の附属小学校でも、多くの種類の学級を設置していた。

さて、歴史科と地理科の国定教科書では、歴史科が「天照大神《あまてらすおおみかみ》」、地理科が「日本地理総論」から始まることになっていた。しかし、附属小学校の教授細目では、「天照大神」・「日本地理総論」に入る前に、郷土の歴史、地理を最初の各三時間で扱っており、これは同校独自のカリキュラムである。教科書の国定制度導入後もカリキュラム編成として、郷土（大津・膳所町）の歴史、郷土の地理→日本の歴史、地理→外国の地理となっており、明治二〇年代までの郷土史、郷土地理→日本の歴史、地理→外国の地理の原理を不十分ながらも引き継いでいる。

この原理は、戦後の社会科カリキュラム編成にも共通した、同心円拡大論によるカリキュラム構成の原理であったとも評価できる。

歴史科の最初に膳所町付近の郷土史を教える意義と方法について、附属小学校は次のように説明している。「年代変遷《ねんだいへんせん》等に関する本科の基本観念《きほんかんねん》を得《え》しめんため」であり、「教材を近代より古代に遡《さかのぼ》りて排列《はいれつ》したり、教授者は児童を引率《いんそつ》して其場所に臨《のぞ》み各要項につきて説《せつ》話《わ》し、かくて年代変遷等に於ける観念を得しめんことを要す」。

教授要項の備考には、膳所町の沿革として、古代には「陪膳浜《ばいぜんはま》あるいは膳所崎《ぜぜがさき》」と言われた人家もない湖水の浜であったが、「天子の御供」として魚や米を出して「浜田村」と称した御厨《みくりや》になったことを説明している。膳所の城について、慶長六年に大津城の遺材《いざい》を移築したこと、藤堂高虎《とうどうたかとら》、戸田一西が封ぜられた後に本多氏が支配したこと、譜代大名の本多氏が世襲したが一八六九（明治二）年に奉還し、一八七〇（明治三）年に城郭を毀《こわ》し、一八七一（明治四）年に廃藩したことを述べている。さらに明治維新に際し、一一人の勤王派藩士を自刃《じじん》させ、維新後に招魂社《しょうこんしゃ》をつくったことも述べている。現在の膳所町の戸数千五百余戸、人口七千三百余人と書いている。

一八九一（明治二四）年の「小学校教則大綱」では、小学校歴史科の目的は尊王愛国の志気を養うことにおき、天皇に忠誠を尽くした人物主義の歴史教育を行うとした。国定歴史教科書の編纂にあたっては、この方針をいっそう確定していったのである。同時に、国定制になってから、それまで教則大綱で採用されていた「郷土の史談《しだん》よりはじめて日本歴史に至る」歴史教育内容は廃止されてしまった。だが、附属小学校では、日本歴史授業の入門に位置づ

表10-5　歴史科高等科１年「膳所町付近の歴史」（３時間）

1	膳所町の沿革……イ　古昔の有様、ロ　膳所の城、ハ　維新の当時、ニ　現在の膳所町
2	粟津ケ原…………イ　木曽義仲と源頼朝との事、ロ　粟津ケ原の戦、ハ　今井兼平の事
3	瀬田川……………古、此川を挟みて屢々（しばしば）戦争のありしこと
4	建部神社…………イ　建部神社の祭神、ロ　日本武尊の御事蹟

（出典：『国定小学教科書各科教授細目』文泉堂　1904年）

けて、あくまで郷土の歴史を学ばせようとしたことがわかる。

教授細目編輯にあたり、地理科の教育は「実地《じっち》の観察《かんさつ》を基本として将来の教授事項を想像理解」させるものなので、「郊外に児童を引率」して基本観念を養うことが大事であるとしている。郷土地誌の五時間のうち、第三週の二時間は実地と地図を位置づけた授業展開としている。

授業者は、「1　膳所町の位置・戸数・人口、2　大津市の戸数・人口、3　学校より大津市までの距離、4　膳所町附近の地勢、5　地勢と物産及び職業との関係、6　瀬田川と灌漑《かんがい》・運輸との関係」の順に、実地観察を取りいれて教授活動を展開した。教具としては「膳所町附近の地図」をあげている。往復に時間がかかり予定時間を越える時は、体操の時間を組み入れて3時間扱いにするとした。3の事項では、「初めに学校より茶臼山《ちゃうすやま》までの距離を歩測《ほそく》せしめ、次に学校より馬場停車場を目測《もくそく》せしむべし。学校より停車場まで大人の歩測では千四百歩なり」と書いている。

(2) 明治後期の運動会と学芸会の様相—学校行事のようす

附属小学校では一九〇三(明治三六)年度には、運動会は五月下旬と一一月上旬に開催されており、学芸会は学業練習会の名称で二月下旬に行われている。談話練習会が、四月、五月、七月、九月、一〇月、一一

表10-6　地理科高等科1年「膳所町とその附近の地誌」(5時間)

1	学校—方位、距離、面積。 校地—校舎の位置、運動場、排水等。
2	膳所町…………膳所町の歴史、発達、生活の便否と交通、人民と役場、地勢と生業
3	馬場停車場……鉄道線路、旅客の来住と貨物の集散、停車場附近の発達、居住者の職業の種類
4	茶臼山附近……山脈、峠、谷、谷と道路、森林と雨水保蓄、薪堀川と排水、流域、分水及び水力利用、人類の集合を促すべき天然上及び人事上の関係(土地の肥痩、交通便否等)〈粘土をもって模型製作、同断面図、地図製作、地図の見方〉
5	琵琶湖………水源、湖上の交通、港の発達、水力利用、魚類、漁撈法、湖辺の風景
6	大津市………県庁、市役所、兵営、三井寺、市の諸会社、交通
7	石山南郷附近……石山の水蝕、大戸川の土砂、河川浚渫、運送、大日山の切割工事

(備考) 末項、石山南郷附近は春季郊外教授の際に教授すべきものとす。
(出典：前掲『国定小学教科書各科教授細目』)

月、一二月、二月、三月の九回行われ、遠足も四月、五月、六月、七月、九月、一〇月、一一月、一二月、三月の九回実施されている（教育学術研究会編『小学校事彙《じい》』同文館　一九〇四年）。

春季運動会のプログラムから明治末年の運動会のようすがどのようであったかを見てみよう。運動会は唱歌「君が代」斉唱二回から始まり、「会長演辞《えんじ》」が行われ、児童の登場する運動会競技に入る。以下には四七番の番組が行われ、尋三・四年の普通体操、尋一から四年及び尋単全男の徒歩競争、続いて尋一・二年女の「開《ひら》いた開《ひら》いた」、三・四年女の旗送り、高全女の唱歌（人形）になっている。次から暫《しばら》く高等科の出し物になり、男子の千鳥《ちどり》競争、円形交叉《えんけいこうさ》遊技、二人三脚競争、螺旋《らせん》競争、女子の徒手体操、旗送り、唱歌（朋友）などが行われた。ここまでで一六番で、プログラム全体の三分の一である。

再び、尋常科の児童の出し物が行われた。尋一・二女の花形旗送り、三・四年女及び三年男の徒歩競争、尋二男の花咲爺《はなさかじい》、同一男の桃太郎、高一男の唱歌（散歩）、高全女のカリドニアン、高三・四男の千鳥競争、高二男の突喊《とっかん》、高一・二男の二人三脚競争、高一男の徒歩競争となり、ここで昼食休憩となる。

午後の最初は高等科男子全員の兵式柔軟体操《へいしきじゅうなんたいそう》である。尋一男の旗送り、二年男の旗取などに続いて、高三・四男及高全女の唱歌（月）、尋四男の箱根八里《はこねはちり》、尋一・二女の花送り、尋単全男の四色競争、尋四男の弥次郎兵衛《やじろべえ》おとし、尋三・四女の行進遊技、高全女のカリドニアン、児童全員の唱歌（ワシントン）、高一男の源平《げんぺい》と続く。四一番以降は、高一・二男の徒歩競争、高二男の螺旋遊技、高三・四男の徒歩競争（三周）、尋常児童男と続く、高等科児童男の綱引きまでで児童の出番は終わる。続く来賓、職員の演し物《だしもの》ですべてが終わる。

このように運動会の中身は、徒歩競争や二人三脚競争、螺旋競争、千鳥競争など体力競争的な内容、花咲爺、桃太郎、箱根八里、源平など遊技や舞踏劇的な内容、あるいは人形、朋友、月、ワシントンなどの唱歌を歌う内容などが目を引く。体操では普通体操、徒手体操、兵式柔軟体操など、多様な体操が準備されている。「カリドニアン」とはどのような演技か不明である。

一九〇四（明治三七）年から〇五（明治三八）年は、日露戦争の行われた年である。日露戦争後になると、学校教育が急速に国家主義的な思想で覆われるようになる。天皇制的な学校行事に編成されていく。運動会行事の面で軍国主義的な兵式体操や体力競争が増えていく。また、修学旅行でも史跡見学や大都市社会見学から伊勢神宮に切り換えられていった。

明治三七年度学芸会プログラム（一九〇四年二月）から、当時の子どもたちの一年間の学習のまとめである「学業練習会」の発表内容を見ていく。学業発表会の演《だ》し物は三部構成からなり、各回の演目は「A　談話、B　朗読、C　唱歌、D　理科実験」の四類型に分類できる。

学芸会は明治期においては、一年間の学業成果の発表会であった。国語読本の教科書や修身教科書の教材内容を「談話《だんわ》」の形で発表したり、「朗読《ろうどく》」の形態で発表したり、また唱歌教材や歴史教材内容を「唱歌《しょうか》」という形で表現させている。「理科実験《りかじっけん》」を模範的な示《じ》

表10-7　第1回滋賀県師範学校附属小学校学業練習会番組

第一回練習（自午後0時半至1時45分）

1　金剛石（C）、2　露国に就きて（A）、3　熊の大食（A）、4　豊臣秀吉（B）、5　楠公訣別（C）、6　おくめという女の話（A）、7　兄弟の情（A）、8　瀬戸物の由来（A）、9　八州の民（C）、新井白石（A）、11　熊谷敦盛を討つ（B）、12　信用（A）、13　艦隊（C）、14　威海衛の攻撃（A）、15　ちゝはゝとせんせいのごおん（B）、16　少年の覚悟（A）、17　雷電（D）、18　婦人従軍の歌（C）

第二回練習（自午後2時至同2時45分）

1　春日局の前半生（A）、2　父母の恩（B）、3　兎と亀（A）、4　静御前（C）、5　鎌倉の話（A）、6　塩の話（A）、7　源頼朝（A）、8　大和桜（C）、9　光圀公の仁慈（A）、10　楠正成（B）、11　赤十字の由来及び組織（A）、12　排風機（D）、13　我海軍（C）

第三回練習（自午後3時至4時）

1　牛若丸（C）、2　山内一豊とその夫人（A）、3　正直屋（B）、4　近江聖人（B）、5　松梅（C）、6　楠公（A）、7　皇恩（B）、8　源頼朝（A）、9　箱根八里（C）、10　黒鉄屋（A）、11　徴兵（B）、10　呼吸器の構造及びその衛生（A）、13　吉野山（C）、14　対話、15　活動写真に就きて（A）、16　物の落つる有様（D）、17　才女（C）、18　万歳（C）

（出典：『小学校事彙』教育学術研究会　1904年より作成）

範《はん》で示させたりしている。当日の三回にわたる全四九演目のうち分類別では、談話一二、朗読九、唱歌一四、理科実験三、対話一となっている。

唱歌は生徒全体、尋常科、高等科の男児全体、女児全体とかあるいは男生一〇人、女生一六人になっている。理科実験は三つとも高等科四年が報告しており、談話や朗読では、尋常科から高等科の各学年から代表者が発表を行っている。

4　明治後期の学校儀式と女子師範学校附属校の開校

(1)　天皇制教育の儀式内容

一九〇一（明治三四）年四月に制定された「附属小学校規則」（滋賀県令第四〇号）によると、学期は四学期制をとっており、第一学期（四・一～六・一五）、第二学期（六・一六～一〇・五）、第三学期（一〇・一六～一二・三一）、第四学期（一・一～三・三一）であった。附属小学校規則には、次のような儀式をあげている。「一月一日の式、紀元節、勅語下賜《ちょくごかし》記念日、創立記念日、入学式、證書授与式、職員送迎式、教生交代式、始業及び終業式」。天皇が教育の根源を指し示したとされた「教育勅語」は、戦前の学校ではもっとも重視され、奉安殿《ほうあんでん》に置かれた。一〇月三〇日の教育勅語下賜《かし》記念日式典の順序次第は、次のようである。児童・教生・来賓参観人が入場、ついで学校長が入場、全員で唱歌（君が代）を二回合唱する。次に学校長が勅語を奉読《ほうどく》、全員起立して「式頭謹聴《きんちょう》」し、奉読後に唱歌（勅語奉答《ちょくごほうとう》）を歌い、終わって主事の講話、児童総代の感詞《かんし》と続く。学校長が式完了を告げ、学校長・主事・来賓が退場する。

附属小学校は明治末年に生徒数が大幅に増加し、校舎が手狭になっていた。一九〇〇（明治三三）年に膳所で新築中の滋賀県師範学校本校の校舎が落成したのに伴い、一九〇二（明治三五）年に本校内敷地に附属小学校校舎が新築され、一〇月二〇日に移転した。

(2) 女子師範学校附属小学校の開校

『滋賀県女子師範学校附属小学校沿革史』によると、一九一〇（明治四三）年四月に大津東尋常小学校の尋常科一年生から六年生までと大津尋常高等小学校の高等科一・二年生をもって、女子師範学校の代用附属小学校を開設し、翌年一九一一（明治四四）年に正式に附属小学校の開校式と入学式を行っている。尋常科三年・四年は男女別の複式学級に編成して、尋常科六学級、高等科一学級の計七学級で出発した。

女子師範学校附属小学校の学級編成は、戦前から戦後直後の一九四九年の統合まで尋常科六学級で基本的に変わらず、高等科のみ一九二五（大正一四）年に一学級増となり八学級になっている。

この時期の教育実習は、ほぼ二カ月間実施されている。代用附属小学校では一九一〇年一一月七日～一九一一年一月二一日と一月二三日～三月二一日の二期で行っており、開校初年度の一九一一年度の教育実習期間は四期に分けて行っている。一期の教生は入学式の四月八日～七月一日、二期は七月三日～一〇月三〇日、一〇月三〇日～一二年一月二二日、四期は一月二二日～三月二三日であり、実習期間も二カ月以上に延びている。

滋賀女子師範学校附属小学校は、その後戦時下の一九四三（昭和一八）年に男女師範学校の統合により滋賀県師範学校女子部附属小学校となり、校名を改称する。戦後の一九四九（昭和二四）年九月の滋賀大学学芸学部の創立まで、男子部附属校とともに県下で教員養成と教育研究の重責を担っていった。

第11章　大正新教育運動の展開——「直観科」の授業と郷土教育

1　『赤い鳥』の中の子どもの綴方・自由詩

大正時代から昭和初期にかけて鈴木三重吉、北原白秋らは、日本で初めて子どものための雑誌を創刊、発行した。一九一八（大正七）年に創刊された『赤い鳥』は、すぐれた童話や童謡、児童向けの小説、詩などの作品を掲載したばかりか、全国の子どもたちに綴方・作文、詩、絵画などの投稿を呼びかけ、多くの子どもの作品を載せた。当時、子どもの自由な表現力を伸ばそうとした小学校教師たちは、自費で何冊か購入して教室に備えて、読ませたり作品づくりをしたりして、子どものしなやかな知性と感性を育てようとした。

『赤い鳥』には、滋賀県の児童の作品が、綴方・作文三〇編、自由詩四二五編、自由画一六点の合計四七一編が掲載されている。師範学校附属小学校（男子附属小学校と略す）の子どもの作品も多数掲載されており、綴方二編、自由詩六編、自由画一点の計九編が掲載されている。女子師範学校附属小学校（女子附属小学校と略す）の子どもの作品は、児童詩三編である。

尋常科三年生の下村満一君の「頭かり」の詩は、父にバリカンで頭を刈って貰った時の情景を書いたもので、選者北原白秋が第二推奨《すいしょう》にした詩である（『赤い鳥』第六巻第四号　一九二一〈大正一〇〉年三月号）。

「きのふはうちにおとうさんがゐた。
私はかじやのまへに遊んでゐた。
おとうさんがよびにきた。
あたまをかつてやらうといつた。
ぼくははしつてかいつて来た。
弟はかつてもらうて泣いてゐた。
なみだが目にたまつてゐた。
私はだいにすわつてなかなんだ。」

お父さんがバリカンで丸坊主に散髪してくれる。鍛冶屋の前での遊びから、うれしくて急いで帰った。もう弟が頭を刈ってもらっていたが、髪の毛がバリカンに引っかかったか涙目になっていた。自分は兄でもあり、珍しく父が刈ってくれるので、泣かずにがんばったという詩である。目の前に情景が浮かぶようである。下村君の父への思いや弟の前での兄の誇りがじかに伝わってくる良い詩である。

同じ号には、男子附属小学校の同じ三年生の児童詩が、四編も載っていた。

清水好輝君の詩「冬が来た」

「大さむ小さむ。／僕もさむいが兄さんもさむい。／いもうとがさむけりや、／おかあさんもさむい」

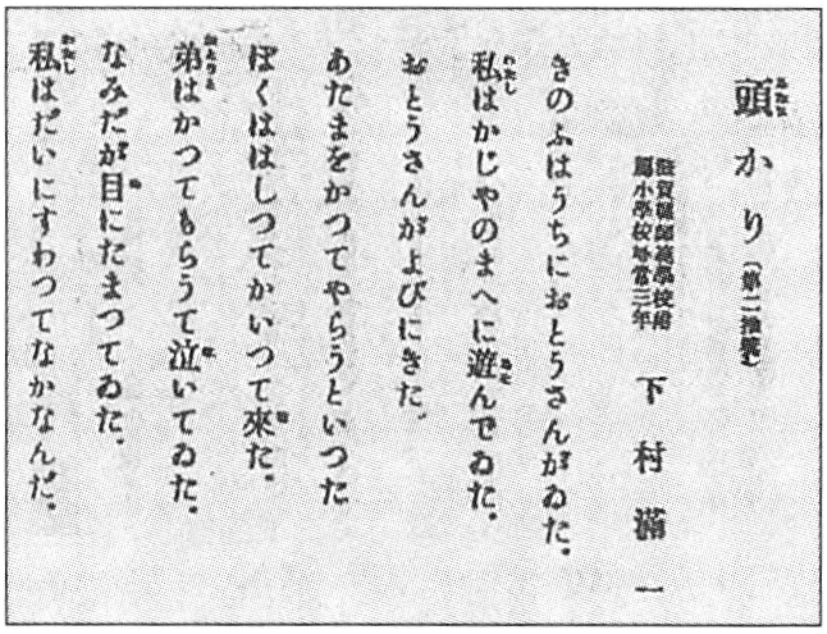
頭かり（第二推奨）
下村滿一
きのふはうちにおとうさんがゐた。
私はかじやのまへに遊んでゐた。
おとうさんがよびにきた。
あたまをかつてやらうといつた
ぼくははしつてかいつて來た。
弟はかつてもらうて泣いてゐた。
なみだが目にたまつてゐた。
私はだいにすわつてなかなんだ。

図11-1　児童詩「頭かり」
（出典：『赤い鳥』第6巻第4号 1921年3月号）

近藤萩乃さんの詩「てんしぼたんの花」

「花よ〳〵、天しぼたんの花。／はやくさけ、はやくさけ。／はやくさかないと、／きつてしまふぞ。」

宗田信太郎君の詩「うみ」

「うみ、うみ、／青いうみ。／おきは、くさいろ。」

小川健次郎君の詩「やぶのさゝ」

「今日私が、おきて見ると、／やぶのさゝが、／さら〳〵音を立てゝゐた。／私はそれをながめながら、／やぶのさゝよ、お前は、／風がひゆうと吹いてくるたびに、／身をふるはせて、／をれさうにしますね。」

さいごの小川君の自由詩も、日常の生活をありのままにみつめる詩で秀逸である。ふだん何げなく見過ごしているたけやぶの風、笹をふきぬける風の音に耳を凝らしており、「ひゆうと吹く」を受けとめている竹やぶが「身をふるはせて、をれさう」と表現している。

この子どもたちの感性豊かな表現を指導した教師が、附属小学校にいたのである。

大正期の『赤い鳥』誌に掲載された男師附属小学校、女師附属小学校の子どもの自由詩・綴方として、次のような作品がある。

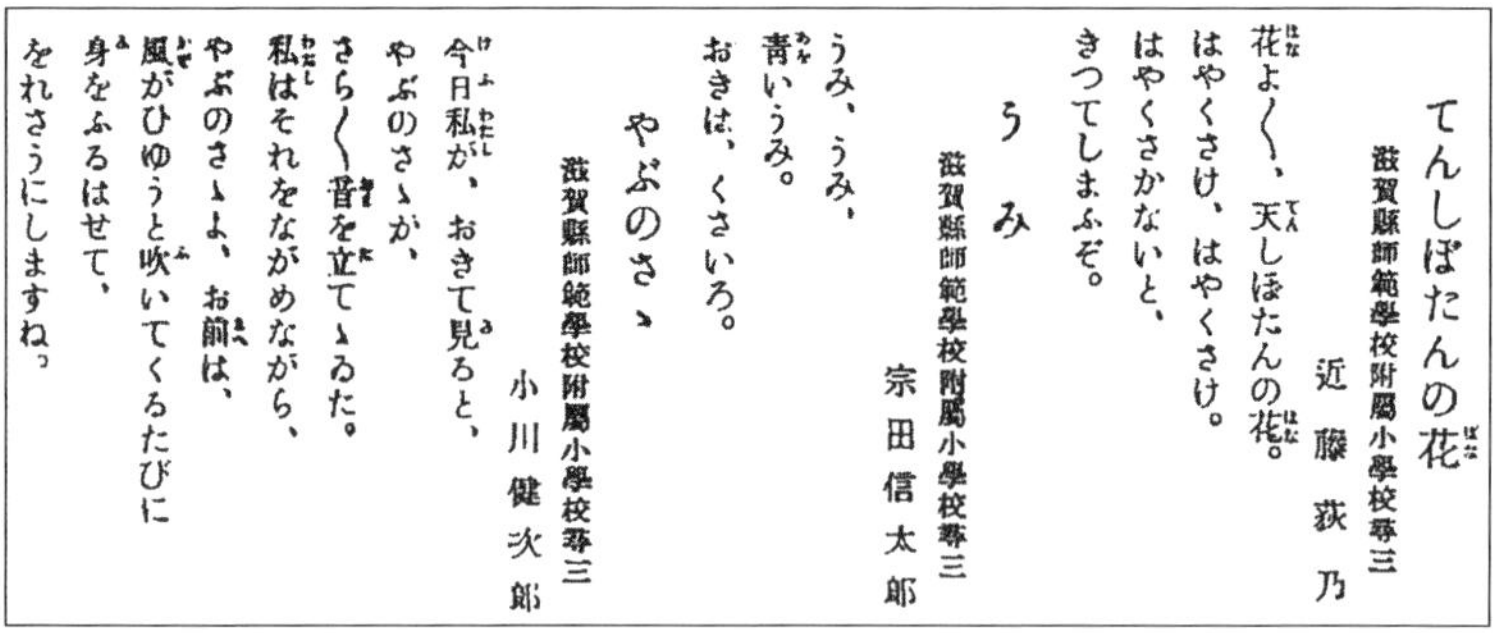

てんしぼたんの花《ばな》

滋賀縣師範學校附屬小學校尋三　近藤荻乃

花《はな》よ〳〵、天《てん》しぼたんの花《はな》。
はやくさけ、はやくさけ。
はやくさかないと、
きつてしまふぞ。

うみ

滋賀縣師範學校附屬小學校尋三　宗田信太郎

うみ、うみ、
青《あを》いうみ。
おきは、くさいろ。

やぶのさゝ

滋賀縣師範學校附屬小學校尋三　小川健次郎

今日《けふ》私《わたし》が、おきて見《み》ると、
やぶのさゝが、
さら〳〵音《おと》を立《た》てゝゐた。
私《わたし》はそれをながめながら、
やぶのさゝよ、お前《まへ》は、
風《かぜ》がひゆうと吹《ふ》いてくるたびに
身《み》をふるはせて、
をれさうにしますねっ

図11-2　児童詩「やぶのさゝ」、「うみ」、「てんしぼたんの花」

（出典：『赤い鳥』第6巻第4号　1921年3月号）

〈自由詩〉

○みゝず

滋賀県女子師範学校附属小学校尋四年　斉藤　通

「ちゃ色のみゝず、／のびたりちゞんだり、／ごウむのやうに、／のそりのそりとあるいている」

第四巻第五号（大正九〈一九二〇〉年五月）

○花ばたけ

滋賀県師範学校附属小学校尋三年　立入いと

「はちまきして、／　うしろで、むすんで、／花ばたけのはたを、／よつこら、／よつころ、／どつこいしよ」

第七巻第一号（大正一〇〈一九二一〉年七月）

○はさみ

滋賀県女子師範学校附属小学校尋四年　保井　為

「わたしがなくした　／大きなはさみ、／いつもゆウめに　／でテてくる。／ほんとに／どこへいつたらう」

第七巻第四号（大正一〇〈一九二一〉年一〇月）

〈綴方〉

○にはとり

滋賀県師範学校附属小学校尋六年　釜淵則重

水曜のことです。私は学校から帰ると、お母さんはお父さんのお墓へ参る用意をしてをられた。そして弟に「とりを出してやりなさい」といはれると、弟はあわてゝとりべやからとりを出した。そしてあまりおつたものだから、をんどりはあわてゝ井戸の上に、ばたばたとゝびあがつて、とうとう井戸の中におちていつたとりはばたばたあばれる。弟は「お母ちやん、鶏が井戸へはまりよつた」といつた。お母さんは「えーッ」といつてとんでこられた。私もびつくりしてとんで出た。弟はぶるぶるふるえてゐた。私は井戸の中をのぞくと、とりはかはいさうに命がけで、あひるのやうにふはりふはりとおよいでゐた。私はつるべでとりをおしてやつた。お母さんは早くも上げようとして、ぶつぶついひながら、ざるに縄をつけて、井戸の中へ下ろされた。とりはざるの上にのつた。私もぶるぶるふるへてゐたが、ふるへんやうになつた。めんどりはすました顔でゑをひらつてゐた。お母さんが上げられると、をんどりはぶるぶるふるへてゐた。私はすぐとりをだいて裏へ出た。それでもとりはふるへて、がれぼし（選者註、意味不明）のやうになつてゐた。私は「そんなに、ふるへない（選者註。震へるなの意）」といつて日向へ出してやつた。それでも体がおもいのか立たないでつめたくなつてゐた。私はすこしあた〻めてやつたがじつとしていた。又ゑをまいてやつたがじつとしてゐた。それでめんどりをよんでやつた。をんどりはよろこんでゐるやうであつた。そこへ妹がやつてきた。そしたら母は一しよにお墓に参られた。そしてしばらくして、私はとりを追ふとヒヨロヒヨロして、前へこけさうに、指をそらして、とぼとぼと歩き出した。

＊北原白秋の批評

「釜淵君の『にはとり』は、少したどたどしいところもありますが、だれがかいても、一寸かきにくい事柄を、よくかき上げてゐます。鶏が井戸から上げられてからの記述などは、いかにもいきいきと動いてゐて哀れです」

第七巻第四号（一九二一〈大正一〇〉年一〇月）

○まひ子

滋賀県師範学校附属小学校尋二年　宮崎まさ子

私がごはんを食べて、そとへ遊びに行つた時に、四つばかりの小さいかはいらしい女の子が「おかあさんおかあさん」とよんではりました。よそのおかあさんがおうて（選者註、おぶつての意）、かうばんしよへいく時に、よそのねえさんや、よそのおかあさんに「この子はあんたとこの子とちがひますか」と、みちをとほる人にたづねまはりました。けれどもみんな、「ちがひます」といはれましたので、たうたう、かうばんしよへつれて行かうとしやはりましたら、そこへその女の子のおとうさんとおかあさんと二人で、さがしにきやはりました。二人はたいへんよろこんで、つれて行かれたをばさんに、せんど（記者註、さんざんの意）お礼をいうて、つれていなはりました。

＊鈴木三重吉の批評

「宮崎さんの『まひ子』はいかにもかはいらしい作です。二年生の作としてはうまい方です。最後に、今度も、大人の人がかきかへて、いろいろ手を入れたものが大分目につきました。大人が加減をしたのはすぐに分ります。人になほしてもらつてよこしたのでは何のねうちもありません。さういうことをする大人の人も、少しく物の意味を考へて下さらないと困りますね。ばかばかしい限りではありませんか」

第八巻第三号（一九二二〈大正一一〉年三月）

2　大正期～昭和初期の「直観科」と「手工科」の授業

男師附属小学校では、大正期から昭和一〇年代にかけて、低学年の第一学年から第三学年まで週二時間の「直観科」を設置していた。同校は一九一八（大正七）年に設置し、一九二〇（大正九）年の研究発表会で「直観科の取扱に就いて」を報告しており、この時期より正式に教育課程に位置づけた。一九三六（昭和一一）年の教授時間表に、「尋常一・二・三学年ノ直観科二時間ハ国語科算術科ヨリ各一時間トル」と明記している。

直観科とは、どのような教科なのか。直観科の目的について、男師附属小学校は次のように説明している。

「郷土の動物、植物、鉱物の採集、或いはその飼育、栽培によって名称・性状を知り、自然に親しましめ、自然物、自然現象間に存する微妙なる関係、事象を観察実験せしむると共に、郷土の地理、国史の初歩的研究をなさしむ」、「地理・歴史の初歩的郷土研究をなさしむ」。直観科として、各学年とも毎月一回の校外教授を兼ねた遠足を実施しており、作業による郷土教育も実施した。

「直観科」の性格として、男師附属小学校は、一九三六（昭和一一）年には次のように定義づけている。

「直観科」の性格

1　自然及ビ文化ニ接触セシメ、生活セシメル事ニヨリ素直ニ確実ニ児童ノ直観力ヲ純化拡充セシメル事
2　郷土ノ自然及ビ文化ヲ全体的具体的ニ理解セシメル事
3　郷土並ビニ自然ヲ敬愛スルノ念ヲ養ヒ、科学的精神ノ萌芽ヲ純真ニ培フ事
4　常ニ具体的事物ノ直観ヲ重視シ、体験ニヨル学習ヲ尊重スル事
5　児童ノ日常生活ニ即シテ教授ヲナシ児童ノ生活ヲ実践指導スル事
6　分科的ニ教授スルコトナク、各教科ヲ融合統一ノ姿態ニ於テ指導スル事
7　児童ノ生活環境中ヨリ児童ノ心理的発達ニ適スルモノヲ選ンデ教材トスル事

（滋賀県師範学校附属小学校『昭和一一年度経営施設要覧』一九三六年）

直観科とは、低学年児童の生活に即した教育のための教科である。日常生活の身近な事物（自然及び文化の素材）を教材にして、具体的で体験的な学習方法をもとに合科《ごうか》的・融合《ゆうごう》的に学ばせる教科であった。身近で具体的な直観による指導ということになると、郷土の自然や文化に教材を求めることになる。後年文部省による全国の

小学校の郷土教育実施に関する調査への回答で、男師附属小では「直観科による郷土教育を実施」と答えている。

男師附属小学校はこの時期に低学年教育の教育実践に力を注いだ。一九二八（昭和三）年度の研究テーマ「学級経営に関する研究」で、藪田《やぶた》義一《よしかず》訓導が「低学年学級経営の基礎問題」を報告している。彼は、低学年教育は理論的、実際的問題が未解決であり、低学年教育に独自の原理があるとすれば、児童の発達特性を解明し、これに即した教育原理を確立することだと論じた。奈良女高師の木下竹二が「学習法」を提唱して、合科学習論を提起するきっかけは、低学年教育にあった。小学校教育の改革として低学年の学習方法に目を向けたのは、大正新教育の運動に共通する点である。

藪田は低学年児童の特性を、「一　遊戯を盛って生活の全内容とする、二　遊戯が彼らの学習の唯一方途である、三　彼らの精神生活は具体的全一的である、四　彼らはまた芸術的である、五　一切の性能の綜合生活期である」と指摘した。彼は、図11-3のように低学年の学習と教科との関係構造を説明した。遊びから「遊戯、直観、お話、手工」へと分化して、自然より文化（教科）への発展は「綜合より分化の姿をとって現れる」とした。

藪田義一による直観科の事例研究として、題目「七夕祭」が報告されている。項目のみでわかりにくいが、次のような展開内容である。

【直観重要】○お星様　一番星、宵の明星、流れ星、三つ星、○天の川　晴れた夜の空の美麗、○お飾り　笹竹、短冊の製作、お供物の準備、

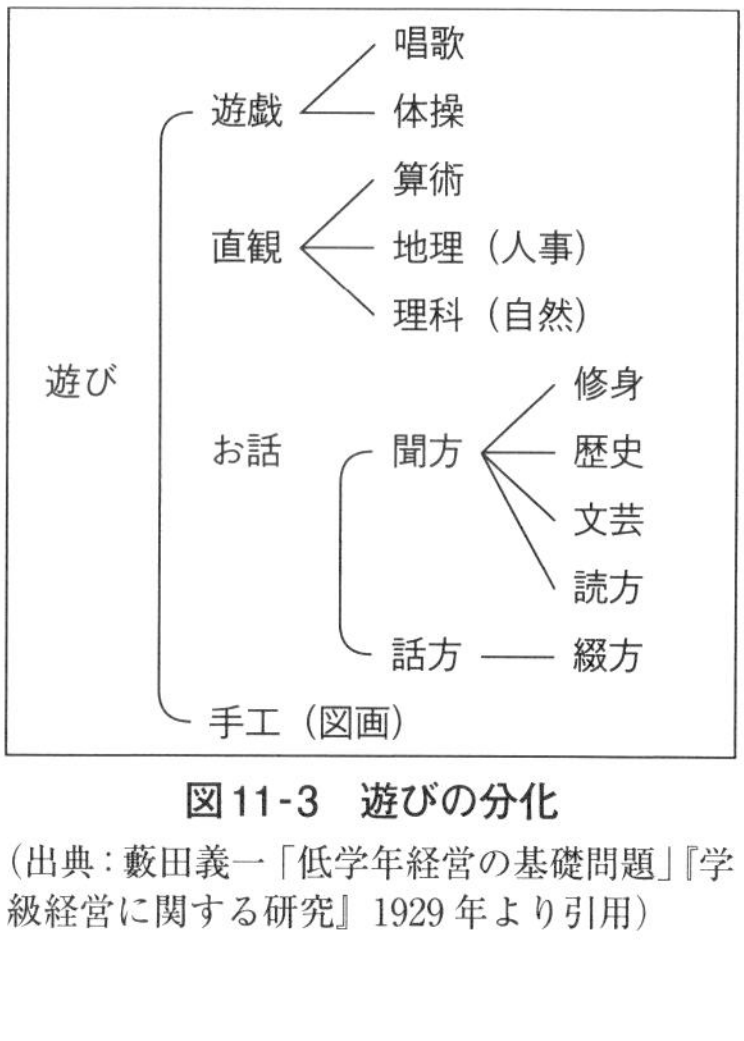

図11-3　遊びの分化

（出典：藪田義一「低学年経営の基礎問題」『学級経営に関する研究』1929年より引用）

表11-1 「直観科」の授業—「金魚」—
直観科教授案

一　教材　　金魚

二　教材観

蒸し暑い初夏の風が遠慮なく街頭を吹きまくっている側らに、適当な水槽に金魚が泳いでいる事は涼しい。

歓喜にみちみちていささかの不安、恐怖、邪心もなく気持ちよく生きている金魚、子供が「金魚、金魚」と言ってひきつけられるのも、又そこに喜びを見出すのである。

私は本時児童と共に金魚と親しく語り仲良く遊びたい、そしてあるがままの金魚をあるがままに見入らせて思う所を思わしめ感ずる所を感知せしめ、又想像させ思索させてやりたい。」そして魂を持った金魚、生命を持った金魚、可愛い金魚否あるがままの金魚として、児童の心情にふれて行けば、そこには真の直観が展開され金魚の生命の把握ができるだろうと思う。

本学年の児童の中には科学的な又芸術的、経済的な観方をする者もあるであろうが、特に低学年児童の生活は未分的、混沌の統一生活であって現実の世界と想像の世界とは児童にとって唯一の世界である。故に児童の周囲のあらゆる金魚、風景に感情を移入してこれを擬人化さす所に生命の躍進がある。

三　目的

あるがままの金魚をあるがままて見させて可愛いい金魚、魂を持った金魚として児童の心情に歓びが得らるればよい。

四　準備

金魚、藻、水槽、餌、金魚屋の店の絵、鑑賞用レコード、蓄音機、フリント。

五　教程

一．目的指示

二．第一次直観（自由直観）

児童の見るがままに見入らせたい。

直観内容の発表—整理

1．金魚さんはどんな事をしていたか。

2．どんな事が面白かったか。

三．第二次直観（観察指導）

1．金魚の口はどんな形をしていたか。

2．金魚の好きな食物は何か。　　作業：金魚に餌を与える。

3．金魚さんの風景の直観。　　算術：金魚売買遊び。

4．どんな金魚が元気であるか。　　遊泳状態、鰭の動かし方。

5．どんな金魚が一番好きか。　　色、尾、鰭、腹。

四．第三次直観（情意直観）

1．金魚の創作（プリント配布）………彩色

2．金魚の昼寝（鑑賞、唱謡、遊戯）

唱歌、歌詞、〇金魚の昼寝

1　アーカイ　ベヽキタ　カハイヽ　キンギョ　オメメヲ　サマセバ　ゴチソウスルゾ

2　アーカイ　キンギョハ　アブクヲ　ヒトツ　ヒールネ　ウトウト　ユメカラサメタ

五．整理、飼育作業の展開

（備考）金魚を飼育すれば必ず逢着する、金魚の死こそ児童の純真な心に暗示を与えるから、死を懇ろにとむらってやることを考えなければならない。（以上）

（出典：滋賀県女子師範学校附属小学校『低学年教育の新研究』1932〈昭和7〉年　文泉堂　208～212頁より作成）

表11-2 「手工科」の授業―「箱庭」(粘土細工)―
手工科教授案

一　教材　　箱庭（粘土細工）

二　教材観

1．児童の生活姿態は遊戯であって全一的な未分化的な主客合一、現実と理想の一元に記した生活であって遊戯そのものの内には燃ゆる生命が生活の歓喜に躍動している。特に入学以前の生活を凝視すれば砂遊び、土いじりに日の暮れるのも手足の汚れるのも忘れている。私は砂土は子供の仲の良い友達であることを知る。此の砂土によって子供等は各自の生活内容をそのままに、自由に表現する。その表現は単なる筋肉（手）の機械的作業ではなくて実に自己の全精神を宿し全生命をぶち込めたと言うべきものであり、其の為すことに人格の凡てを語り、其の作る物に己が生命のいぶきをかけたものである。本科はこの生活をして、益々深化拡充しその物体を自覚せしめて行くところに使命がある。

2．本時の箱庭の創作は児童の想像性を基礎として創造への生活を満足さして行くと共に、社会的生活即ち団体的共同作業に従ってやる態度を教養し、併せて共同作業によって出来上がって行く共同労作法悦境を味得せしめ、その社会性を漸次に啓培して行くところにある。

三　目的

粘土、石、草木を用いて箱庭を作らせる事によって自然物に親しませ、創作力を進め、勤労共同を好む週間の基礎を養いたい。

四　時間配当

第１時………池、葉山、川等を作る。
第２時………箱庭の完成及び鑑賞。(本時)

五　準備

前時の作品、粘土、手拭い、植木（小松、雑草)、苔、箱庭の掛図。

六　教程

1．目的指示
2．箱庭完成
　イ　家橋等の配置。
　ロ　木植、草植…………適当な位置に草木を植え苔等を敷く。
3．箱庭の鑑賞
　本教材は綜合的教材であるから読方、算術、手工、理科等と連絡して鑑賞したい。
4．後始末

(出典：前掲『低学年教育の新研究』219～221頁より作成)

【発展事項】○お話　七夕祭の由来、天の川、○共同製作　七夕祭のお飾、○創作　詩、散文、絵画等、○唱歌　星の歌

このような男師附属小学校の「直観科」設置による授業改造の動きは、女師附属小学校にも影響を与えていった。同時期に女師附属小学校でも「直観科」を設置しており、一九三二（昭和七）年には、表11-1「直観科」、表11-2「手工科」の授業を発表している。

3　昭和初期の生活カリキュラム――低学年教育の改革

女師附属小学校の教育研究は、明治末年の開校から大正初期には主として女子教員のための裁縫科、家事科の実習指導や教授方法の研究に力が注がれた。一九一九（大正八）年の第六回初等教育研究会では、裁縫教授要目について研究討議し、児童用裁縫学習帖の内容を議論し、家事実習の教材と設備、複式学級に適した教材を検討している（『第六回滋賀県初等教育研究会報告』）。県下の小学校から代表者九〇名と男女の両師範学校附属小学校教員合わせて一二〇名が参加している。

大正半ばごろより女師附属小学校は、尋常科一年の国語や算術の教授法や、綴方教授の研究に取り組み始める。大正期から昭和初期にかけて女子師範の卒業生が低学年を受け持つことが多いこともあって、低学年各教科の教授方法や低学年の学級経営が研究テーマとされていった。他方では、女子教員の担当する唱歌教育、手工教育や女子体育、作法教授などの研究が行われている。

一九三二（昭和七）年一月に『低学年教育の新研究』（文泉堂）を公刊して、低学年教育の実際的研究のまとめとして発表した。四〇三頁の大冊の本書は、次のような構成であり、女師附属小学校のこの時期の低学年教育の研

究がよくわかる。

第一編　郷土の立脚する低学年生活指導の実際（西村久吉訓導）
第二編　児童性を基調とする低学年教育の実際（岡学洲訓導）
第三編　女教師と低学年教育（峯尾悟訓導）
第四編　低学年教育と家庭（太田弥十郎訓導）

西村久吉訓導は「郷土の立脚する低学年生活指導」について多面的に論じているが、児童の学習を成立させるうえで「生活財の選定」が大事だと提案した。低学年の生活指導において生活財の選定の基準として、次の八点を上げている。

「一　全人的のものであること、二　動的なる事象を選択すること、三　出来る限り具体的直観的のものであること、四　郷土に於ける特色ある材料を選ぶこと、五　児童の遊戯的生活に立脚したものであること、六　活動性に富み発展性のあるものであること、七　郷土味に富んだものであること、八　身体的活動を営み得るものであること」

低学年生活指導案には、尋常科一年生、二年生の年間のカリキュラム「生活題目一覧表」（表11－3）が掲げられ、その後に各題目の展開内容と指導上の留意点と他教科との関連が示されている。この「生活財」の概念は、子どもの学ぶ「学習材」概念に相当するものとして注目される。また年間の生活題材一覧とその指導展開を系統的に

表11-3　低学年の生活題目一覧表

	尋常科１年	尋常科２年
４月	入学当初の生活、１年生のお庭、すべりだいごっこ、春の旧線路、学校のハトポッポ、砂場遊び、紺屋ケ関、仲の良いカルタ取り、浅井山の摘草、天長節、	２年生になって、春の花園、大津市の建物、花祭り、ひよこはいいお友達、時計のおじさん、天長節
５月	運動場のお猿さん、鯉幟がたった、三井寺へ遠足、しゃぼん玉とばし、病気、玩具の展覧会、おうちの人々、海軍記念日、開校記念日	菜の花、わらび取り、５月のお節句、筍と親竹、千団子のお祭り、身体検査、海軍記念日
６月	お口の手入、時の記念日、うれしい学芸会、いんきな梅雨、でんでんむし、田植のお百姓、郵便屋さん、石山のほたる	６月暦作り、お米の出来るまで、琵琶湖のお魚、おたまじゃくし、梅雨の衛生、蛍が出たよ、温室
７月	水鉄砲、七夕祭、琵琶湖の夏、蝉取り、柳ケ瀬水泳場、此の頃の食べ物飲み物、夏休みには	氷屋さんの店、七夕祭、物産陳列場、蝉取り、柳ケ瀬水泳場、金魚、夏休み
９月	夏休み中の反省、二百十日はいつ、秋なく虫、お月見、お彼岸参り、藤樹先生のお祭り、皇子山射的場、学校園の手入	休み中のお仕事、震災の記念日、水鉄砲と噴水、大根の栽培、乃木祭、お彼岸、藤樹祭
10月	四宮祭、秋の運動会、稲田に黄金の波が立つ、高観音の秋、魚市場、八百屋様の果物、乗り物調べ	秋の果物、竹どんと飛行機、運動会、浅井山の秋、近松別院追悼会、第三大隊見学
11月	11月暦作製、明治節、体育デー、菊の花、不思議な卵、大津市水源地見学、お客遊び、新羅の森	明治節、輪投げ競争、秋の収穫、もみじの葉拾い、石山寺へ遠足、大津市の電燈
12月	一六売出し、学校のストーブ、クラス会、義士祭、年の暮	磁石遊び、浜大津、私どもの大津市、すすはき、義士祭、クリスマス
１月	お正月、雪降り、平仮名かるた、風邪のご用心、私達の衛生室	お正月、おみかん、寒稽古のいろいろ、冬の浅井山、私たちの着物、竹筒電話
２月	かげ絵遊び、鬼はらいの節分、義仲寺、紀元節、風車、長等公園	氷の研究、節分、畜産組合の牧場、紀元節、大津駅、燃える水と石炭
３月	桃のお節句、陸軍記念日、春のおとずれ、卒業式	春の用意、雛祭、陸軍記念日、琵琶湖と大津市

表11-4　尋常科1年「郵便屋さん」の展開例

尋常１年　６月　題目：郵便屋さん

一　児童の準備	
１　古いはがき、往復はがき、封筒、絵葉書等。	○郵便に対する一般の知識を与える
２　切手類、他郵便の参考となるもの。	○共同作業への誘導、分団作業
二　郵便物はどうして先方へ行くかの研究	○早くすんだ組はお互いに手伝い合う
三　準備作業	
郵便局、ポスト、葉書型用紙切手消印、製作及手紙文の用意	算術：切手のお勘定、十枚以下の加減 修身（24）：ヒトニメイワクヲカケルナ
四　実演	
１　集配人、局員、受信人、発信人	○親切に迅速に配達させる
２　開始	

（出典：滋賀女子師範学校附属小学校『低学年教育の新研究』1932年　43～45頁より作成）

示したことは、現在の「生活科」の年間カリキュラムの先駆的研究であるといえる。
表11-4尋常科一年「郵便屋さん」の授業展開例から、子どもの分団による共同作業、ポストや手紙文の製作、郵便配達の実演など、子どもの生活重視の授業がわかる。

4　昭和戦前期の郷土教育実践

(1)　昭和初期の郷土教育の変質―調査・研究中心の郷土教育から日本精神の郷土教育へ

昭和戦前期の滋賀県では、郷土教育が県下各小学校で盛んに取り組まれた。蒲生郡島尋常高等小学校(現近江八幡市島小学校、以下島小学校と略す)の郷土教育は、郷土教育連盟に加盟して機関誌『郷土』『郷土教育』などに子どもの郷土調査・郷土研究の実践を発表して、一九三〇年代前半に全国でも有名になった。島小学校から始まった「郷土読本づくり」は県下の各学校で取り組まれ、労作教育、作業教育と結合して体験的学習の郷土教育が広まっていった。滋賀県初等教育研究会が男女両附属校以外で初めて開催されたのが、一九三三(昭和八)年の島小学校であった。島小学校の子どもの調査・研究を中心にした客観的科学的郷土教育は、戦争が深まる一九三四(昭和九)年以降になると、郷土愛が前面に出た主観的郷土教育に転換していった。

男師附属小学校では、一九三一(昭和六)年の第三九回初等教育研究会で「郷土教育並びに郷土研究の理論及び実際」を、翌一九三二(昭和七)年の第四一回研究会で「郷土教育と学級経営」をテーマとして、郷土教育の研究大会を開催している。

男師附属小学校は一九三二年に『郷土教育乃実際的研究』を公刊し、初等教育研究会の報告集『郷土教育と学級経営』を発行した。男師附属小学校の『郷土教育乃実際的研究』には、伊藤俊友訓導の「地理教授における郷土地理の研究」と村瀬仁市訓導の「国史教授における郷土史の研究」が報告されている。

地理科の伊藤訓導は、郷土地理教育の目的として、実質的には地理学習の基礎的観念を養うこと、地理的事象理解の基礎と郷土への正確な理解におくが、「形式的目的は愛国心の源泉たる愛郷心の養成をめざす」としている。国史科の村瀬訓導もまた、国史教育の目的が国体に順応する国民を養うことにあり、「郷土教育の目的もまた郷土を愛護し、その郷土の発展を企図する郷民を養成することにある」とした。村瀬は「神功皇后」と「聖武天皇」の実践をあげて、郷土教育における愛郷心を育成することと、国家愛に立つ愛国心養成に直結させた授業を紹介した。主観的郷土教育論の授業展開であった。

一九三七（昭和一二）年七月七日の盧溝橋《ろこうきょう》事件をきっかけに、日本は日中全面戦争に突入していく。一九三〇代後半になると、戦争への総力戦体制が敷かれるようになり、学校生活では全面的に軍国主義教育が行われ始める。初等教育研究会の研究テーマは、一九三四（昭和九）年の第四七回「日本精神に立つ教科経営」、第五〇回「日本精神と訓育」、第五七回「日本精神を中核とせる学校経営」となっていく。男師附属小学校の一九三四（昭和九）年の研究会では、「日本精神体現の国史教育」をテーマとして行われ、「日本精神の意義、日本精神体現の歴史教育、革新に現れたる日本精神、女性史と日本精神」などが討議されている。

(2) 男師附属国民学校における「郷土の観察」

日中一五年戦争が泥沼化し、ついにアジア・太平洋戦争へとしだいに戦争が激化していった。一九四一（昭和一六）年四月より、明治以来の小学校の名前は消え「国民学校」となった。国民学校では教科の統合が行われて、国民科（修身、国語、地理、国史）、理数科（算数、理科）、芸能科（音楽、唱歌、図画、工作、習字、裁縫、家事）、体練科（体育、武道）、実業科（農業、商業、工業、水産）となり、初等科（尋常科を改称）四教科、高等科五教科になった。初等科四年には五・六年の国民科国史と国民科地理につなぐ科目として「郷土の観察」が、新設された。初等科一―三年には四年以上の理数科理科につなぐ「自然の観察」が新設された。週一時間の郷土の観察は、教師用書が発行されたが、児童用教科書は発行されず、教材づくりや教材配当は各校教員に任された。

『滋賀教育』第五五六号（一九四二年五月、『近江教育』が改題）で、男師附属国民学校の奥居佼友訓導は「郷土の観察」実践を報告している。奥居は「郷土の観察」で郷土を国史、地理未分化の立場、即ち郷土誌、郷土史を体系的に授けるのでなく、実地に観察させて⑴郷土愛の精神の涵養、⑵国史、地理学習の素地培養、の二方面を達成すべきだとした。

男師附属国民学校では「郷土の観察」指導にあたっては、四〇分授業では無理な場合が多く、土地の実情や教材の性質によって半日又は一日かかるものがあるので、柔軟に時間数をとり指導するべきだと述べた。年間四〇週で四〇時間をめどにして、一つの題材には一カ月位をかけるのが適当とした。年間指導計画表は次のようである。（　）内は時間数。

第一学期　杉浦重剛先生記念碑の丘から（2）、我が学校（2）、茶臼山（2）、近江神宮（4）、梅雨（1）、琵琶湖と瀬田川（4）

第二学期　二百十日（1）、三井寺（4）、浜大津港（4）、膳所城址（2）、人造絹糸工場（4）

第三学期　膳所駅（3）、我が大津市（4）、杉浦重剛先生（3）

奥居訓導の「琵琶湖と瀬田川」実践は、目的として「琵琶湖及びその唯一の排水口と見るべき（他に疏水運河はあるが）瀬田川の観察をなさしめ、湖及び川に就いての地理的基礎を培うとともに、瀬田川に因《ちな》む伝説・史話を取扱い、史的興味喚起への契機たらしめる」をあげた。授業展開の第一次は御殿浜《ごてんはま》より南郷洗堰《なんごうあらいぜき》までの観察指導（三時限）、第二次は琵琶湖と瀬田川の総合的取扱（一時限）で、授業を計画している。第二次の授業展開は、一　琵琶湖について、二　琵琶湖の排水口瀬田川について、三　瀬田川の利用とその害、四　瀬田川の伝説及び史話の順序で行った。

図11-4　昭和初期の歴史授業「日本海海戦」
（滋賀県師範学校附属小学校　年不詳）

図11-5　育てたあさがおを持つ子ども
（滋賀師範学校女子部国民学校・1943年）

この時期になると、昭和戦前期の郷土教育で実施されていた実地見学・調査活動をもとにした子どもの郷土調査や研究の授業は困難となってきていた。こうした中にあって、奥居は戦時下のぎりぎりの段階まで子どもの興味や関心をもとにした郷土のフィールドワークから知的関心を引き出す授業を試みようとした。

コラム4 彦根の郷土教育——磯田校の郷土調査

1 滋賀県における昭和初期の郷土教育運動

滋賀県において昭和初期に広まった教育実践として、郷土教育運動がある。郷土教育とは、この時期に全国各地で「教育の地方化、教育の郷土化」のスローガンの下で、取り組まれた教育運動である。滋賀県では蒲生郡島尋常高等小学校（現近江八幡市島小学校）が郷土教育連盟（一九三〇〈昭和五〉年一一月創立）の初期の代表的な実践校として多数の出版物を刊行した。全国から島小学校の郷土教育の実践を参観する人も多かった。県内でいち早く郷土教育に取り組み、郷土読本の作成や郷土室の経営、郷土教材の活用の仕方など、郷土教育運動の先駆けとなり、各小学校に郷土教育を普及させていく役割を果たした。

郷土教育運動のきっかけは、大正新教育運動の国際主義や自由教育に対抗して、文部省が主導して伝統的な郷土への回帰をめざす思想対策として展開させようというものであった。一九二七（昭和二）年八月に、全国の師範学校附属小学校や各府県で郷土教授を行っていた小学校に対して、文部省は「郷土教授に関する件」を通達して、郷土教育の取り組みの調査を行った。一九三〇～三一（昭和五～六）年度になると、全国の師範学校の郷土教育施設へ多額の補助金を交付し、師範学校から郷土主義意識を鼓吹する政策をとっていった。郷土愛の育成を目的に掲げた郷土至上主義の実践が、官側から郷土教育論として提起されたのであった。

しかしながら、国定教科書の内容にしばられ、教授細目により教授活動が制限されていた教員たちは、「画一教育の打破」「教育の実際化」の具体的な方策として郷土教育の振興をとらえた。郷土に根ざした教育運動を推進するために、「郷土教育連盟」が民間で創立されたのは、全国各地の教師たちのこうした思いが結集されたからであった。連盟は郷土の客観的、科学的理解を主眼にして、子どもによる郷土調査、郷土研究を重視した。教師と子どもが郷土調査を行うなかで、子どもに郷土の自然や社会、文化の諸現象を総合的につかませようとする郷土教育論を主張したのである。

滋賀県の郷土教育は、一九三〇（昭和五）年二月に県知事が男女両師範学校長及び県下の小学校長に対して、郷土調査に着手する計画を諮問したことから始まる。郷土調査についての研究委員会が作られ、審議の後に成案を作成し、翌一九三一（昭和六）年五月に県下小学校長に調査内容・方法を指示した。同年八月には「郷土研究講習会」が県下七カ所において開催され、延べ参加人数三〇九四人（うち小学校教員二九五七人）で、ほぼ県内小学校教員全員が参加している。ここでは教師主体による郷土調査、郷土研究が推奨された。

2　磯田尋常高等小学校の郷土調査と郷土教育

彦根市史編纂室には、彦根の郷土教育運動を知る学校資料として、磯田尋常高等小学校（現城陽小学校）の郷土教育の実践がまとまって収集されている。昭和初期の『教育経営』、郷土教育資料として『郷土調査参考書』と『修身・公民・職業科郷土資料』など六冊の各教科郷土資料が残されている。

『郷土調査参考書』は、なかでも大変興味深い資料である。郷土研究を行うための「郷土調査要領」を主としたものだが、彦根西尋常小学校（現城西小学校）の「郷土民育教授細目」、河瀬尋常高等小学校・同実業補習学校の「農村教育教化と郷土教育」など、彦根市内の他校の実践資料も綴じ込まれている。

磯田尋常高等小学校の郷土教育は、その目的を「郷土をよく理解せしめ、兼《かね》て愛護の精神を涵養し、その繁栄に寄与せんとする志操《しそう》を養ひ、以て堅実なる国民の育成に努むるにあり」としている。郷土教育の方法として、一　郷土資料を収集すること、二　郷土施設を充実させること、三　運用を図ることをあげている。

一　郷土資料収集の選択基準として、「郷土並びに郷土人の個性」を調査研究すること、「体験的学習の拡充発展」の材料とすること、「情意を陶冶《とうや》し、敬虔《けいひん》的態度の基礎涵養」の材料とすること、「公民的陶冶に資し、郷土の産業経済状態の理解」の材料とすること、そして「郷土的偉人の遺蹟《いせき》・遺勲《いくん》」をあげており、郷土を愛するという郷土意識の育成を選択の基準にした。

二　郷土施設では「細密なる郷土調査を基準とし郷土色濃厚なる学校経営及び学級経営を樹立する」とし、郷土理解・調査と郷土愛の養成を強調している。具体的な細密な郷土調査を実施した後に、運用にあたりこれを「各科郷土資料」に見られるように「各科教授細目の郷土化を図る」こととしたのであった。

磯田校の郷土調査は、滋賀県の指示を受けて一九三一（昭和六）年度の当初から始められたようで、完成は「序」の日付から同年一一～一二月であると推測される。各教科の『郷土教育資料』は、第一輯から第七輯まで編集された。校長田中繁太郎（一九三〇年三月～一九三二年三月）の強いリーダーシップの下で、教員全員が各教科を分担して調査を行い、国定教科書との教材関連表を作成したものである。

一九三一年度の磯田校の児童の在籍人数は、四二三人（男二〇三人、女二二〇人）であり、一学年一学級の学校であった。各教科の担当教員は次のようであった。第一輯―修身科（瀧谷銀造）・公民科（田中繁次郎）・職業科（山仲滋）、第二輯―読方科（瀧谷）・綴方科（山根房一）、第三輯―算術科（田中芳種）・理科（山家俊英）、第四輯―国史科（山岡三郎）、第五輯―地理科（中川正造）、第六輯―唱歌科（饗庭正子・成宮朝子）・体操科（山根）、第七輯―裁縫科（不明）・家事科（岡川田鶴子）。各自が各分担教科を責任を持って、郷土資料の収集から教材化するまでを担当して、教材開発を行ったのであった。

第12章　15年戦争下の国史・地理授業――「元寇」と「印度支那」の授業

1　軍国主義教育の授業の実際

昭和戦前期における軍国主義教育や戦争賛美の教育は、具体的にどのように行われていたのか、学校全体の儀式・行事や教育組織については多くの研究がなされてきた。しかしながら、教師の日々の授業レベルでは、一体どのようになされてきたのか、あまり報告されていない。日本の中国侵略や東南アジアへの侵略を正当化し、子どもたちを戦争に駆り立てた教育の具体的ありさまが、授業レベルの資料に基づいて研究されてこなかった。

本章では、滋賀県における日中一五年戦争の時期（一九三〇～四五年）の歴史・地理授業の資料をもとに、軍国主義教育の実態に迫っていく。天皇制ファッシズムと皇国史観の教育は、日々の歴史・地理教育の授業のなかにどのように貫徹していたのか、戦争と軍国主義の正当化はどのように授業で教えられたのか、を見ていこう。

2　郷土調査・郷土研究から「日本精神に立つ教育」への転換

滋賀県初等教育研究会の研究テーマを概観して見よう。滋賀県教育会の機関誌『近江教育』の一九三一（昭和六）年から三四（昭和九）年までを見ると、表12－1のようである。[1]

滋賀県初等教育研究会の動向を概観したのは、一九三〇年代前半における戦前教育の転換点が分かるからである。下記の表12－1から、一九三一～三二年頃までは「郷土教育」「勤労教育」「公民教育」などの教育実践に取り組まれていた。一九三四（昭和九）年になると初めて「日本精神の教育」が登場し、表にはないが後の一九三五～三六年において「日本精神に立つ教育」が研究テーマになっていく（一九三六年の第五七回の「日本精神を中核とする学校経営」〈会場八幡尋常高等小学校[2]〉）。

一九三〇年代前半期の郷土教育運動の全盛期には、滋賀県においても蒲生郡島尋常高等小学校（以下「島小学校」と略す）を始めとして、子どもと教師が郷土研究・郷土調査を実施し、郷土を対象化して科学的な郷土認識を育てる実践が行われていた。一九三四（昭和九）年を境にして、郷土教育は「日本といふ全体の一部分としての郷土」ととらえ、「郷土人の育成による生きた働きのある実際的日本国民を養成」するべきだ、と主張されるようになった。郷土愛＝郷土精神を育成することと、国家愛＝日本精神の育成とを一体化するべきだとの論調が強まっていった。地域に足場をおく郷土調査や郷土観察の教育実践が放棄されて、国家施策に従った郷土教育に転換していったのである。

表12-1　滋賀県初等教育研究会の研究テーマ（1931～34年）

回数	研究テーマ	開催年月	会場
第39回	郷土教育並びに郷土研究の理論及び実際	1931.6	師範学校（男子）
第40回	小学校唱歌教授の実際的研究	1931.12	女子師範学校
第41回	郷土教育と学級経営	1932.6	師範学校（男子）
第42回	低学年教育の実際的研究	1932.11	女子師範学校
第43回	公民教育の理論及び実際的研究	1933.6	同上
第44回	郷土教育実施の反省と新計画	1933.7	蒲生郡島小学校
第45回	勤労教育実施の反省と新計画	1933.10	坂田郡六荘小学校
第46回	高等小学校教育内容の具体的改善方案	1933.11	女子師範学校
第47回	日本精神と教科経営	1934.6	師範学校（男子）
第48回	公民教育の反省と実施	1934.7	愛知郡豊椋小学校
第49回	健康教育の実際	1934.10	滋賀郡堅田小学校
第50回	日本精神と訓育	1934.11	女子師範学校

（出典：『滋賀県師範学校六十年史』1935〈昭和10〉年より作成）

島小学校は、一九三〇年代前半に東京に本部のある「郷土教育連盟」と結び付きをもち、全国的にもよく知られた郷土教育の実践校であった。だが、島小学校編『新日本教育の実践工作』（一九三四年）は、姿勢を大きく転換し「国際連盟脱退を一転機として、将に一大飛躍の機運を熟せしめん」として、「私達は至純至高《しじゅんしこう》・万古不滅《ばんこふめつ》―六合《りくごう》を照徹《しょうてつ》すべき建国の大精神に立つて、東西文化融合の上に新しき道義《どうぎ》の国日本を打建てるために、私達自らの教育事実を愛重し、その実践にいそしみ、新日本の建設にそなえたい」と述べるに至った。(3)

島小学校の「新日本教育」とは、「天皇を絶対の中心と仰ぎたてまつりつつ、世界唯一の国家を築きあげた輝ける日本精神に基いて、新しき文化の国、高き道義の国、新日本の建設をはかる」教育であるとする。そして、教育実践としてはこれまで行ってきたものをすべてひっくるめて、「新日本教育の建設は、郷土教育、労作教育、公民教育を包摂統合し、それらを組織化し、系統化し、より充実せしめ、実践するにある」と言う。

では、「新日本教育」のなかで歴史教育は、どう位置づけられたのか。同書は従来の国史教育がたんなる史実を知らしめただけであったとして、「史実の奥底に潜む歴史的精神即ち日本精神」を教えねばならないとする。日本精神涵養《かんよう》のための指導精神は、次のようであると説明している。(4)

(1)建国の思想………皇室中心主義は我が大和民族の理想であると同時に歴史的信仰があり、この理想とこの信仰は建国三千年来の天壌無窮《てんじょうむきゅう》の信念である
(2)進取・発展・連綿性………わが国史は国民の発展史で、皇統連綿《こうとうれんめん》、文化の連綿たる歴史を持つ
(3)忠孝一本、忠君愛国………天皇に対する臣民の一意専心《いちいせんしん》なる至誠である
(4)外来文化の摂取………外来文化に幻惑されることなく、常に同化融合する
(5)絶対的奉仕………皇国日本における国民思想は奉仕《ほうし》的観念である。国民精神こそは日本精神、愛国心の至

情から奔《ほとばし》り出た絶対奉仕の精神である

「国史に現れた人物・事件と日本精神」の関連を、国史教科書のすべての課にわたって書き出している。たとえば、尋常科五年上巻では「天照大神―○君臣一体、○敬神崇祖《けいじんすうそ》、○寛仁態度、○愛民の御精神」「神武天皇―○君臣一体、○敬神崇祖、○寛仁、○進取、○発展」「日本武尊―○武勇、○愛民、○敬神崇祖、○不撓不屈《ふとうふくつ》」など、六年下巻では「大石良雄―○主従の情宜、○信義」「徳川吉宗―○尚武、○進取発展、○質素、○公平」「明治維新の志士―○忠誠、○勤王、○進取、○発展」があげられている。

3　国民学校における「皇国民錬成教育」

一九三四（昭和九）年四月三日、全国の小学校教師三万六千人を集めて、宮城前で一大イベントが行われた。「全国小学校教員精神作興大会」であり、天皇はこの時国民道徳振作に関する勅語を出したのである。(5) 前年一九三三（昭和八）年に長野県で教員の一斉検挙があり、「プロレタリア教育」に関わりあるとして六五校、二〇八名が獄につながれた（「教員赤化事件」）。同年四月、国定教科書「国語読本」（サクラ読本）の全面大改訂があり、大正期からの内容が大幅に改訂され、戦争体制賛美の教材や内容が増大した。一九三一（昭和六）年の「満州事変」以降の中国侵略戦争に即応して教育内容を改編する必要があったのである。(6)

一九三四年の皇居前の大イベントは、全国の小学校教員の思想対策と、戦争とファッシズムへ積極的に協力する教師づくりを目的としたものであった。滋賀県からは、県下各学校から一名ずつの計二二一名（校長四三名、男子教員一二五名、女子教員五四名）の教員代表が出席した。天皇に「御親閲《ごしんえつ》」して帰った教師たちが中心となり、大津と彦根で「滋賀県教育精神作興大会」を開催した。大津では膳所尋常高等小学校に一二一六名を集め、彦根では彦根東尋常高等小学校に一四四五名を集めている。（『近江教育』第四六一号、一九三四年四月）

一九三七（昭和一二）年七月七日、日中戦争は全面戦争の段階に突入する。「蘆溝橋事件」の勃発である。この年一二月に「南京大虐殺」を引き起こし、以後の歯止めなき中国侵略戦争への道をひた走ることになる。

学校教育も大きく制度的改編が加えられる。一九三七年一二月内閣総理大臣の監督下での教育審議会で、戦時教育体制の基本方針が決定された。初等教育から高等教育、社会教育、教育全般にわたっての「高度国防国家建設」をめざすというものであった。[7]小学校は「皇国民の錬成教育」を第一義とする「国民学校」への編成替えがなされることとなった。

一九四〇（昭和一五）年一月に「国民学校教則案」が発表され、教科は次のようになった（引用文は旧仮名遣いのまま）[8]。

〈国民科〉……「皇国の道の修練として我が国の時間的空間的文化生活体制を修得せしめ国体に対する確信を養ひ皇国臣民としての基礎的錬成を行ふ」（国語・修身・国史・地理）

〈理数科〉……「皇国の道の修練として科学的精神的教養を与へ皇国民の基礎的錬成を行ふ」（算数・理科）

〈体練科〉……「皇国の道の修練として身体的錬成によりて健全なる身体と剛健なる精神を養ひ皇国民の基礎的錬成を行ふ」（体操武道）

〈芸能科〉……「皇国の道の修練として生活に必須なる技芸を修得せしめ皇国民の基礎的錬成を行ふ」（音楽・工業・図画・作業手工を含む）

〈実業科〉……（高等国民学校）「皇国の道の修練として実業に関する知識技能を修得せしめ皇国民の基礎的錬

成を行ふ」（商業・工業・水産・農業）

国民学校の制度的発足は、一九四一（昭和一六）年四月一日であったが、一九四〇年にすでに上記の教科構成や、教科目標に従っての先取り的実践が各学校で取り組まれたようである。滋賀県では、男女師範学校附属校二校はもとより、前記の島小学校においても、国民学校制度になる前から、〈国民科〉他の授業研究が行われ報告されている。島小学校は一九四〇年に国民学校制度に関する著作物を刊行していた(9)。

国民学校令の第一条に国民学校の目的が書かれている。「国民学校ハ皇国ノ道ニ則《のっと》リテ初等普通教育ヲ施シ国民ノ基礎的錬成《れんせい》ヲ為スヲ以テ目的トス」。同法施行規則第一条三項には、「我ガ国文化ノ特質ヲ明ナラシムルト共ニ東亜及世界ノ大勢ニ付テ知ラシメ皇国ノ地位ト使命トノ自覚ニ基キ大国民タルノ資質ヲ啓培《けいばい》スルニ力《つと》ムベシ」。まさに、大東亜共栄圏思想に立脚する大国主義的な「皇国民」の錬成教育であった。

4　国民学校における国史授業――「元寇」（尋常科五年）

次に紹介する国史授業の展開は、滋賀県女子師範学校附属小学校のF訓導の授業プランであり、国民科国史のモデル授業として行われたものである。島小学校編『国民学校の実践的経営』（一九四〇年　明治図書）に所収されているものである(10)。

「元寇」の授業にあたっての指導観において、国定教科書では「北条時宗」となっているが、「この国難克服は弱冠時宗の甕の如き胆力に俟《ま》つこと大なるものがあるが、然し実は皇室の御稜威《みいつ》と挙国一致の賜に外ならぬ」として、「北条時宗」の単元名よりむしろ「元寇」に変えたほうがよい、とする。そして、この教材は「興亜、国防、東亜及び世界教材として重要性」があるとして、扱いの観点を「皇国の尊厳を保ち得た壮烈敢為《そうれつかんい》なる大偉業に鑑み、莞爾《かんじ》として挺身《ていしん》難に赴くの気概を以て聖戦遂行に邁進《まいしん》しなければならぬ」という点に置いている。

教授過程は、三時間配当の一時間目ということもあってか、「元の国勢と野望」が中心となっている。授業構成は一読すれば明らかなように、子どもにとってあまり興味や関心を起こさせられる内容ではない。授業は教師が地図を示しながら、元の版図や国力の拡大を説明しただけではなかったか。「史実の究明」といっても子どもの活動内容が全く記されていない。おそらく、授業の山場となる所はほとんど教師の一方的な教え込みに終始したのではなかろうか。

教授過程の「性格錬成」の項には、常に「新東亜建設」を子どもに念頭に置かせるように強調している。新東亜建設の「我々に負荷されたる歴史的使命」を自覚させるため、授業の最初で「元寇」の授業を扱うことに触れたり、最後には「蒙疆《もうきょう》自治政府」の問題と関連づけたり、再び使命を自覚させるため「東洋人にして白色人種を征服したのは、明治大帝と成吉思汗《じんぎすかん》のみ」であることを強調している。

なお、島小学校は国民科国史の実践にあたって、指導上の留意点を九点列挙している。

図12-1　なぎなたの訓練（女師高等科）1940年

図12-2　飛行機の記念写真（尋常科2年）1944年

表12-2　国民学校の「元寇」の授業

教授過程

教授過程	生活拠充	性格錬成
立　志	新東亜建設 ┐	
東亜情勢の反省	├ 克服の道	歴史的生命に鑑み日々の省察せしむ。
	元　寇 ┘	
神風の想起	元　寇	
主題の提示	第九十一代後宇多天皇（亀山上皇）の御代	
当　順	起源1941年（弘安の役）— 約660年前	
主題の概観	執権北条時宗　18歳	
	挙国一致の体制	
	「神風」による天佑紙助	
	元の国勢と野望	
学習主点の決定	イ．蒙古族の勃興	
	黒竜江上流オノン、ケルレン両河の合流点附近	列強侵略の爪牙を磨く東亜の情勢を想起し「白禍」を撲滅して新東亜建設の礎石たるの覚悟を抱かしめる。
史実の究明	ロ．元の帝系	
	(1)太宗一(成吉思汗)──┬○ ├○ ├(2)太宗一(3)定宗 └○┬憲宗 └(5)世祖（忽必烈）	
	ハ．成吉思汗の膽略	
	内外蒙古………蒙古部 北支満州一帯………金西夏 西南亜細亜………西遼西城 露西亜………阿羅思 } ─ 大帝国の基礎	
	二．太宗の征略	
	露西亜………欽	
	波蘭………波蘭 ドイツ………ボヘミヤ地方 ハンガリ………馬札児 オーストリー………オーストリー イタリー………ヴェネチヤ地方 } ─ 大帝国の建設	
	ホ．忽必烈の雄図	
	中南支………南宋 雲南地方………大理 仏印………高跡 朝鮮………高麗	
思　辨		
史的批判	日本征服 ─ (大帝国の建設)	
	へ．元軍の特異性	世界併合の大野望に燃え遂に皇国をも蹂躙せんとした元寇は実に未曽有の大国難であった所以を理解せしむると共に堅忍持久、捨我奉仕が国家発展の最大要件たることを自覚せしむ
	慓稈不屈の民族性	
	粗衣粗食にして難苦に克つ	
	統御者の英武―絶対服従	
	敗戦を最大の恥辱とする	
	軍隊組織の整備―騎兵の精鋭、戦法卓越	
	銃後の護り―納税義務、資源確保	
篤　行	蒙古人の矜持と蒙疆自治政府	「東洋人にして白色人種を征服したのは明治大帝と成吉思汗のみ」（徳王）
全体的統第二次への契機	新東亜建設の使命の自覚	

（出典：島小学校編『国民学校の実践的経営』明治図書　1940年　111～115頁より作成）

「イ　皇民の錬成を第一義とする。
ロ　歴史的使命を自覚させ実践力を養う。
ハ　道徳的史観に立脚する。
ニ　世界史的観点に立脚する。
ホ　現代的観照に立脚する。
ヘ　統合的国史でありたい。
ト　時代精神の把握を中心眼目とする。
チ　国史の徹底は独り国史科のみに依っては遂げられず、他教科特に国民科との関連に留意する。
リ　指導案を立てるときの注意。
A　史料の精選に努む。B　教科書を充分研究しその具体化をはかる。C　一課全体の指導目的をよく検討する。D　配当時間の適否、各時の要旨、指導過程、板書の研究を綿密に行ふ。E　教弁物を充分吟味する。F　他教科、教科目、行事、郷土教材との連絡統合に注意する[11]」

5　国民学校における地理授業──「印度支那半島」（高等科一年）

次に紹介するのは、島小学校の国民科地理「印度支那半島」の授業プランである。地理教育も歴史教育におとらず、戦争遂行にとって重要な役割を果たす教科として位置づけられていた。国民科地理の着眼点を見れば、「大東亜共栄圏の地理」を徹底して教える意図が強力に打ち出されている。

この「印度支那半島」の授業展開の出典は、島小学校編『農村国民学校教科経営実践体系』（一九四〇年）であ

表12-3　国民学校の「印度支那」の授業

教授案例　国民科地理（高等科第一学年）
教材 5．印度支那半島（新東亜建設其三）

	教材観	指導観	統合計画		資料
指導計画	印度支那半島は我が国とも比較的近接し従来より深い関係がある。殊に新東亜建設の大業完遂には至大の関心を有するようになった地域である。 地理的には一地理区としてまとまりをもつが政治的にはタイ国、イギリス領、フランス領と分割されている。故に最初一地理区としての概観をなし後政治的区画に依って取扱ふことにする。 気候上からは熱帯性で季節風帯乾湿二季に分れ雨量は特種タイプを示しゐる。物産と関連して知らせる。	1．新東亜建設の指導負荷に任ずべき我々は道義的友好関係にあるタイ国及び歴史的に勢力を扶植されている英・仏領印度支那の地理特に欧州諸国の東洋進出が我が聖業の貫徹に如何なる関係を有してゐるかをかなり詳細に指導する事は肝要である。	統合計画	尋六地理 　東南アジア 読本巻十一 　欧州航路 高一国史 　邦人の海外渡航	アジヤ州地図 印度支那本島図 気候図 産業地図
			時間配分	第一時 　印度支那半島の概観及びタイ国 第二時 　フランス領印度支那（本時） 第三時 　イギリス領ビルマ及びマレー	熱帯植物標本及び掛図 援専ルート地図 ハイフォン及びラングーンより重慶への輸送軍需品目と数量表 其の他

	回顧	指標	実践		反省
指導過程	既習事項の復習 印度支那半島の政治区域、地勢、気候、タイ国と日本との関係等に就いて	仏領印度支那の地理に就いて研究し我が国と密接な関係をもち一面又仏蘭西が重要な植民地としてゐる理由等をしらべよう	研究要項	(1)　フランスの重要なる植民地である所以 　①　位置上 　②　面積及民族の点から 　③　資源の豊富な点から (2)　新東亜建設とフランス領印度 　①　日本との歴史的関係 　②　日本との貿易関係 　③　援専行為と日本 　④　仏印に動く時流の力	事変3周年を迎へて我等の覚悟と実践 ◦私達はどんなに考へたらよいか ◦日々の生活を如何にして行けばよいか……。等について児童に発表させ紀元二千六百年の詔勅に帰結する
			板書描図	【日本にも大切な国】 (1)　重慶政府に軍需品を供給する (2)　日本に欲しい物資が多い (3)　日本に近接する (4)　日本の得意先 (5)　歴史的関係が深い (6)　民族を同じくする →【新東亜建設】 ↑ 【フランス領印度支那】 ↓ 【重要な植民地】 (1)　東洋に発展するによい所 (2)　米などの農産物が多い (3)　ゴムがとれ将来も有望 (4)　石炭等の鉱産が多い (5)　土地広く人口僅少 (6)　広州湾と近い →【未開の宝庫】 ↑ 【どんなにして治めているか】 (1)　印度総督をおく (2)　各州に理事長官 (3)　陸海軍備 →【仏本国の利益をはかる】 新東亜建設 ⇅ 未開の宝庫（協力・指導援助） 未開の宝庫 ⇅ 仏本国の利益をはかる 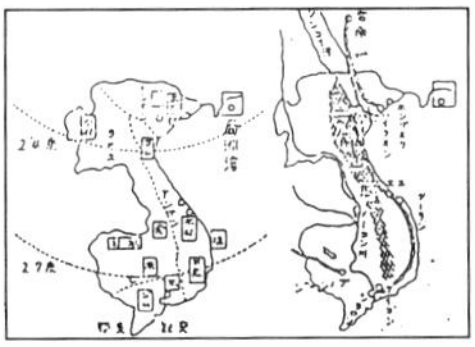	

（出典：島小学校編『農村国民学校教科経営実践体系』明治図書　1940年　134～136頁より作成）

る。[12]「大東亜共栄圏」におけるインドシナ半島の役割を、日本にとって最も重要な地域とつかませ、フランスの植民地であるこれらの地域への日本の「解放」（＝侵略）の必然性をとらえさせようとするものであった。

授業の指導観は、「新東亜建設の指導負荷《ふか》に任すべき我々は、道義的友好関係にあるタイ国及び歴史的に勢力を扶植《ふしょく》されてゐる英・仏領印度支那の地理、特に欧州諸国の東洋進出が我が聖業《せいぎょう》の貫徹に如何なる関係を有してゐるかを、かなり詳細に指導する事は肝要である」となっている。

島小学校の授業の展開過程は板書事項から推測することが出来る。この授業は、「新東亜建設」の日本にとってインドシナ半島が最重要地域であること、フランス領インドシナの植民地状態をつかむこと、の二点の理解をねらいとする。「日本にも大切な国」ということで、⑴重慶政府に軍需品を供給する、⑵日本に欲しい物資が多い、⑶日本に近接する、⑷日本の得意先、⑸歴史的関係が深い、⑹民族を同じくする、などをあげている。このような日本中心の独善的な考え方を教えたことに全く驚くほかない。インドシナ半島の地域住民を全く無視した地理的理解のさせ方であり、「大東亜共栄圏」の思想の本質を示している。

さらに、この地域が「未開の宝庫」であるのは、「米などの農産物が多い、ゴムがとれ将来も有望、石炭等の鉱産が多い、土地広く人口僅少《きんしょう》」というような資源面と、「東洋に発展するによい所、広州湾に近い」という地政学上の点を教えている。その上で、インドシナ半島はフランス領の植民地状態にあり、そしてフランスは「どんなにして治めてゐるか」を教え込み、それが「仏本国の利益をはかる」だけである、という授業展開で終っている。

この授業の行われた時期にはまだ現実化していなかったが、フランス領インドシナへの侵略と同地の占領は、翌年一九四一（昭和一六）年七月二八日以後に、まさに「現実の出来事」となるのであった。その意味では、教師が現実を先取りしてインドシナ半島の侵略を教える明確な意図をもった授業であったといえる。

注

（1）滋賀県教育会『近江教育』一九三一〜三四（昭和六〜九）年の各号より。滋賀県は、一九三三（昭和八）年度の滋賀県教育方針として「既定三教育方針の実施徹底」を永井浩学務部長名で出している。三教育方針とは、郷土教育、公民教育、勤労教育である。（『近江教育』第四五〇号　一九三三年五月）

（2）『近江教育』第四五八号（一九三四〈昭和九〉年一月）は「日本精神号」特集である。第四六四号（一九三四年九月）には第四七回「日本精神と教科経営」の大会報告特集で、三〇本の会員発表の要約が掲載されている。第四七〇号（一九三五年一月）も同じで第五〇回大会「日本精神と訓育」の特集であり、三〇本の会員発表の報告要旨が載っている。一九三六（昭和一一）年の第五七回大会の研究成果として、八幡小学校編『日本精神を中核とする我が校経営の実際』三三〇頁（西川文泉堂他一九三六年）が刊行されている。開催小学校で会場校の八幡小学校の研究物である。

（3）島小学校編纂『新日本教育の実践工作』（明治図書　一九三四年）「序」。稲本彌三郎「日本精神顕揚への教育」（『近江教育』第四五九号（一九三四年二月）

（4）『同上書』七一〜八八頁

（5）『近江教育』第四六一号（一九三四年四月）

（6）国民教育研究所編『近代日本教育小史』（草土文化　一九七三年）一六二〜二〇〇頁

（7）海老原治善『現代日本教育実践史』（明治図書　一九七五年）八五五〜八九二頁

（8）島小学校編纂『国民学校の実践体系』（明治図書　一九四〇年）三七〜三八頁

（9）前述の他に、島小学校編『農村国民学校教科経営実践体系』と同『農村国民学校学級経営の実践的研究』（いずれも明治図書　一九四〇年）が発行されている。

（10）島小学校編纂『前掲書』（8）一一一〜一一五頁。島小学校の著作に滋賀県女子師範附属小学校の実践記録を所収している理由は分からない。同じ本に国民科地理の授業プランとして、女子師範附属校の西川哲三訓導「欧州の動乱」（尋常科六年）が掲載されている。ナチスドイツの欧州動乱政策の正当性を扱ったものである。西川訓導は、一九三三（昭和八）年から一九三九（昭和一四）年八月まで島小学校に勤務、九月より女子師範学校附属小学校に転勤した教師である。

（11）島小学校『農村国民学校教科経営実践体系』（9）九七〜九八頁

（12）『同上書』一三四〜一三六頁

第13章　長浜国民学校における「郷土の観察」の授業

1　中村林一訓導の教育実践——「学級経営案」と「昭和二〇年度指導案綴」

国民学校とは、一九四一（昭和一六）年四月一日に発足し、一九四七（昭和二二）年三月三一日まで存続した学校名称である。一八九六（明治一九）年から小学校は尋常科、高等科を設置し、尋常小学校、高等小学校、尋常高等小学校の名称で親しまれてきた。昭和期に入り、一九三七（昭和一二）年七月から日中全面戦争に突入して、戦時体制が恒常化していった。日中全面戦争がアジア・太平洋戦争へと拡大していくなかで、戦時体制に即応する軍国主義教育を行うために一九四一（昭和一六）年四月に校名が改称された。同年一二月八日には、日本はついに第二次世界大戦へと突入していった。

一九三七（昭和一二）年一二月一〇日に設置された教育審議会は、翌一九三八（昭和一三）年一二月八日の第一〇回総会で、「国民学校、師範学校及幼稚園ニ関スル件」答申を出して、国民学校制度の実施概要を説明した。国民学校の教育目的は、「皇国ノ道ニ帰一《きいつ》セシメ、修練ヲ重ンジ、各教科ノ分離ヲ避ケテ知識ノ統合ヲ図リ」、「国民錬成」の教育を行うこととした。従来の教科は大幅に統合されて、初等科（六カ年）は四教科とされ、国民科（修身・国語・国史・地理）、理数科（算数・理科）、体練科（武道・体操）、芸能科（音楽・習字・図画・作業・裁縫〈女子〉）

となった。芸能科の作業はのちに工作となる。高等科（二カ年）は、四教科に実業科（農業・工業・商業・水産）を加え、五教科に統合された。

滋賀県下の国民学校の教育について、滋賀県師範学校附属国民学校と島国民学校の国史・地理の授業について報告したことがある。(1) 本稿では、長浜市の一人の訓導が残した「昭和二〇年度指導案綴」の資料をもとにして、国民学校における授業の実際を考察していく。国民学校における教育実践の記録や資料類は、基本資料が残されていない場合が多い。一九四五（昭和二〇）年八月一五日の敗戦とその後の占領教育の時期に戦争責任追及や教職員適格審査が行われ、「戦後教育改革」の中で資料が焼却され、処分されたと考えられる。

各学校所蔵の資料はもちろん、個人記録でも当該の時期の資料が残っていることは少なく、本資料は第一級の貴重な資料である。本稿で取り上げる長浜国民学校の中村林一訓導の実践記録は、中村林一コレクション（長浜城歴史博物館寄託資料）の一部である。中村林一訓導の「昭和二〇年度指導案綴」は、同コレクションの「長浜開知学校」資料群中の一冊である。

中村林一訓導は、一八九八（明治三一）年一一月五日坂田郡長浜町錦南（現長浜市元浜町）生まれ、長浜尋常高等小学校卒業後に長浜農学校（現滋賀県立長浜農業高等学校）に入学する。一九一八（大正七）年三月同校を卒業後、長浜尋常高等小学校教員となり、一九五二（昭和二七）年三月三一日に退職するまで同校に在勤した。中村は、長浜尋常高等小学校から長浜国民学校、長浜小学校と校名変更はあったが、同校一筋三四年間教員を続けた。長浜尋常高等小学校に赴任し同校訓導を長く勤め、長浜町の郷土の民俗資料や歴史資料を収集し、郷土研究を精力的に行った教師である。池野北堂編『教育に親しむ人々（その2）』（一九三四年　江州公論社）に、「坂田郡長浜小学校訓導　三五歳」、「隠れたる郷土史研究家として知られる。現校にありて既に年あり、同僚によく児童によく、郷間の信望厚し」とある。(2)

長浜城歴史博物館に残る膨大な「長浜開知学校資料」は、中村林一訓導が明治期の開知学校から昭和期の戦後直後に至る長浜尋常高等小学校・長浜国民学校の学校関係資料を散逸させずに守り、保管してきたものである。一九九〇年代後半に中村林一コレクションの資料整理をお手伝いしたが、多くの公的な学校関係資料の中に国民学校における中村個人の教育実践記録の一部が入っていた。

一九四四（昭和一九）年度には初等科三年勇組男子六〇名の担任となり、一九四五（昭和二〇）年度は、初等科四年勇組男子五八名の担任となっている[3]。国民学校期の中村訓導の戦前の資料は、①一九四四（昭和一九）年度の初等科三年勇組男子六〇名、「昭和一九年度　初等科第三学年勇組　学級経営案」と、②一九四五（昭和二〇）年度の初等科四年忠組男子五八名、「昭和二〇年度　第一分団第四学年中村学級　学級経営案[4]」の二点が残されている。戦後の一九四六（昭和二一）年度の国民学校最後の年には、中村訓導は第二学年の「初等科地組」を担任した。③「昭和二一年度　学級経営録其ノ一　学級経営日録　初二地組」は、一九四六年四月一四日から一九四七年三月一五日の日々の詳細な実践記録である。

2　国民学校における国民科の位置と教科課程

中村林一訓導は、一九四五（昭和二〇）年度に初等科四年忠組の男子五八名の担任となった。前年の三年勇組男子六〇名とほぼ同数、国民学校も発足して五年目を迎えていた。アジア・太平洋戦争は戦局悪化の道をたどるばかりであったが、現場の教師には食糧不足や物資の不足の感覚ばかりで、戦争の確かな情報は伝えられてこず、精神主義で戦争を乗り切ることだけが宣伝されていた。国民学校教育の教科のなかでも、国民科は戦争遂行のためにもっとも寄与する教科と位置づけられた。第一学年から第六学年までの「修身」、「国語」はもちろん、第四学年の「郷土の観察」、第五学年からの「国史」、「地理」は「国体の精華を明らかにし、国民精神を涵養し、皇国の使命を自覚せしめる」点において重要な任務を持つとされた。

国民学校においては「教材の排列」は、「教材を児童心身の発達に即せしめ、その生活の実際並びに生活環境と照応せしめながら、段階を追うて進むものである」として、次の四期に分けて教科書が編纂された。第一期　初等科第一・二学年、第二期　初等科第三学年、第三期　初等科第四・五・六学年、第四期　高等科第一・二学年。

国民科の「教材の排列」は、第一期では、児童生活の「躾《しつけ》と国語の初歩的練習」を主として日常生活の事象をとらえて指導し、想像力を豊かにしていく。ここでは将来の国史・地理の萌芽を含むもので、生活暦によって排列すべきだとした。第二期では、「生活体験への正しい理会力と発表力とを伸張」させ、道徳的理想構成の方向に向かわせていく。

第三期においては、児童を自覚的にさせることに重点をおき、実践的能力を助長させる。修身・国語の他、「郷土愛の念を涵養し、郷土の観察」をさせると同時に、国史・地理の二科目を分化させる。第四期は、第三期までの基礎的錬成の上で、「東亜の情勢並びに世界の動向」を知らせて「国体の精華」を明らかにする、としたのである（『初等科国史　上　教師用』一九四四〈昭和一九〉年翻刻発行　七〜九頁）。

国民科の教科書のうち「郷土の観察」は教師用のみで、児童用は発行されなかった。修身、国語、国史、地理の教科書は、一九四三〈昭和一八〉年度中にやっと児童用が発行された。

表13-1　初等科「国民科」の教科課程　＊数字は週時数

	第1学年	第2学年	第3学年	第4学年	第5学年	第6学年
修身	国民道徳	1同	2同	2同	2同	2同
国語	10読方綴方話方書方	11同	8読方綴方話方	8同	7同	7同
国史				1郷土ノ観察	2国史ノ大要	2同
地理					2地理ノ大要	2同

（出典：文部省『国民学校教則案説明要項（草案）』1940年より作成）

　このような中で中村林一訓導は、一九四五（昭和二〇）年度の初等科四年の担任となり、理数科、芸能科とともに、国民科の「修身」・「国語」・「郷土の観察」の授業を担当し、同時に第五学年信組の国民科「国史」の授業も担当した。「昭和二〇年度指導案綴」には第四学年第一学期から第三学期までの全教科の指導案と、国民科「国史」の第五学年第一学期から第二学期の九月二四日までの指導案が綴られている。第四学年の「郷土の観察」は四月二五日から一一月二一日までの指導案が綴み込まれている。

３　一九四五（昭和二〇）年度「郷土の観察」の授業

　中村林一訓導の指導した「郷土の観察」は、四年忠組では週一時間で毎週水曜日第三時に実施している。以下のように第一学期から八月一五日の敗戦の日をはさんで、第二学期の一一月二一日まで合計一三回の授業を実施している。

第一学期	第　四週	四月二五日㈬	第三時	展望
	五	五月　二日㈬	第三時	学校
	六	九日㈬	第三時	学校
	七	一六日㈬	第三時	学校
	九	三〇日㈬	第三時	学校
	一一	六月一三日㈬	第三時	私たちの町
	一二	二〇日㈬	第三時	町

一四　七月　四日㈬　第三時　町
一五　　一一日㈬　第三時　夏中《げっちゅう》さん
第二学期　第五週　九月二二日㈬　第三時　寺院
八　一〇月一〇日㈬　第四時　郷土の寺院
一〇　　二四日㈬　第四時　大通寺《だいつうじ》見学
一四　一一月二一日㈬　第四時　史蹟

(1) 中村訓導の『郷土の観察』実践の諸前提―『長浜郷土読本』編纂・執筆と『郷土の観察　教師用』

ア 『長浜郷土読本』（昭和一五年）の編纂・執筆と郷土教育

長浜国民学校は、改称前の尋常高等小学校時代の一九四〇（昭和一五）年九月五日に『長浜郷土読本』（一二四頁）を発行している。全二〇課に及ぶ郷土読本で、郷土の歴史、地理、民俗、産業などの教材集であった。注目すべきは、四つの課に「児童文」の教材文が採用されていることである（「長浜祭」「夏中《げっちゅう》さん」「鐘秀館《しょうしゅうかん》」「ゑびす講大売出し」）。なかでも「長浜祭」は特に詳しく、「一裸参り、二夕渡り、三太刀渡り、四曳山狂言、五戻り山」を一五頁にわたって、児童文を載せているのである。

昭和初期の滋賀県下の郷土教育運動は、子どもと教師による主体的な郷土調査、郷土研究に取り組まれていたが、一九三四（昭和九）年頃からしだいに子どもの調査、研究が行われなくなり、国家愛につながる郷土愛の涵養や郷土意識の喚起に重点化されていった。そのなかでも、比較的県下全域で継続して取り組まれたのが、教師による郷土読本づくりであった。昭和戦前期に刊行された滋賀県下の郷土読本は、現在まで八つの尋常高等小学校、四つの教育会、一つの教育研究会の編纂・執筆した一三冊が確認されている(5)。

長浜尋常高等小学校の郷土読本作成の中心になったのは、中村林一訓導であった。『長浜郷土読本』の手書きの下書き原稿が残されているが、彼の字体であることは確実明瞭である。同校の郷土読本編纂の中心になってリードして、大半を執筆したことがわかる。

一九四一年四月に国民学校制度になり、国民科に「郷土の観察」が新設されたことは、中村林一訓導にとって歓迎すべきことであった。そして、昭和二〇年度に念願の第四学年の担任になって国民科「郷土の観察」の授業ができるようになったことは、彼にとって待ちに待ったことであった。表13－２に、『長浜郷土読本』の目次一覧を掲げてみる。

イ　国民学校『郷土の観察　教師用』教科書の内容

中村林一訓導が昭和二〇年度に初等科四年生に行った授業を検討する前に、国民学校教師用教科書『郷土の観察　教師用』（一九四二〈昭和一七〉年刊）の内容を見ていこう[6]。中村訓導の授業内容の展開が、教師用の教科書どおりに進められていたのか、ある

表13-2　『長浜郷土読本』目次（1940〈昭和15〉年）

1　長浜、2　豊太閤と長浜、3　豊公園の桜、4　十人衆、5　秀吉と三成、6　加藤清正（1）長浜城（2）伏見城、7　八幡神社と舎那院、8　長浜祭、9　大通寺、10　夏中さん、11　浜縮緬、12　鐘淵紡績株式会社長浜工場、13 長浜尋常高等小学校、14　長浜町歌、15　聖蹟慶雲館、16　鐘秀館、17　明治山、18　竹生島詣で、19　ゑびす講大売出し、20　結語、（附録）1　聖蹟、2　長浜町神社一覧表、3　長浜町寺社一覧表、4　国宝一覧表（1）絵画彫刻（2）建造物、5　長浜町及付近の地図

表13-3　国民学校第４学年用『郷土の観察　教師用』目次（1942〈昭和17〉年）

1	展望………1 名称・特徴、2 方位、3 距離の目測、4 地物の記入
2	学校………1 学校の位置、2 学校の図面―学校と方位、設備の配置、3 学校の沿革、4 学校と郷土との関係、5 家の位置、6 通学の道筋、7 家から学校までの距離
3	山・川・海など………1 山、2 川、3 平野、4 湖沼、5 海岸と海
4	気候………1 梅雨、2 気温・晴雨等の観察、3 台風、4 風、5 雪、6 季節のうつりかわり、7 天気予報
5	産業………1 農業、2 牧畜、3 林業、4 鉱業、5 水産業、6 工業、7 商業
6	交通………1 道路の分布、2 乗物と道路、3 停車場の観察、4 交通と産業及び郷土の盛衰
7	村や町……1 村や町の展望、2 村や町の成立ちや発展、3 村や町の名称
8	神社と寺院……1 神社、2 寺院
9	史蹟………1 皇室関係の史蹟、2 郷土の偉人関係の史蹟、3 軍事・政治関係の史蹟、4 産業交通関係の史蹟、5 教育関係の史蹟、6 外国及び外国人関係の史蹟、7 考古学関係の史蹟、8 重要な伝説地、〈附〉名勝・天然記念物

いは先にみた『長浜郷土読本』のような副読本と一致していたのか、を検討するためである。表13-3に、『郷土の観察　教師用』の目次一覧の表を掲げてみる。

(2) 中村林一訓導の「郷土の観察」の授業展開

昭和二〇（一九四五）年度の四月から一一月まで、中村の「郷土の観察」の授業展開は、次のようであった。四月……展望（一時間）、五月……学校（四時間）、六～七月……町（三時間）、夏中《げっちゅう》さん（一時間）、九～一〇月……郷土の寺院・大通寺《だいつうじ》（三時間）、一一月……史蹟（一時間）。

中村は、四～五月段階では『郷土の観察　教師用』の構成に従いつつ授業を行っていたが、六～七月段階からは独自の授業展開で進めていったことがわかる。『郷土の観察　教師用』では、「展望」「学校」のあとでは、郷土の自然地理の「山・川・海など」「気候」を教え、次に人文地理的な「産業」「交通」を教え、そのあとで郷土の「村や町」「神社と寺院」「史蹟」を学ばせていく構成になっていた。しかしながら、中村は六～七月から『郷土の観察　教師用』にある郷土の自然地理や人文地理の事象を扱わず、郷土長浜の「町」の成立や発展を取り上げて、郷土の民俗行事である「夏中さん」を教えているのである。

さらに、敗戦の八月一五日をはさんで、「郷土の観察」の授業を続けて実施していき、二学期からは九～一〇月に郷土の大寺院である「大通寺」や一一月には「史蹟」を取り上げている。九月二〇日の国民学校の国定教科書教材の削除・省略の文部省通達が長浜国民学校にも届くが、国民科「郷土の観察」の授業は何ら影響を受けることなく継続されている。中村が実践していった、六～七月の長浜の「町」や「夏中さん」、九～一〇月の「大通寺」、一一月の「聖蹟」の各単元は、先に見た一九四〇（昭和一五）年発行の『長浜郷土読本』のなかで、いずれも詳細な教材文（説明文）が作成されていた。

一九四一（昭和一六）年の国民科「郷土の観察」として制度化される以前から、郷土教育の実践として郷土長浜の「町」の成立や発展、民俗学行事の「夏中さん」「ゑびす講大売出し」、「聖蹟《せいせき》慶雲館《けいうんかん》」単元などの授業実践が行われていた可能性がある。中村訓導にとっては、国民科の枠組に関わりなく、郷土教育として教えるべき内容として確定していたと考えられる。

ア「郷土の観察」の実践事例(1)―郷土長浜の「町」

中村の「私たちの町」授業は、六月一三日、二〇日、七月四日の三時間をかけて郷土長浜の町を扱っている。六月一三日の授業展開は、「長浜ノ成リ立チ、発達ニツイテヲ知ラセル」を目標に掲げており、村や町の成り立ちや発達を「長浜ノ町ハドウシテ出キタカ」の問題意識を持たせて、長浜の各町の成り立ちを学ばせている。続く六月二〇日の授業展開は下記の通りである。

六月二〇日(水)　第三時　題目「私たちの町」

一　題目「私たちの町」

二　趣旨　郷土ノ町ヲ観察サセ、ソノ成リ立チヤ発達ニツイテ、地勢、産業、交通等ヤ、（六文字不明）ヲ暗ニ知ラセ、町ニツイテ理解ヲ深メル

三　取扱ノ要点

1　予備

イ　前回ノ整理　長浜ノ町ハドウシテ出キタカ、町名ノ由来

ロ　目的掲示

2　指導　イ　主ナ建物ト其ノ仕事ノ大要

官衙………地方事務所、税務所（ママ署）、郵便局、駅、警察署
銀行………滋賀銀行支店、大垣共立銀行支店、日本勧業銀行出張所
組合………信用組合、其ノ他
ロ　地図上ノ指導
3　整理　質疑応答

一時間目で長浜の町の成立や発展を、二時間目で郷土の観察をもとに地勢や産業、交通、役所など公共施設、人々に関係深い金融機関その他を教えている。三時間目の「町」の授業は残念ながら、資料で展開過程が欠落していて不明である。長浜の町名の由来を教え、実地の特徴をつかませ地図上で位置確認をしている。

イ　「郷土の観察」の実践事例(2)──「夏中《げっちゅう》さん」

『長浜郷土読本』の資料集づくりの執筆にあたり中村の最も力点をおいた内容が、郷土に残る民俗行事や風習、言い伝えであった。郷土読本では四月の「長浜祭」四五～五九頁、七月の「夏中さん」六五～七一頁、一二月の「ゑびす講大売出し」一一五～一二一頁が、「児童文」の形態で収録されていた。この中で「夏中さん」は、七月三日から一二日間ほど続く、大通寺の夏中法要《げっちゅうほうよう》である。夜店が多く出て、サーカスの曲馬団もきて、参詣客が近隣の村々から多数集まる楽しい夏の行事である。「郷土の観察」の授業は、次のように行っている。

七月一一日㈬　第三時　題目「夏中《げっちゅう》さん」
一　題目「夏中さん」
二　趣旨　七月三日カラ一二日間ノ郷土ノ年中行事中、最モヤカマシイ夏中サンニハドンナコトガアルカ

三　取扱ノ要点

1　目的提示

2　既有知識ノ整理　夏中サントハドウイウコトカ、ドコデ法要ガアルカ、夏中サンニハドンナコトガアルカ

3　指導　夏中法要トハドウイウコトカ、意義……大通寺、沿革ノ大要ト国宝建築物、夏中法要ニツイテノ注意

4　整理　主要事項ノ整理ト要語筆記

郷土読本の教材文「夏中さん―児童分―」は、花子の家に友達のきみ子さんが来て、父がきみ子さんに法要の内容や由来を説明し、二人で一緒にお参りすることから書き始められている。父の言葉として「夏中法要は昔印度でお釈迦様が沢山の修行者と御一緒に一堂に籠《こも》り、静かに修道講学《しゅうどうこうがく》され、合はせて亡者の供養《くよう》をされたといふ名残なのださうです。」と書き、「参詣を終へて、山門の楼上へも上がつてみました。門前には露店が軒を並べ、御堂《みどう》前通には人の群が波打つて往来してゐます。氷屋の旗もちらほらと見え、時々打ち鳴す鐘の音が、立ち並ぶ街の屋根の上を広がつて行きます」。と説明している。

夜になり、母と弟、きみ子さんの四人で夜店見物に行く。海軍服を着た弟が急ごうとすると、父が「曲芸はまだ始らんよ」と言いたしなめる。三人で人混みの中を「お旅所」に行くと、曲馬団が開演していた。着飾ったサーカスの人たちが馬に跨《また》がっており、幕が上がり綱渡りが始まり、続いてお猿の芝居があった。最後は、「大通寺の夏中法要は、八幡様のお祭に次いで私たちの楽しい郷土行事の一つです」と締めくくっている。子どもにも伝わるリアルな描写であり、授業では郷土読本のこの教材文を使いつつ、授業を展開した可能性が強い。

ウ「郷土の観察」の実践事例(3)——「寺院」

八月一五日のポツダム宣言受諾の敗戦後、一九四五（昭和二〇）年度の第二学期の九～一〇月にも「郷土の観察」の授業が行われていた。長浜の「寺院」に関する単元であるが、九月に一時間、一〇月に一時間の計二時間であり、地元の寺院を扱う目的（趣旨）は、両時間とも「宗教的情操を養うこと」と「郷土生活の実情を理解させること」に置いている。中村は郷土の寺院調べを行わせていく、実地観察を強調しており、「祖先追慕の念」を養うことを目的につけ加えた。

九月二二日㈬第三時の授業では、趣旨として「郷土ノ寺院ニツイテ知ラセ、宗教的情操ヲ培ウト共ニ、寺院ヲ中心トシテ行ワレテイル郷土生活ノ実情ナドヲ理会サセル」をあげて、指導過程で「一予備、二指導、三整理」に進んでいる。二指導内容は、次のようである。「イ　寺院ノ建物　主要ナモノ……本堂・門（楼門）・鐘楼《しょうろう》・鼓楼《ころう》・庫裡《くり》等　塔ノアル寺ハ長浜ニハナイ、ロ　仏像　本尊……長浜ノ寺ニハ多ク阿弥陀如来、時ニハ釈迦、観音、其ノ他モアル、国宝——舎那院《しゃないん》　愛染明王《あいぜんみょうおう》、阿弥陀来、歓喜院——観音、ハ　祖先ノ位牌ト墓地　寺院ニハ其ノ檀家ノ位牌ヲ安置シタリ、近クニ墓地ガアルモノガアル」。最後に、イ　質疑応答、ロ　記帳整理をさせて、家庭での課題として「郷土ノ寺院ノ由緒、寺院ト郷土トノ関係」を調べさせている。

二回目の一〇月一〇日の授業は、次の通りである。

一〇月一〇日㈬　第四時　題目「郷土ノ寺院」
一　題目「郷土ノ寺院」
二　趣旨　郷土ノ寺院ノ沿革ナドヲ第四年ニ知ラセテ、祖先追慕ノ念、宗教的情操ヲ培ヒ、更ニ寺院ヲ中心トシテ行ワレテイル郷土生活ノ実情ナドヲ理会サセル

三　準備　郷土ニドンナ寺院ガアルカヲ調べサセテ置ク
指導過程
1　予備　長浜ニハドンナオ寺ガアルカ、オ参リシタコトガアルカ、ソレ等ノオ寺ニハドンナ事ガアツタカ
2　指導
イ　寺院ノ名称等
ロ　寺院ノ位置（所在町名）宗派
ハ　寺院ノ仏像　オ寺ニハドンナホトケサンガオイデニナルカ、
木像、銅像、金銅仏……国宝、………郷土ノ文化ノ記念物、
ニ　祖先ノ位牌ト墓地
寺院ニハソノ近クニ墓地ガアル場合ガアル……長浜ニハナイ墓地ト、祖先其ノ他郷土ノ先輩ヘノ
感謝
ホ　寺院ト年中行事
大通寺……彼岸ノ法要、夏中、オトソコシ、舎那院………涅槃会《ねはんえ》、知善院《ちぜんいん》………千日会
3　整理　イ　質疑応答、ロ　毎時記帳

長浜の郷土寺院の一覧は、『長浜郷土読本』附録に二〇カ寺を掲載している。「郷土の観察」の二回の授業では、宗教的施設としての寺院の役割と機能を教えようとして、寺院の建物、仏像、祖先の位牌と墓地、主要寺院の年中行事などを取り上げている。本尊の阿弥陀如来像や釈迦如来像のこと、国宝の愛染明王像、阿弥陀如来像（いずれも舎那院）、十一面観音像（知善院）のことにもふれて、自分の郷土の寺院に関心を持たせようとした。ちな

みに先の『長浜郷土読本』附録では、長浜の寺院の宗派では、浄土真宗が圧倒的に多い。大通寺を始め浄土真宗大谷派が一一カ寺と多く、真宗仏光寺派三カ寺、真宗本願寺派一カ寺である。舎那院は真言宗豊山派、知善院は天台宗真盛派となっている。残りは、浄土宗鎮西派、日蓮宗妙願寺派、曹洞宗であった。なお、「神社」の扱いは八幡神社ぐらいであり、長浜祭との関係で触れている程度である。いずれにしろ、郷土にある寺院に関心を持たせることで、その由来や本尊、祖先とのつながりの深い墓地について宗教的知識として学ばせようとしたのである。

4　中村の「郷土の観察」授業の特質

長浜国民学校の中村林一訓導による一九四五（昭和二〇）年度「郷土の観察」の授業を検討してきた。初等科第四学年の四月から一一月までの水曜日の週一回の授業で、計一三回の実践に取り組んだものである。中村の「郷土の観察」授業の特質をまとめると、以下のような点があげられる。

第一に、中村林一の「郷土の観察」授業は、国定教科書『郷土の観察　教師用』の構成どおりでなく、独自に構成したものであった。一九四五年度の四月から六月までは『郷土の観察　教師用』に従うが、七月から以降の中村の授業は、同校で前年までに完成させた『長浜郷土読本』を活用した実践となっている。六月から七月にかけての「長浜の町」「夏中さん」の単元展開は、長浜の町の成立と発展、町名の由来に力点をおき、また地域にねざした郷土の民俗的行事や習俗を積極的に扱っていった。ここには、戦時下の軍国主義的な郷土愛から国家愛へと直接つなごうとする郷土教育でなく、あくまで地域の歴史、民俗、文化を重視する郷土教育に重きを置いた授業であったといいえる。

第二に、『長浜郷土読本』の中でも、「児童文」の形態で掲載された「夏中さん」を取り上げているように、アジア・太平洋戦争の激化が次第に国民生活を深刻化していく時期にあって、子どもの生活に郷土の年中行事のなかで楽しく明るい側面の教材を使って教えている。長浜周辺の村々に大阪からの学童《がくどう》疎開《そかい》の子どもがいたり、長浜の町にも縁故《えんこ》疎開《そかい》で学級に入ってくる子どもたちが何人かいた。中村は、この時期にあえて「郷土の観察」の授業で「夏中さん」を取り上げて、子どもらしい楽しみや郷土の人びとの娯楽を強調したのである。時代思潮や世相に押し流されない国民学校期の教育の一つの実態が、確固として存在していたといえよう。

第三に、中村の指導理念に郷土の伝統的な民俗や文化に対する深い理解があり、長浜の子どもたちに受け継がせていこうとする考えがみられる。郷土の「寺院」の扱いでは、長浜町内の寺院調べが行われているが、寺院の建物や宗派、本尊（仏像）、祖先の位牌や墓地、年中行事（彼岸・夏中・涅槃会・千日会など）を知ることで宗教的な情操を養うこと、祖先追慕の念を起こさせること、長浜の郷土生活に根づいた寺院とのつながりを意識させることをめざして行っていったことがわかる。

この「寺院」をテーマとする授業は、敗戦直後の一九四五年九月から一〇月にわざわざ取り上げられて実施されている。中村が意図した郷土生活の実情を理解させるこの学習は、敗戦後の日本社会の精神的復興に大きな位置を占めるものと考えて、展開されたのではあるまいか。

注

（1）拙稿「一五年戦争下の歴史・地理授業―滋賀県における軍国主義教育の一実態―」（滋賀大学教育学部平和教育研究会『平和教育の課題と方法に関する学際的研究（Ⅲ）』一九九〇年）、本書第12章に所収。

（2）池野北堂編『教育に親しむ人々（その2）』（一九三四年　江州公論社）二三二～二三三頁

（3）中村訓導の初等科三年担任前の「学級経営案」資料として、担任児童の一、二年の記録である初等科一年担任佐治とき、初等科二年担任松宮明子のものが綴じこまれている。

（4）「昭和二〇年度　第一分団第四学年中村学級　学級経営案」の内容は、次のとおり。

A一　初等科第四学年児童ノ一般的傾向、二　本学年経営ノ方針、三　各教科経営上ノ留意点、四各科教材取扱上ノ注意
@敗戦後の記述――四では「省略削除又ハ取扱上注意ヲスル」

B「初等科第四学年教材取扱要項」―一　国民科修身、二　国民科国語、三　国民科綴方、四　国民科郷土、五　理数科算数、六　体錬科体操及教練、七　芸能科音楽、八　芸能科習字、九　芸能科図画、一〇　芸能科工作、一一　芸能科裁縫

C昭和二一年一月中ニ於ケル家庭食生活程度調査、同年二月一一日（紀元節）食糧状況調査、同年三月三日食糧状況調査

D初等科第四学年各教科概評

（5）拙稿「滋賀県における戦前郷土読本の刊行状況」（木全編著『地域に根ざした学校づくりの源流―滋賀県島小学校の郷土教育―』文理閣　二〇〇七年）五五～七〇頁

（6）『郷土の観察　教師用』は、本文総説四七頁、各説一〇三頁、附録「国民学校教育に関係ある軍事取締法規に就いて」からなる。「郷土の観察の意義」として「郷土の理会に資するとともに、これによって国民科地理及び国民科国史学習の素地を作り、上級学年の地理及び国史の教材の理会を具体的ならしめようとするもの」と述べている。実際に観察し、考察、処理する態度に導く、作業を重視するなどの指導方針をあげた。

附録において、「郷土ヲ国防ノ一単元トシ郷土ヲ通ジテ国家総力戦ニ対スル基礎的萌芽ヲ啓培シ国防上ノ責務ヲ自覚セシム」をあげており、郷土の観察をあくまで「国家総力戦遂行ノ基礎タルベキ精神ヲ育成」する国防上の見地から指導すべきだとした。

『郷土の観察　教師用』については、拙稿「国民学校期の『郷土の観察』」（滋賀大学附属図書館編『近代日本の教科書のあゆみ』サンライズ出版　二〇〇六年）を参照のこと。

第14章　滋賀県下の「ＧＨＱ指令綴」の存在とその分析
――御真影・奉安殿・教育勅語の撤去と三教科の授業停止

１　滋賀県下の「連合国軍総司令部（ＧＨＱ）指令綴」

戦後直後における教育改革の実態を知る資料として、連合国軍総司令部（ＧＨＱ）指令綴（以下「ＧＨＱ指令綴」と略す）がある。戦後教育の出発時において、地方の学校現場がどのように戦前の天皇制教育から戦後教育に転換していったのかを知ることのできる貴重な資料である。ＧＨＱ指令綴には、総司令部の指令文書はもちろんのこと、文部省の通牒や通達、都道府県の教育部からの移牒や通牒が収められていることが多く、中央の教育施策が地方教育事務所を通じて学校に伝達されていった過程をくわしく知ることができる。ＧＨＱ指令綴は各学校で常備して、全教職員が確実に読んだ事を示すために、全教職員の各自の捺印を押させて保管し、地方軍政部の係官が学校巡視の際には提出して点検を受けねばならなかった。ＧＨＱ指令綴には、指令を綴じただけでなく、報告文書を綴じ込んでいる資料もあり、この資料により戦後直後の教育実態をとらえることが出来る。

ＧＨＱ指令綴における資料は、大別すると⑴戦前の天皇制軍国主義教育の否定と払拭《ふっしょく》の過程、⑵戦後の「新教育」の試行錯誤の実施過程を含んだものであり、時期からいうと一九四五（昭和二〇）年九月から一九四九（昭和二四）年初め頃までの資料である。綴り込みの資料の時期の下限は、所蔵されている学校によって若干異なる。

滋賀県における学校所蔵資料のＧＨＱ指令綴として、二〇〇四年現在までに私が確認しているのは、次の七校である。①彦根市高宮小学校、②近江八幡市八幡小学校、③米原町（現米原市）息郷《おきさと》小学校、④米原町（現米原市）河南中学校、⑤信楽町（現甲賀市）雲井小学校、⑥愛知川町（現愛知《えち》郡愛荘町）愛知小学校のＧＨＱ指令綴であり、関連する⑦大津市伊香立小学校などの適格審査綴である。次に、各学校の資料類を簡単に紹介する。

①彦根市高宮小学校所蔵資料は、一「昭和二〇年九月以降連合軍総司令部覚書　県通牒《つうちょう》整理簿　高宮国民学校　高宮青年学校」と二「自昭和二二年度　軍政官巡視関係諸綴」であり、一には昭和二二年九月七日付通牒から二四年一月九日付通牒までが、二は昭和二二年九月から二四年五月までの書類が綴じられている。

②近江八幡市八幡小学校所蔵資料は、一「連合軍最高司令部通牒綴　八幡小学校」、二「新教育指令ニ関スル公文書　同上」であるが、八幡小学校の「小」は上から貼り付けてあって、下の文字は「国民」であると思われる。一と二の全通牒の件名目録は、拙著『滋賀県教育史資料目録』第10集（二〇〇〇年）の一二四～一三〇頁に掲げた。

③米原町息郷小学校所蔵資料は、一「昭和二一年度起　連合軍最高司令部通牒綴　坂田郡息郷国民学校　息郷青年学校」、二「連合軍よりの指令関係文書件名簿　同上」、三「滋賀軍政部印刷物綴　息郷小学校」、四「軍政部指令関係文書について発送重要文書綴　同上」の四点である。

④米原町河南中学校所蔵資料は、一「自昭和二二年四月　連合軍最高司令部通牒　息郷中学校」、二「昭和二二年四月　軍政部教育指導要領　坂田郡息郷中学校」、三「軍政部指令関係文書についての発送重要文書綴　息郷学校」、四「昭和二二年度　軍政部関係書類綴　醒井中学校」、五「昭和二二年度起　視学官指導録　醒井中学校」の五点である。五点の資料は同校から米原町教育委員会内の米原町史編纂室に移管・保存されている。

⑤信楽町雲井小学校には、昭和二二年四月に同校に併置されていた雲井中学校の綴りである「昭和二二年四月起

進駐軍関係綴　雲井中学校」が残っている。同校には昭和二一年度の雲井青年学校関係資料（職員資料や校務日誌）もあり、戦後直後の昭和二〇年から二三年頃に小学校・青年学校・新制中学校が同一校舎で学んでいた時代の資料である。

⑥愛知川町愛知小学校所蔵資料は、一「昭和二〇年起　連合軍最高司令部関係文書綴（其ノ一）　愛知郡豊国国民学校」、二「昭和二四年起　連合軍最高司令部関係文書綴（其ノ二）　同上」の二点である。

⑦大津市伊香立小学校には、戦後直後の大変貴重な教職員適格審査の結果を知らせた資料が残されている。同校の教職員に関する「単位取得証明書　適格審査通知書綴　滋賀郡伊香立小学校」資料であり、適格審査通知書は昭和二一年九月一七日付のもの、単位取得証明書は昭和二四年から二六年までのものが残されている。

２　旧制長浜高等女学校の「連合軍司令部（ＧＨＱ）関係通牒綴」

二〇〇三年一二月二三日に、旧制高等女学校の一連の「ＧＨＱ指令綴」資料を目にすることが出来た。水谷孝信さん（長浜北星高等学校教員）から滋賀県立長浜高等女学校（以下、長浜高女と略す）の指令綴を見せていただいた。これまで滋賀県下で確認したＧＨＱ指令綴は、すべて小学校や新制中学校のものであり、初めて手にする旧制中等学校に出された貴重な資料であった。旧制の中学校、女学校への指令や通知があっても不思議ではなかったが、調査が不十分で発見出来ていなかった。旧制の長浜高女の資料を借用してとりあえず件名目録を作成した。件名目録のみを見ただけでも、小学校・中学校の資料類とは異なる内容があり、大変興味深かった。長浜高女のＧＨＱ指令綴は、次の四点である。

四冊の資料件名は、一「昭和二〇年一二月　連合軍司令部関係通牒綴　第一分冊」、二「昭和二一年一〇月連合軍司令部関係通牒綴　第二分冊」、三「昭和二二年四月　連合軍司令部関係通牒綴　第三分冊　滋賀県立長浜北高等学校」、四「昭和二〇年一〇月　連合軍司令部通牒綴（附録之部）」である。

さて、戦前教育の根幹は、いうまでもなく明治二〇年代以降に確立された天皇制教育であった。その指標は、歴代の天皇・皇后の写真である「御真影」であり、教育の淵源を天皇制教育と定めた「教育勅語」であり、その保管庫としての「奉安庫」・「奉安殿」であった。

天皇制教育は、学校教育のあらゆる場面を通じて行われており、教育内容の統制として国定制度による教科書政策の果たした意義と効果は大きかった。学校行事である遠足や社会見学、修学旅行での神社参拝や伊勢神宮参宮や、たびたび行われた皇居遙拝《ようはい》や伊勢神宮遙拝なども子どもの精神に刻印を押すうえで重要な役割をもった。

以下では、敗戦と占領という現実のなかで、天皇制教育の注入を最も具現化した物的手段である「御真影」、「教育勅語」、「奉安殿」の処理・処分過程がどのように行われたかをみていく。

3　「御真影」（天皇・皇后の写真）の撤去・処分

(1)　「御真影」撤去の根拠となる指令・通牒

戦前の小学校には、「御真影」として六葉の天皇・皇后の写真が保管されていた。すなわち、明治天皇、同皇后、大正天皇、同皇后、昭和天皇、同皇后の写真であり、いずれも天皇は大元帥としての軍服姿の写真である。明治天皇は、イタリア人キヨソネの描いた絵を写真にとったものである（多木浩二『天皇の肖像』岩波新書　一九八八年）。

旧長浜高女のGHQ指令綴「第一分冊」には、一九四五（昭和二〇）年一二月一九日付の滋賀県内政部長名による、教第一七七二号「国家神道（神社神道）等ノ学校ニ於ケル取扱ニ関スル件依命通牒」がある。これは各地方事務所長・大津市長・各中等学校長宛に発せられた通牒であるが、この通牒の後に「学校ニ於ケル国家神道、神社神道等ニ対スル措置要領」が付せられている。この措置要領中に伊勢神宮、明治神宮の遙拝の禁止、氏神への団体参拝禁止が述べられ、第三項に「学校内ニ於ケル神社・神祠・神棚大麻、皇居及注連縄《しめなわ》等ハ撤去スルコト」とあって、その注意書きに「尚御真影奉安殿又ハ郷土室等ニ付テモ神道的象徴ヲ除去スルコト」としている。「御真影」及び「奉安殿」に関する撤去に関する通牒としてはこれが最初であり、同通牒に見るように学校教育から特定宗教の神道を排除する内容であったことは重要であった。

連合国軍最高司令官総司令部（ＧＨＱ）参謀副官発第三号（民間情報教育部＝ＣＩＥ）終戦連絡中央事務局経由日本政府ニ対スル覚書で、一二月一五日付の「国家神道、神社神道ニ対スル政府ノ保証、支援、保全、監督並ニ弘布ノ廃止ニ関スル件」が発せられた。政府機関における神道の影響を禁止する指令であり、とりわけ学校教育を特定宗教（神道）から分離する指令であった。ＧＨＱ／ＣＩＥは、一九四五（昭和二〇）年一〇月から一二月にかけて四つの重要な教育指令を出したが、この指令は四大教育指令中の三番目の指令であった（文部大臣官房文書課『終戦教育事務処理提要』第一輯　一九四五年一一月）。

ＧＨＱ／ＣＩＥの指令を受けて、文部省は全国の学校に通達を発した。文部次官は一週間後の一二月二二日付で、発学第九八号で地方長官・学校長宛に同名の「国家神道、神社神道ニ対スル政府ノ保証、支援、保全、監督並ニ弘布ノ廃止ニ関スル件」通牒を出して、移牒している。また、翌年一九四六（昭和二一）年一月三〇日付で、学校教育局長より発学第四九号で地方長官・学校長宛に同名の指令を再度移牒した。

このように見てくると、長浜高女が受け取った先の滋賀県内政部長からの一二月一九日付通牒は、ＧＨＱ／ＣＩＥの第三指令との関連ではなく、別の宗教教育に関する通牒からの関連であることがわかる。文部省では国民教育局長より地方長官宛に、一〇月一五日付で発国第一一〇号「学校ニ於ケル宗教教育ノ取扱方改正ニ関スル件」

が出されている。

学校教育局長から地方長官宛に一二月二〇日付発学第九四号「学校ニ於ケル宗教教育ノ取扱ニ関スル件」が出されているが、これも日程的には一二月一九日付通牒後であるので、前記の国民教育局長からの一〇月一五日通牒が直接に関連するものである。

ＧＨＱ／ＣＩＥの第一指令は一〇月二二日付の「日本教育制度ニ対スル管理政策」であった。この指令は一〇月三〇日付の第二指令から一二月三一日付の第四指令までの基本的根幹となる内容を含んでおり、自由主義的民主主義教育を根幹とした「教育の民主化」指令とされ、当然ながら天皇制軍国主義教育の排除や神道という特定の宗教教育の除去を盛り込んだものであった。

(2)「御真影奉還」の通牒と「御真影」除去の過程

〈A〉長浜高等女学校の場合

さて、滋賀県内政部長からの一二月一九日付通牒のすぐ後には、「御真影奉還《ほうかん》ニ関スル件依命《めいによる》」の通牒が綴じ込まれている。朱印の「至急」を押された滋賀県内政部長よりの中等学校長宛の教発第号外「御真影奉還ニ関スル件依命通牒」である。

この通牒の内容は、次のようである。本文は「今般天皇御服《ごふく》御制定《ごせいてい》ニ伴ヒ　県下各学校ニ拝戴《はいたい》シアル今上陛下御真影ハ将来新制定ノ御服装ニ改メラルベク　又皇后陛下御真影モ右ニ順ジ御下賜《ごかし》可相成《あいなるべき》ニ付　従来拝戴ノ御真影ハ至急奉還スルコト相成候條　左記ノ通至急御手配相成度」として、第一項から第五項までに具体的方策を書いている。

第一項は「御真影奉還」にあたって、地方事務所ごとに管下各学校の「御真影」全部を集めて「本年内ニ県庁ニ奉還」する、大津市にあっては「直接県庁」に奉還するとしている。第二項では奉還に際して内容を明記した「奉還書ヲ提出」する。第三項では「手配完了ニ至ラザル学校ニ在リテモ　来ル一月一日ノ式場ニハ奉還スベキ御真影ハ奉掲《はいえつ》セザルコト」。第四項では「御真影奉還」手続きは簡素を旨とする。第五項では一月一日拝賀式場に「御真影奉掲」をしないが、「敬虔真摯《けいけんしんし》ノ念ヲ以テ終始シ大君ノ下愈々《いよいよ》国家再建ノ決意ヲ固カラシメ　相率イテ時艱克服ニ邁進《まいしん》スルヤウ適切ナル処置ヲ講ズルコト」としている。

文部省は「御真影奉還」にあたって、奉還の理由を「軍服姿から平服姿」に改めるためいったん返却させるとしており、あくまで過度的で一時的な返却である、と印象づけようとした。天皇制教育の物的手段としての意義づけは、原則として何ら変わらないことを述べており、一九四六（昭和二一）年新年祝賀式でも遙拝は否定していないばかりか、ますます天皇敬愛の念をもつべきだとしている。

中津長浜高女校長は、「御真影奉還ニ関スル件依命」通牒末尾に鉛筆書きでメモを残している。「奉還期日一二月一九日長浜発一〇時八分発列車最前部ニ乗車。一〇時半マデニ米原国民学校ニ集合ノコト。米原校デハ一一時彦根ヨリトラックヲ廻シ彦根発一時午後四時本庁ニ納メル（北陸線三等東海道線二等）」。このように長浜高女では、通牒が届くや否や、直ちに「御真影」の奉還を決めて、米原国民学校に持参した。近隣の坂田東浅井郡の各国民・中等学校から同校に集められた「御真影」は、列車にて大津駅に運ばれ、県庁中庭まで運ばれて、焼却されたようである。

〈B〉入江国民学校の場合

米原町の入江国民学校（現米原市米原小学校）では、一九四五（昭和二〇）年一二月二九日午前九時から「御真影奉遷式」を挙行している（『入江国民学校日誌　昭和二〇年度』）。江竜学校長、西沢教頭他五名の計七名の教員が中心になり、奉遷式を行った後、校長と教頭が米原校まで付き添っていった。おそらく奉遷にあたっては、どの学校においても、厳粛な奉遷式を挙行して、校長などが天皇・皇后の写真を指定地まで運んだのではなかろうか。

4「奉安殿」の撤去の実際

〈A〉長浜高等女学校の場合

次に、「御真影」や「教育勅語」が保管してあった「奉安殿」の撤去過程について見ていこう。「奉安殿」についての通牒は、滋賀県内政部長より中等学校長宛に、発教第八八七号の一九四六（昭和二一）年七月一八日付「御真影奉安殿の撤去について」通牒が発せられた。「奉安殿」の撤去にあたっては、「全てを撤去し、できるだけ原型をとどめない」で一〇月中には撤去を完了して、報告書を提出せよとした通牒であった。この通牒を翌日七月一九日に受け取った長浜高女は、一九日の受領印を押している。

県内政部長から同月二二日付で中等学校長・各学校長宛に、発教第九〇〇号「御真影奉安殿の撤去について」の同名通牒が追いかけて発せられた。長浜高女は同通牒を二四日に受領しているが、「撤去は八月三一日に早めて実施せよ」という内容であった。

坂田東浅井地方事務所長より、七月二五日付総第五三九号で「御真影奉安殿の撤去について」の通牒が、中等学校長・国民学校長・青年学校長宛に発せられた。「撤去期日の一〇月三〇日を八月三一日に早めて実施、至急その措置をする」こととする内容であり、長浜高女は同日の二五日に受領している。この通牒の受領書を送っており、控えが残っている。

滋賀県は、県教育課長不破寛昭名で八月一三日に発教第九九三号「奉安殿撤出について」通牒を出して、長浜高女は一九日に受け取っている。この通牒によれば、栗太郡草津国民学校（現草津市草津小学校）では「奉安殿」

を売却交渉して、撤出経費を差し引いて、なお八〇〇円を学校が受け取ったが、できるならばこの例に従うようにせよとしている。滋賀県は再度、「奉安殿」の撤去を早急に行うように促して、滋賀県内務部長岡本三良助より県立学校長宛に、八月二三日付発教第一〇四二号「奉安庫撤去進捗状況並所要経費等について」を出した。長浜高女は、夏期休業中に「奉安殿の撤去作業」を行う計画を立てて、作業を進めた。長浜高女の八月三一日付の学校長から滋賀県内務部長宛の報告書、収第二三二号の「奉安庫撤去進捗状況並所要経費等について（回答）」によると、撤去の具体的な状況は次のようであった。「一　撤去完了（三〇日）目下毀倒支柱並に破砕砂利跡始末中、二⑴撤去シタ扉並鉄筋等ハ何レ売却スル予定デアルガ現在学校ニ保管中、⑵撤去ニ要スル費用　金二二〇〇円、⑶差引不足額　二二〇〇円」とあって、撤去費用は多額を要した。

滋賀県は、「奉安殿」の撤去に際して学校でかかった費用の調査をした。内政部長名で各県立学校長に対して、一〇月二六日付の発教第一三五三号で「奉安庫撤去費用につき照会」の通牒を出した。この通牒の長浜高女の受領日は同月二九日で、学校長は直ちに翌三〇日に回答書を送った。「一　売却又は寄付金に依る収入額二五〇円、二　鉄橋費支出精算額二二〇〇円、三　差引不足額一九五〇円」であって、わずかな売却ないし寄付金額しか得られなかった。

〈B〉入江国民学校の場合

「奉安殿」の詳しい撤去過程がわかるのが、米原町入江国民学校である。同校の『学校日誌　昭和二一年度』の八月から九月の記事をみると、次のような日程で「奉安殿」が取り壊されていった。「八月九日　奉安殿撤取ノ件、町当局ト協議、一八日　奉安殿内板ハヅシ、二一日　奉安殿取外シ（人夫九名）、二二日　奉安殿取外シ（山田氏、午後三時ヨリ）、二四日　奉安殿壁塗リ（人夫三名）、二九日　奉安殿取外シ（人夫二名）、三〇日　奉安殿撤去（人夫二名）、九月一日　奉安殿後始末（人夫八名）、二日　奉安殿後始末（人夫一名）、八日奉安殿後始末（人夫一

名）、九日　奉安殿トビラ後始末（石工二名）、一〇日　奉安殿後始末（人夫一名）、一一日　奉安殿後始末（人夫二名）」

このようにほぼ一カ月をかけて、「奉安殿の撤去」作業が進められている。戦前の学校建築物においてほとんど唯一のコンクリート製建造物であった「奉安殿」は、学校敷地内から消えていった。

5　「教育勅語」の回収と焼却

「教育勅語」については、敗戦後の教育指針として日本の文部行政のトップにたつ文部大臣や学校教育局長が、その継続を指示・伝達した事実がある。敗戦後二カ月後、一九四五（昭和二〇）年一〇月一五日の前田多門文部大臣が、「新教育方針中央講習会」で全国の教育長や師範学校長に対して、「吾人は茲《ここ》に改めて教育勅語を謹読《きんどく》し、その御垂示《ごすいじ》せられし所に心の整理を行はねばならぬと存じます」と訓辞している。敗戦後の新教育方針として、天皇制という国体を護持《ごじ》して、教育勅語をますます重要視していこうとしたのである。

続いて、翌年四六（昭和二一）年二月二一日に地方教学課長会議において、田中耕太郎学校教育局長が「教育勅語は我が国の醇風美俗《じゅんぷうびぞく》と世界人類の道義的な核心に合致するものでありまして、いはゞ自然法とも云ふべきであります」と述べた。敗戦後において、このような中央の文部行政の責任者が、教育勅語の擁護論や有効論を繰り返し述べることにより、地方の学校現場でも教育勅語だけは無傷で残そうという機運が浸透していった。

滋賀県米原町の入江国民学校では、一九四五年一〇月一三日に「戊申詔書奉読式《ぼしんしょうしょほうどくしき》」を行った。これに続いて、一五日に「神前朝会」において詔書奉読式を挙行し、校長が「其後ノ状況ト心得ニツイテ」の講話をしている。三〇日には、「勅語奉読式、教育祭各地ニテ執行ノコト」となっており、教育勅語が奉読されて、戦後教育においても天皇制の教育を継続しようとした。

同年一一月三日の「明治節」（明治天皇の誕生日）においても午前九時より拝賀式を挙行し、教育長が奉読を行っている。ちなみに、この日の午後には、体練科（高等科男子）、体練科（初等科四年）、理数科（初等科六年）の授業研究会を実施した。二日前の一一月一日にも校内の研究授業の参観を行い、その授業批評会と反省会を行っている。

その後、ＧＨＱによる占領教育政策がしだいに進展するとともに、「教育勅語」を戦後教育の根幹にすえていくことが出来なくなる。ＧＨＱの教育四大指令の第一指令による、戦後新教育における民主主義・自由主義教育の理念の推進が、政策として実施過程に入るとともに、「教育勅語」の処分・処理過程に入っていくのである。

一九四六（昭和二一）年一〇月一九日付の「勅語及詔書等の取扱について」通牒が滋賀県内政部長から各地方事務所長・大津市長・中等学校長宛に出された。同月二三日に長浜高女ではこれを受領しており、その概要は次の三点であった。

「一　教育勅語を教育の唯一の淵源となす考えを去って、古今東西の倫理哲学宗教にも求める態度を採る、二　式日等で従来勅語奉読が慣例であったが、今後は読まない、三　勅語及詔書の謄本は今後引き続き学校に保管すべきものであるが、保管及奉読に当たり神格化する取扱はしない」。教育勅語の神格化を明確に否定する一方で、取り扱いに関しては学校で引き続き保管すべきとして、あくまで勅語を残そうという意志であった

戦後教育の原則を定めた「教育基本法」が成立するのは、一九四七（昭和二二）年三月三一日である。「教育基本法」の公布はその日であり、同日に成立した「学校教育法」とともに戦後教育の根幹をなしていく。教育勅語は、一九四八（昭和二三）年六月一九日の衆議院で「教育勅語等排除に関する決議」が、同日に参議院で「教育勅語等の失効確認に関する決議」がなされた。滋賀県下の各学校の「教育勅語」は衆議院・参議院などでの「排除、失効」決議がなされた後に、地方事務所ごとに集められ、県庁まで運ばれて、中庭にて焼却処分された。

6　三教科の授業停止指令と教科書回収の実施

(1)　修身、日本歴史、地理科の三教科授業停止指令

一九四五（昭和二〇）年の一二月三一日に、ＧＨＱは四大指令の最後として「修身、日本歴史及ビ地理停止ニ関スル件」を出した。連合国軍最高司令官総司令部参謀副官発〇〇〇八号（一九四五年一二月三一日）民間情報教育部より終戦連絡中央事務局経由日本帝国政府宛覚書「修身、日本歴史及ビ地理停止ニ関スル件」がそれであり、日本の教育関係者にとっては寝耳に水の出来事であった。この指令は、戦争推進に責任ある三つの教科の授業即時停止と三教科の教科書回収を命じたものであり、年があけた一九四六（昭和二一）年一月から三月にかけて、指令内容が実行されていった。

第四指令は、次のような内容であった。まず、指令の根拠としては「日本政府ガ軍国主義的及ビ極端ナ国家主義的観念ヲ或ル種ノ教科書ニ執拗《しつよう》ニ織込《おりこ》ンデ生徒ニ課シ　カカル観念ヲ生徒ノ頭脳《ずのう》ニ植込《うえこ》マンガ為メニ教育ヲ利用セルニ鑑ミ茲《ここ》ニ左ノ指令ヲ発スル」とされた。文部省に対して、①「官公私立学校ヲ含ム一切ノ教育施設ニ於ヒテ使用スベキ」修身・日本歴史・地理の教科書及び教師用参考書を発行、認可してきたが、三つの教科に関して「総テノ課程ヲ直チニ中止シ許可アル迄再ビ開始セザルコト」、②「修身、日本歴史、地理夫々特定ノ学科ノ教授法ヲ指令スル所ノ一切ノ法令、規則文又ハ訓令ヲ直チニ停止スルコト」、③三教科の教科書及び教師用参考書を蒐集すること、④停止期間における代行計画案を作成して提出すること、の四点を要求した。

三教科の授業停止指令は、次のような段階を踏んで、地方の学校現場に通達されていた。

ＧＨＱ・ＣＩＥの第四番目の教育指令は、文部省から文部次官通達の形で通達するとともに、文部省令の形で

省令化を図った。

〈三教科の授業停止〉

1　一九四六年一月一〇日　発総一号　文部次官より地方長官・学校長
「修身・国史及地理科停止ニ関スル件」（国民学校宛）

2　同年一月一一日　発学八号　文部次官より地方長官・学校長
「修身・国史及地理科停止ニ関スル件」（大学・高等専門学校宛）

3　同年三月四日　発学一〇一号　学校教育局長より地方長官
「実業学校ニ於ケル修身・国史及地理停止ニ関スル件」（実業学校宛）

4　同年三月四日　文部省令第九号
「国民学校ニ於ケル修身・国史及地理停止ニ関スル件」（国民学校宛）

〈教科書の回収〉

1　同年二月一二日　発教一七号　文部次官より地方長官・学校長
「修身・国史及ビ地理教科用図書ノ回収ニ関スル件」

2　同年二月一五日　発教一九号　教科書局長より内務部長・教育民生部長
「同上件名」

滋賀県は、第四教育指令を受けて、上記の文部省からの通牒を移牒していく。

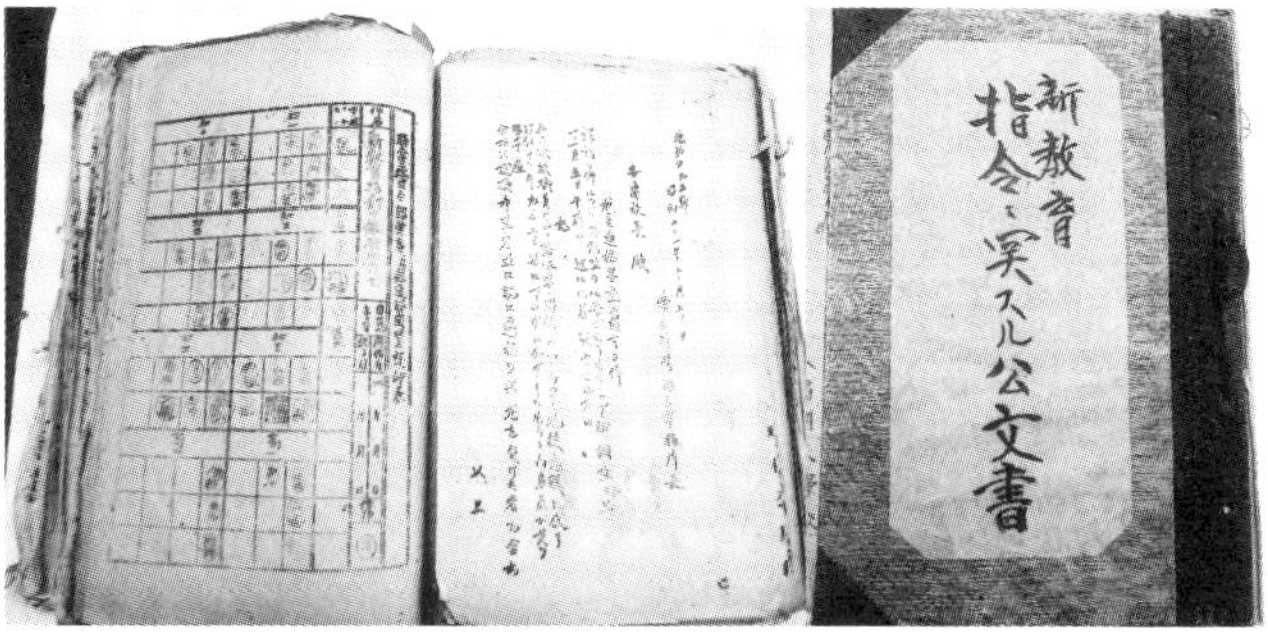

図14-1　『GHQ指令綴』（近江八幡市立八幡小学校資料）

〈三教科の授業停止〉

1　同年一月一九日　発学四九号　県内務部長より中等学校長
「修身・国史及地理科の授業停止について」(中等学校長宛)

2　同年六月一〇日〈教科書の回収〉
県内務部長より各中等学校長・国民学校長・青年学校長
「修身・国史及地理科の授業停止について」(中等・国民・青年学校長宛)

〈教科書の回収〉

1　同年二月二八日　発教一七九号　県内務部長より各中等学校長・国民学校長・青年学校長
「修身・国史及地理教科用図書回収ニ関スル件」

(2)　三教科の教科書の回収状況

滋賀県では、教科書及び教師用参考図書の回収について、次のような回収要領を作成して県下の各学校に指示徹底していった。県内務部長よりの一九四六(昭和二一)年二月二八日付「修身・国史及地理教科用図書回収ニ関スル件」は、別紙として「国史・修身・地理科教科用図書回収要領」を綴じ込んでおり、この要領に従って実施していった。回収は、各学校から三月四日までに指定した集積所まで運ばせて、責任者立会いの上で引き渡しを行わせ、学校長に詳細な報告書を作成して提出させることを義務づけた。また、集積場所の学校長は、回収図書と各校の報告書に間違いがないかを点検し、三月五日から一〇日までに日本故紙統制組合員に引渡しを完了せよと指示した。

回収要領には、「第一　回収すべき教科用図書」として生徒児童用教科書及教師用書(編纂趣意書、指導書、掛け図を含む）の名前をあげた。どのような教科書が回収されたのかを知ることが出来る。

①国民学校教科用図書

一　ヨイコドモ上・下、初等科修身一・二・三・四、高等科修身一男子用、高等科女子用、高等科修身二男子用

二　初等科国史上・下、高等科国史上・下

三　初等科地理上・下、初等科地図上・下、高等科地理上・下

②青年学校教科用図書

一　青年修身公民書並普通科上巻・下巻、青年修身公民本科五年制用巻一・二・三・四・五、青年修身公民書本科四年制用巻一・二・三・四、青年修身公民本科女子三年制用巻一・二・三

③中等学校教科用図書

一　中等修身男子用一・二・三、中等修身女子用一・二・三、修身（検定本）一

二　中等歴史二・三、歴史皇国纂（検定本）

三　中等地理一・二・三・四、地理国土国勢篇（検定本）、新選大地図（検定本）、日本篇外国篇

④師範学校教科用図書

一　師範修身公民本科用巻一・二、師範公民書（標準教科書）上

二　師範歴史本科用巻一・二

三　師範地理本科用巻一、新日本地理（検定本改訂版）、師範新外国地理（検定本改訂版）

さらに「第二回収要領」は、これを回収し「製紙資源として活用」するとして、回収教科書の使途を明示したうえで、県下の各地方事務所が管内所在地の各学校図書の回収に責任を負うものであるとして、回収図書の集積所並びに回収区域を定めた。県下の教科書回収の実態を知るうえで貴重な資料なので、労をいとわず引用しておく。

集積校	集積すべき区域
大津市平野国民学校	大津市内国民学校、青年学校、各中等学校、刑務所、師範学校
栗太郡草津国民学校	栗太郡内国民学校、青年学校、郡内各中等学校、書店
野洲郡野洲西国民学校	野洲郡内国民学校、青年学校、郡内各中等学校
甲賀郡信楽国民学校	雲井・信楽・小原・朝宮・多羅尾国民学校、青年学校
甲賀郡寺庄国民学校	油日・大原・佐山・甲南寺庄・龍池・宮・南杣国民学校、青年学校、各種中等学校
甲賀郡水口東国民学校	寺庄・信楽以外の郡内国民学校、青年学校、各種中等学校
蒲生郡北比都佐国民学校	西大路・日野・鎌掛・南比都佐・北比都佐・東桜谷・西桜谷・朝日野・桜川国民学校、青年学校、同地域内中等学校
神崎郡八日市国民学校	市原東・市原西・永源寺・政所・山上・御園・玉緒・八日市・中野・市辺・建部・旭・西椋・角井・西押立・豊椋・豊国国民学校、青年学校、同地域内中等学校
蒲生郡金田国民学校	老蘇・武佐・平田・苗・鏡山・桐原・八幡・島・沖島・安土・馬淵・岡山国民学校、青年学校、同地域内中等学校

神崎郡能登川南国民学校……南五ケ荘・北五ケ荘・能登川東・同西・同南・同北国民学校、青年学校、同地域内各種中等学校
愛知郡稲枝国民学校………愛知川・日枝・秦川東・秦川西・八木荘・豊郷・稲枝・葉枝見・稲村国民学校、青年学校、同地域内各種中等学校
犬上郡河瀬国民学校………亀山・日夏・河瀬・犬上郡全部国民学校、青年学校、同地域内中等学校
彦根市城東国民学校………彦根市全市、鳥居本国民学校、青年学校、同市内中等学校
坂田郡東黒田東国民学校…息郷・醒井・柏原・東黒田東・東黒田西・大原・春照・伊吹・東草野国民学校、青年学校
長浜市長浜国民学校………長浜市内、米原・坂田国民学校、青年学校、同地域内各種中等学校
東浅井郡虎姫国民学校……東浅井郡内国民学校、青年学校、同郡内中等学校
伊香郡木之本国民学校……伊香郡内国民学校、青年学校、同郡内中等学校（但余呉・片岡・丹生を除く）
伊香郡余呉国民学校………余呉・片岡・丹生国民学校、青年学校
滋賀郡堅田国民学校………滋賀郡内国民学校、青年学校、同郡内各種中等学校
高島郡今津国民学校………剣熊・海津・西庄・百瀬・川上・今津・三谷・今津国民学校、青年学校、同郡内各種中等学校
高島郡安曇国民学校………新儀・本庄・高島第一・第二・第三・第四・安曇・青柳・朽木西・朽木東・広瀬国民学校、青年学校、同郡内各種中等学校

長浜高女では、二月二八日付「修身・国史及地理教科用図書回収ニ関スル件」通牒を三月二日に受け取ってい

る。指定期日の三月四日までに長浜国民学校の集積所まで運ばねばならず、急いで図書の回収を実施した。長浜高等女学校の便せんに手書きで、中津校長が書いた「回収図書報告書」控えが残っている。

三月四日に長浜国民学校に「荷車ニテ責任者付添ヒ運搬」しており、回収図書名と冊数、重量が書かれている。総冊数は一七六七冊、総重量が一〇〇・八三〇貫であり、「中等修身女子用一・二、右修身書指導書趣意書等、中等国史二、中等地理一・二・国土国勢篇、新撰大地図日本篇・外国篇、右地理書指導書趣意書等、支那事変以前ノ地図、同事変以後地図及歴史書」の内訳があげられている。

修身科では「中等修身女子用一（一三三冊、四・九貫）、同二（一四九冊、五・五貫）、中等修身書指導書趣意書等（九一冊、二・四貫）を、国史科では中等歴史二（一六〇冊、五・一貫）、地理科では中等地理一（一六六冊、五・五貫）、同二（一五八冊、四・五貫）、同国土国勢篇（一六三冊、五・四貫）、新撰大地図日本篇（一三七冊、九・七七貫）同外国篇（一四六冊、一一・〇六八貫）、右地理書指導書趣意書等（三九八冊、三五・〇八貫）、支那事変以前ノ地図（一一本、二貫）、同事変以後地図及歴史書（五五本、九貫）」となっている。当然ながら日本歴史である国史が対象になっているので、外国史である教科用図書（中等歴史一）は省かれている。

上記のように三教科の教科書回収が実施されていった。授業停止後の代行教育計画は、具体的な教育計画や実践資料が見つかっていない。長浜高女は、一九四六年四月二三日付の滋賀県内務部長通牒「公民科授業ニ関スル件」を、同月二四日に受領した。「本年度ヨリ実施ノ見込ナルモ趣旨要旨等細部ニ関スル通知アル迄実施ヲ差控ヘラレ度」と指示されていた。

五月一〇日付「公民教育実施ニ関スル件」の通牒がきて、文部省からの通知が来たので実施せよと、指示されていた。この通牒には「公民教育案」を示し、公民教育の要旨として、「一　公民教育の目的、二　公民教育の精神」をあげており、「公民教育の方針」では、一　純正な伝統の尊重、二　普遍的原理に基く理解、三　合理的実証的精神の涵養、四　科学的態度の伸張をあげて、「公民教育実施上の注意」で自発的な学習を尊重し、調査や実習、討議の重要性を提案している。第一学年から第五学年までの公民教育の「教材配列表」を掲げた全体の輪郭を示したが、前年一九四五（昭和二〇）年一二月の二回の公民教育刷新委員会答申を受けて、文部省が「公民教育構想」を具体化し始めたものといえよう。代行教育計画をこの一九四六年春の段階では公民教育で行うものとして通達を出したのである。文部省は一九四六（昭和二一）年九月一〇日に『国民学校公民教師用書』を発行していく。続いて同年一〇月二二日に『中等学校青年学校公民教師用書』を発行していった。

最後に、三教科の教科書回収のその後であるが、一九四六年一〇月四日の「滋賀軍政部ノ指示事項伝達」という資料がある。坂田東浅井地方事務所長から管轄下の中等学校長・国民学校長・青年学校長宛に出された通達であるが、その第一項目に「教科書回収状況報告」を一〇月七日午前中までに、和文・英文各一通を提出せよという事項がある。教科書回収が徹底されていたことを窺わせる資料であった。

以上、ＧＨＱの教育四大指令のうち、天皇制教育や軍国主義教育のストップギャップ政策を中心に、滋賀県下の実態を明らかにした。

〈補遺〉滋賀県下の「ＧＨＱ指令綴」資料の所在

本稿の原論文作成時の二〇〇四年以後に、県下の「ＧＨＱ指令綴」関係資料として、次の二点を発見し、確認できた。①湖南市石部小学校「昭和二〇年度二月起　連合軍司令部指示事項並ニ関係書類　石部国民学校」と②滋賀県立日野高等学校「昭和二〇年九月　マーア司令部軍政部往復文書綴　日野高等女学校」である。

前者の石部小学校は、滋賀県軍政チームによる進駐軍視察の際に軍国主義教育を継続していると厳しく叱責・

批判された「石部小学校事件」の当時者校である。石部小学校事件とは、マートンCIE課長指揮による厳格な占領教育政策が滋賀県下で行われた事件として有名になったが、同資料中にはとくに関係文書資料はなく、GHQ指令書類と回答文書だけであった。

旧制女学校関係資料として、旧制日野高等女学校の系譜を引く日野高等学校に、GHQ指令書類及び県学務課と学校との往復文書が一冊残されていた。同資料中に、三教科授業停止中の「代行授業計画一覧表」があり、本科一年で「東洋史」週三時間、二・三年で「西洋史」週三時間、四年で「公民」週二時間を計画していた。この資料については、私が『近江日野の歴史』第八巻史料編（二〇一〇年）五三八～五三九頁で資料紹介して、『近江日野の歴史』第四巻近現代編（二〇一四年）四五五～四五七頁で解説を加えた。

「GHQ指令綴」は、短期間の時期の資料であり、戦後直後の紙事情が悪い時期なので、現存資料ではぼろぼろになったザラ紙に謄写版刷りで印刷されたものが多い。多くは裏面にも印刷されていることもあり、印刷も不鮮明で読みづらいものが多い。しかしながら、戦後教育の方向を定めていった当時の学校教育の現場の実態をつかむうえで、戦後日本の教育の出発にあたる時期の貴重な資料であると考える。現存資料をしっかりと保存するとともに、さらに、多くの「GHQ指令綴」の学校資料が発見され、占領期の教育改革の中味が解明されることを期待したい。

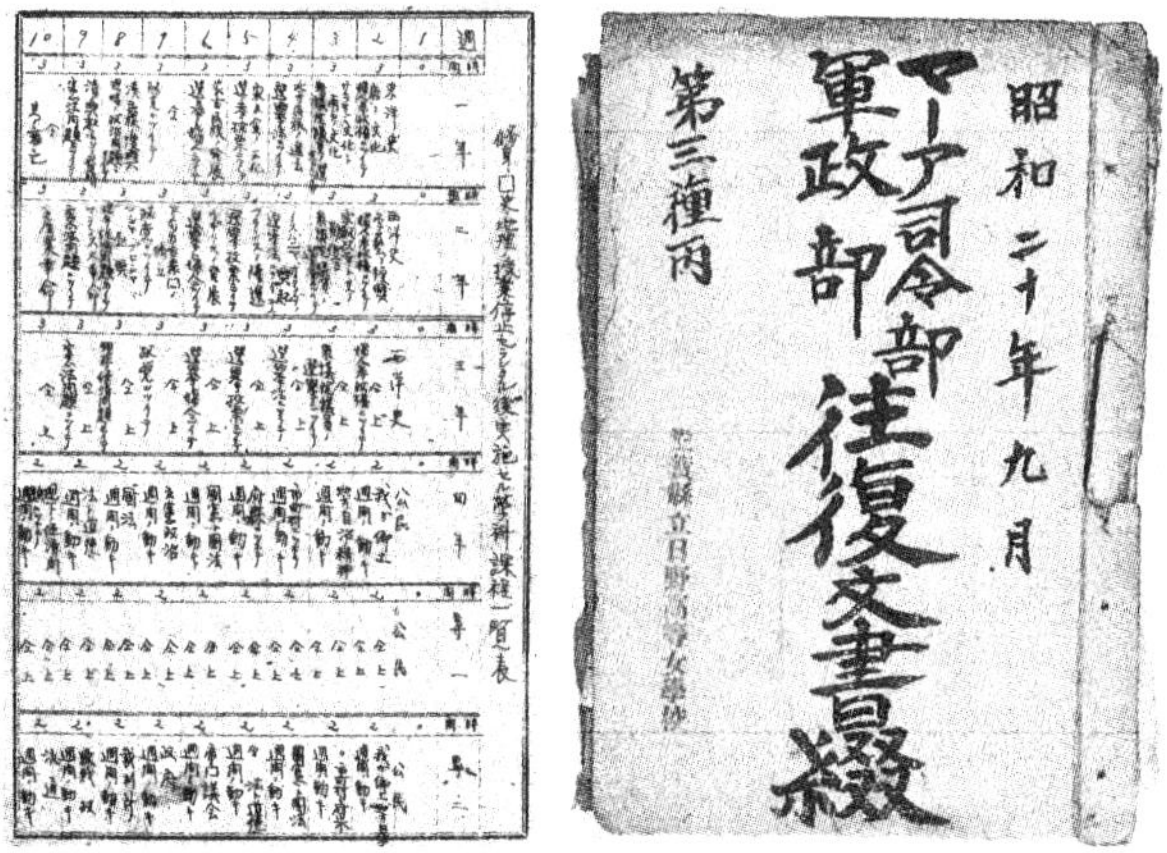

図14-2　「GHQ指令綴」（滋賀県立日野高等学校資料）

補論2　戦後直後の滋賀における教育改革

1　敗戦後の国定教科書の「墨塗り」作業

一九四五（昭和二〇）年八月一五日に、日本はポツダム宣言を受け入れて、無条件降伏したことを国民は天皇から知らされた。栗東市のある国民学校では「我ガ国ノ敗戦トナリ（中略）教育ノ刷新・教育制度ノ改廃ノ余儀ナキニ至レリ」と敗戦を受けとめる学校があり、他方で戦時戦後に関わらず食糧増産・科学・訓練などを重視する学校もあった。米原市のある国民学校では「大東亜戦争終結の聖断下り、大詔渙発される」と書き、翌一六日から一八日までに高等科から初等科の子どもに敗戦を順次伝えていき、一九日に全校集会を開いて、神前での詔書奉読式を行った。二二日から第二学期の始業式を行い、平常授業を始めていった。授業再開とはいえ、実態は運動場での食料増産作業が中心であった。

文部省は、敗戦直後の教育方針として九月一五日に「新日本建設ノ教育方針」を出した。これは教育理念として「国体護持」の考え、すなわち天皇制教育を守りつつ、極端な国家主義的・軍国主義的部分だけを止めようというものだった。九月二〇日に全国の中等学校・青年学校及び国民学校に、国語教科書中の軍国主義教材の削除・省略をせよという文部次官通達を出した。この通達は国語の指示のみだったが、当時の教師たちは子どもたちに全教科の教科書の「墨塗り」を行わせていった。そのために、校内で墨塗り箇所の研究会を開いていった学校も存在した。一九〇四（明治三七）年以来、文部省だけが編纂・発行する国定教科書制度が実施されてきたので、子どもたちにとってはつい昨日まで天皇から与えられたと言われてきた神聖な教科書を無惨にも墨をくろぐろと塗ることとなったのである。教科書の「墨塗り」作業を通じて、教師と子どもは戦前の価値観が転倒したことを知っていくこととなった。

２　滋賀の戦後教育改革

(1)　連合国軍総司令部（ＧＨＱ）による教育改革―非軍事化と民主化

九月になると占領軍の本格的な進駐が始まり、連合国軍総司令部（ＧＨＱ）は民間情報教育局（ＣＩＥ）を設置して、教育政策の立案はＣＩＥに管轄させていく。占領教育政策の実施と監視は、地方軍政部のＣＩＥ係官に担当させた。滋賀県へは、一〇月四・五日に大津市の大津、滋賀両海軍航空隊と、陸軍少年飛行兵学校に二九一〇名が進駐し、七日に八日市飛行場へもその一部が進駐している。滋賀県軍政チームＣＩＥ課長のＷ・Ｌ・マートン、課員のジョージ・Ｋ・カワグチらは、県下の学校をジープで精力的に廻って、ＧＨＱの教育指令が徹底されているかを監視した。

ＧＨＱの教育改革は、一〇月から一二月までに出された四つの指令を中心に進められていった。

占領教育政策の基本的立場は、天皇制と軍国主義教育の全面排除と、民主主義的な教育改革理念の実施であった。第一指令は教育の非軍事化と民主化教育の指令で、個性尊重、基本的人権の尊重、男女共学、平和主義、国際主義の教育を推進すること。第二指令は教職員の適格審査により、戦争責任を追及するもの。第三指令は学校教育から神道を分離すること。教育と国家神道、神社神道との分離。第四指令は三教科の授業停止で、修身・日本歴史・地理の三教科の即時停止と三教科の全ての教科書回収の指令であった。

マートン課長は、教育の非軍事化の方針に基づき学校内に保管された兵器類を徹底して調べていった。県下の学校をジープに乗って突然訪問調査して、兵器秘匿を厳しく摘発して「マートン旋風」として恐れられた、と証言されている。一九四六年九月二七日の「石部国民学校事件」は、朝会で教師の子どもへの体罰を調べた事件であった。また、滋賀県では一九四六年から四八年まで教職員の適格審査が行われて、全教職員の戦時下の軍国主義教育の著作・論文・講演・活動歴が調査された。

戦争責任については「滋賀県教職員適格審査委員会」が作られて、教員代表七名、各界代表六名により、教育関係者六二九四人の審査が行われた。一九四七年四月までに軍国主義教育を鼓吹した教職員等五七名、旧憲兵、在郷軍人会、翼賛壮年団長等の経歴のある者四五名を不適格と判定した。しかし、二審、三審を行って、最終的に不適格判定となったのは、それぞれ各一名であった。第四指令の三教科の授業停止指令は、社会認識を育てる中核となる修身・日本歴史・地理の三教科について戦時下の軍国主義教育の内容を厳しく問い、即時授業停止とするものであった。同時に三教科の教科書を回収させ、停止期間中の代行授業計画を提出させて、公民教育や外国史教育の実施を指示した。

(2) 公民教育構想と文部省の「新教育指針」

戦後教育改革は、敗戦と占領という事態の中でＧＨＱ／ＣＩＥの主導で進められていったが、日本人による主体的な教育改革構想も存在したのである。一九四五年一二月に公民教育刷新委員会による答申である「公民教育構想」がそれであった。国体護持路線とは一線を画して、公民教育を通して民主主義社会の実現をめざそうとする改革構想であった。戦時体制に協力しなかった経済学、政治学、社会学、教育学などの社会科学者たちから成る公民教育刷新委員会の答申は、「公民科」を設置して国民学校から中学校・青年学校までの児童・生徒に公民的な知識を授け、公民的な実践を学ばせるというものであった。近畿地方では奈良女高師附小のような公民科を設置し、授業を行った学校も実際に存在した。のちに、文部省とＧＨＱ／ＣＩＥの協力で新教科社会科が誕生していくが、公民教育構想の中身のかなりの部分が一九四七年九月から実施された社会科に引き継がれていった。

一九四六年に文部省は『新教育指針』をパンフレット状の冊子として、数回に分けて発行していく。一九四六年度になると、戦後教育が戦前教育からの根本的な転換であることを説明し、「新教育指針」を教師同士で学習することを勧めていく。滋賀県全体での「新教育指針」の講習会があり、県講習会の参加者が郡市の講習会や各学校の講師になり、順次新教育の理念や原理を教えていくという方式で教師の再教育を実施していった。

(3)　戦前教育の残滓の撤去と戦後教育の理念の確立―教育基本法体制

明治中期から全国の学校に配布された明治・大正・昭和の各天皇・皇后の六葉の写真（「御真影」）は、一九四五年一二月末の県通達により滋賀県庁に集められ、焼却された。また、戦前の学校では校門を入ると、子どもが敬礼して通らなければならなかった「御真影」や「教育勅語」の納められていた「奉安殿」が、各学校から撤去されていった。さらに、戦前日本の教育理念であった「教育勅語」は、一九四八（昭和二三）年度中に衆議院と参議院でそれぞれ排除・失効の決議がされていった（一九四八年六月一九日）。

戦後教育の根本理念となったのは、一九四七（昭和二二）年三月三一日公布の「教育基本法」であった。一八九〇（明治二三）年に公布された教育勅語は、その前年制定の大日本国憲法の示した天皇主権の国家における教育原理であった。敗戦後の日本では、国民主権の日本国憲法に対応した、民主主義国家の教育理念として、「教育基本法」が国会で法律として定められた。一般の法令とは異なって教育基本法は「前文」をもち、個人の価値の尊厳をなにより尊び、普遍的な政治道徳をもつ国民の形成と国際的な平和主義の教育思想を理念としている。

わずか一一条の簡単な法律であったが、教育の機会均等、義務教育、男女共学、学校教育、政治教育や宗教教育の重要性、教育行政の中立性、教員身分の規定など、戦後の民主主義社会の確立に寄与する重要な教育理念を提起したのであった。

一九四七年教育基本法は日本国憲法と並んで、長らく戦後日本社会の根本原理を定めてきた日本国憲法・教育基本法制の成立は、戦前の大日本国憲法・教育勅語体制の「勅令主義体制」と異なる、「法令主義体制」に基づくものである。日本国憲法・教育基本法はともに成立当初は、その重要な価値に気づかれなかった。国際社会の激変によるGHQの占領政策が大きく転換していく一九四九～五〇（昭和二四～二五）年になると、その人類史的普遍性の価値に気付かれるようになった。占領体制が反共主義になり、日本政府にレッドパージを行わせて、政府もつぎつぎと「逆コース」の教育政策を強行する中で、教育基本法の画期的意義が発見されていったのである。

3　滋賀のカリキュラム改革と新制中学校・新制高校の誕生

(1)　近畿新教育実験学校とコア・カリキュラム運動

全国各地で戦後直後から、地域カリキュラム、社会科中心カリキュラム、コア・カリキュラムなど地域の学校教員が編成主体となるカリキュラム改造の運動が起こってきた。県内では、滋賀師範学校男子部、同女子部の両附属小学校や、近畿新教育実験学校の中心校大津市中央小学校で、附属小プラン、中央小プランが発表された。

一九四八（昭和二三）年一〇月にコア・カリキュラム連盟（コア連）が東京で結成され、全国各地でカリキュラム改革運動が華々しく展開していた。県内にもコア連に加盟して、コア・カリキュラムによるカリキュラム改造を行って実践を展開する学校が出てくる。

愛知郡稲村小学校（現彦根市稲枝東小学校）は、一九五三（昭和二八）年にコア連から名称変更した日本生活教育連盟（日生連）の『生活教育の前進Ⅶ　社会科指導実践編一』に、中学年「耕地整理」や高学年「水害対策」の実践記録を発表している。この他、甲賀郡石部小学校の石部プラン、蒲生郡日野小学校の日野プランなどカリキュラム改革運動の成果を発表する学校も現れた。

(2) 滋賀の新制中学校の誕生と出発

戦後の新学制は、義務教育の年限延長を学校教育法で定めた。六・三制の九カ年義務教育制度である。小学校六年・中学校三年に続く、高校三年、大学四年の六・三・三・四の学校制度は、戦前の複線型に対して単線型と呼ばれる制度であった。教育の機会均等主義を中等教育にまで及ぼしていこうとするもので、実際に戦後の上級学校への進学率は短期間で急上昇していった。しかしながら、九年義務教育制度の導入決定からわずか六カ月もない短期間で、新制中学校を開校しなければならない市町村の苦労は並大抵ではなかった。

一九四六（昭和二一）年一二月に県は滋賀県新学制実施準備協議会を設立して、各郡市町村の準備協議会と検討を重ねて中学校を作っていった。滋賀県軍政チームの担当官ジョージ・K・カワグチは『新教育の設計』（教育タイムス社）の中で、時間が無い中で「収容状態や設備に相当困難もあり……教室は小学校に分散したまま」という新制中学校誕生時の困難な状況を書いている。

新制中学校設立の最大の問題は、校舎であり、教員であった。一九四七年四月を迎えて、市町村当局の急ピッチの準備により、小学校高等科の旧教室に間借りしたりして、一九四七（昭和二二）年四月一日にともかくも県下では独立校九〇、併設校九五の計一八五校が、誕生したのであった。四月一八日には校長以下の教員人事が発令され、新学制は第一歩を踏み出した。翌年の一九四八年から独立校舎の建築が徐々に始まっていったが、一村で維持できる所は少なかった。町村立では組合立中学校の設置形態が主流となり、しばらくの間続いていったのである（組合立中学校一九四八年五一校、四九年五四校）。

(3) 滋賀の新制高等学校の発足

新制高等学校は、一九四八（昭和二三）年四月に中学校教育の基礎の上に、「高等普通教育および専門教育を施すことを目的とする」学校として発足した。学区制、男女共学、総合制の「高校三原則」が、新制高校の理想とされた。学区制は、旧制の各中等学校の格差を是正し、地域間の教育の機会均等を図るものとして、男女共学制は男女の機会均等をねらいとして、総合制は普通教育と専門教育を併せ持つ、地域性を重視した後期中等教育を設立しようとしたのであった。

一九四八年四月は旧制中等学校三〇校を整理して、全日制一八校、定時制二校が新制高等学校として誕生した。中学校、高等女学校、商業学校、農学校、工業学校を、大幅に再編・統合して新制高等学校が設立された。高校三原則を実現するために、強引とも思えるデスクプランを実施して、一九四九（昭和二四）年四月に九高校（大津、湖南、甲賀、中央、神愛、彦根、長浜、湖北、高島）を開校させていった。

しかしながら、神愛高校については、旧制八日市中学校と旧制愛知高等女学校と統合させて、普通科と農業科を設置するもので、両校の地元から強い異議が申し立てられた。また湖南高校でも、旧制栗太農学校と旧制瀬田工業学校の統合で、普通科、農業科、工業科を設置して栗太郡・野洲郡を学区としようとしたが、ここでも強い反対意見が表明された。

一九四九年から一九五〇（昭和二五）年にかけて、県は高等学校の実情のアンケートや視察を行い、一部を再編成することを決定していく。一九五一（昭和二六）年四月に湖南、中央、神愛、湖北の四高校は、各校舎に分離・独立し、一九五二（昭和二七）年四月に大津、彦根、長浜、甲賀の四高校を同じく独立化していった。一九五二年度の高校は、全日制一九校、定時制二校の計二一校となった。こうして学区制が廃止されて、県下の高校教育の今日に連なる体制がようやく固まっていったのである。

4　滋賀の民間教育運動の出発――生活綴方教育

戦後の民間教育研究の運動は、戦前の生活綴方、新興教育、郷土教育、生活教育などに積極的に関わっていた教師たちがいち早く復興させていった。戦時下で自由を奪われ、沈黙を強いられていた生活綴方教師たちは、子どもたちの自由な表現を求めて、戦後の生活綴方教育を復活させていった。戦後教育実践のスタートにおいて、生活綴方の果たした役割は大きなものがあり、滋賀県においても同様であった。戦後に教師になったばかりの若い教員の多くが、「生活と教育の結合」の典型として戦前生活綴方教育から学んで、戦後の教育実践を創造していったのである。山形の山元村の中学校教師無着成恭が実践した『山びこ学校』（一九五一年刊）は、戦後教育実践史上の不朽の名実践で、教育におけるリアリズムを追求したものであった。

教育の営みを狭い教室空間での教育実践にとどめず、幅広い地域社会や日本社会の現実と結びつけていくことで、子どもの成長・発達を図ろうとした。子どもの作文・詩・版画・絵を使った生活綴方教育は県内でも、多くの教師たちが実践していくこととなった。滋賀県の戦後民間教育運動の出発点は、生活綴方教育から始まったと言っても過言ではない。

第15章　戦後のカリキュラム研究と授業研究——附属小学校の場合

1　戦後の附属小学校の出発

一九四五（昭和二〇）年八月一五日に、第二次世界大戦は日本の無条件降伏をもって終結した。戦前の学校教育制度は、その根幹から大幅な転換を迫られた。戦時下の一九四三（昭和一八）年に滋賀県師範学校と滋賀県女子師範学校は、県立から官立学校（国立）となるとともに、二つの師範学校が統合され滋賀師範学校となっていた。しかし、附属小学校は男子部と女子部の附属小学校として統合されず、二校併置体制が戦後も続いた。

一九四九（昭和二四）年四月に新制滋賀大学が発足し、九月に学芸学部附属小学校として両校はようやく統合することとなった。統合校舎は大津駅前の東浦石野町（現末広町）の旧女子師範学校であった女子部校舎に決定した。男子部附属小学校の教員と児童は、膳所の校舎より机、椅子を運んだ。

一九四五（昭和二〇）年から一九四九（昭和二四）年の両校統合の時期は、戦後教育改革といわれる戦後教育の理念や原則が定まっていく重要な時期であった。戦前の天皇制教育や軍国主義的な教育内容は、占領教育体制と呼ばれる連合国軍総司令部（ＧＨＱ）の教育政策により払拭され、憲法と教育基本法に基づく民主主義社会を守り、発展させる主権者を育てる教育に転換したのである。

一九四九年度は男子部附属小の二学級、女子部附属小の一学級を合わせた一学年三学級体制であったが、一年生を募集していないので一七学級でスタートした。しかし、戦後の六・三制義務教育の導入で附属中学校の新設を決めていたので学級数を割かねばならず、附属小学校の学級数は学年により二学級の時期が続いた。現在の一学年三学級の一八学級体制は、一九五七（昭和三二）年になって固まった。なお、附属幼稚園は同じ敷地に一九五一（昭和二六）年一〇月に学芸学部代用附属幼稚園として設立され、一九五五（昭和三〇）年に学芸学部附属幼稚園となった。

2　一九四〇年代後半のカリキュラム改革

(1) 一九四七（昭和二二）年度のカリキュラム改革―女子部附属小学校プラン

一九四七（昭和二二）年度当初より、女子部附属小学校では精力的にカリキュラム改造に取り組んだ。女子部附小学校は新教育研究シリーズとして、『指導計画とその実際（社会・家庭・自由研究）』（一九四七年）、『単元学習の進め方』（一九四九年）を刊行した。前著は戦後誕生した社会科、家庭科、自由研究の年間カリキュラムと指導計画を報告したものであった。女子部附小学校の一～六年の社会科カリキュラム（一九四七年女子部附小プラン）は、滋賀県下で最も早い時期に発表されたプランであった。

一九四七年プランの特色は、題材に生活暦が多く組み込まれた生活カリキュラムともいうべきもので、単元展

表15-1　戦後の附属小学校の学級数の変遷

年度	1年	2年	3年	4年	5年	6年	計
1949（昭 24）	2	3	3	3	3	3	17 学級
50（　25）	2	2	3	3	3	3	16
51（　26）	2	2	2	3	3	3	15
52（　27）	2	2	2	2	3	3	14
53（　28）	2	2	2	2	2	3	13
54（　29）	3	3	3	2	2	2	15
55（　30）	3	3	3	3	2	2	16
56（　31）	3	3	3	3	3	2	17
57（　32）	3	3	3	3	3	3	18

（出典：『附属小学校百年のあゆみ』1975年　28頁）

開には子どもの見学・調査活動をたくさん組み込んだ問題解決学習が採られていた。一九四七年プランの単元表を見ると、地域の施設や行事である「千団子《ほしだんご》」・「四宮《しのみや》祭」・「大津京」・「江若《こうじゃく》鉄道」などや、季節行事に関連した「お節句」・「七夕」・「お盆」・「運動会」・「凧揚《たこあ》げ」・「豆まき」などや、発達段階に即した単元などが配置されていた。これらは戦前の女師附小学校で研究が蓄積された低学年教育の生活中心学習が、戦後のカリキュラム改革の時期に全学年まで拡げられたものといえよう。

(2) 一九四九年のコア・カリキュラムへの改造—附属小プラン

一九四九（昭和二四）年に男女両附属校の統合に伴い、両校のそれぞれの一九四八年カリキュラムの改造が必要とされ、新たなカリキュラムづくりが求められた。教員スタッフも子どもたちも合併・統合する困難な状況下であったが、一九四九年度末に研究紀要『教育課程の改訂』を刊行した。

表15-2　1947（昭和22）年度　学級編成と在籍児童数—女子部附属小—

1年	男21名	女21名	計42名
2年	24名	21名	45名
3年	24名	17名	41名
4年	19名	23名	42名
5年	17名	22名	39名
6年	17名	22名	39名
合計	122名	128名	250名

表15-3　1947（昭和22）年度の女子部附属小学校の時間割表

6月5日

	1	2	3	4	5	6
1年	綜合	綜合	綜合	綜合		
2年	綜合	綜合	綜合	綜合		
3年	綜合	綜合	綜合	綜合	綜合	
4年	国語	国語	算数	社会	音楽	体操
5年	算数	算数	図画	図画	理科	
6年	算数	社会	社会	体操	家庭	家庭

10月6日

	1	2	3	4	5	6
1年	綜合	綜合	綜合			
2年	綜合	綜合	綜合			
3年	算数	算数	算数	自研	自研	
4年	学協	算数	算数	国語	体操	自研
5年	社会	社会	国語	国語	家庭	自研
6年	学協	社会	社会	音楽	体操	自研

自研＝自由研究、学協＝学級協議会
（出典：『昭和22年度校務日誌』滋賀師範学校女子部附属小学校）

「滋賀大学滋賀師範学校附属小学校」の名称で刊行されたが、新しいカリキュラム改造としてコア・カリキュラムの形態を採用した。コア・カリキュラム形態のカリキュラム改造というと、兵庫の明石プランのような生活経験カリキュラムと見られるが、一九四九年附属小プランは、経験学習を中心におくが知識・技能も重要であるとして、系統的知識教授の教科学習を組み入れている。

統合したものの戦前以来の両校のそれぞれの研究の伝統を引き継いで、女子部附小学校の生活カリキュラムに対して、男子部附小学校では教科による系統学習のカリキュラムへの傾斜が強く、両者の融合を図ったものであった。

一九四九年プランは、「中心課程」、「生活課程」、「系統課程」の三課程から構成されている。中心課程とは、児童の課題解決をめざして連続展開される活動群、学級単位の学習活動であり、生活課程とは、学級を交差して異質グループの学習集団による自治的学習活動であり、系統課程とは、能力発達段階を基礎とする、学年により生活経験を豊かにするための教養を獲得する活動であるとしている。学年に必要とされる能力が、反覆練習により固定化、習慣化を図る活動を中心にするのが系統課程としたと説明している。

一九四九年附小プランの「中心課程」では、問題のありかを明確にし、問題解決の方法を計画し、問題解決に合理的な考え方と方法や手段を用い、問題を解決し処理できる教養豊かな人間を育成しようとした。中心課程では「基底単元」が設定されて、単元一覧表が示されたが、これは社会科の単元一覧そのものであった。一九四九年プランは社会科中心のコア・カリキュラムであったというべきで、一九四八年の『小学校社会科学習指導要領補説』を下敷きにしていた。

全学年の単元全てについての展開事例を示したものが、『教育課程一九四九　中心・生活・系統』（孔版刷　二九六頁）である。内訳は中心課程二〇八頁、生活課程八頁、系統課程八六頁のように、全課程中で中心課程にもっともウェートが置かれており、系統課程に力点を置いていた。

３　一九五〇～六〇年代の授業研究

(1) 子どもの思考過程をとらえる授業研究

一九五〇年代から一九六〇年代には、附属小学校の研究は教科指導の内容と方法、授業過程に力を注いでいる。戦後最初の単行本は、『教科の基本と授業の革新』（一九六二年　明治図書）であるが、一九五〇年代からの教科の学習内容研究、指導内容の構造化の研究をふまえて、一九六〇年代に授業における子どもの思考過程の研究を集大成したものであった。一九六〇年代前半には、当時普及し始めたばかりのテープレコーダーを使って授業記録を分析して、教師の教授活動と子どもの学習活動を明らかにし、子どもの思考の流れをとらえる実証的研究を行っている。教師の発問や指示と子どもの発言を授業記録にとり、精密な授業分析を積み重ねた。

紀要『教育研究』第一三集から第一五集まで（一九六一～一九六三年）には、この時期の授業研究の方法論とこれに基づく研究成果がよく出ている。一九六一（昭和三六）年度に上杉政男は、日常の授業を反省して「一　教材研究の重要性、二　指導過程の構想の検討、三　教師の問いかけ・質問など教授活動の点検、四　子どもの学習過程の把握」を研究するため、教員集団を三つの部門グループに分けて共同研究を行った、と報告した。第一部門「授業の流れと文節」、第二部門「授業における教師の働きかけ」、第三部門「授業と子ども」に別れて、全員で一年理科「かげえ」、五年体育「腕立て飛び越しとラジオ体操第二」の事例研究を行い、授業を分析した。教師集団による授業研究の方法論について、上杉は次の手順で授業の事例分析を行い、成果があったとした。

一　記録の整理—（各部門の観察担当者）
二　授業の実践過程の文節を決める（第一部門担当）
三　文節の特徴と子どもの反応の傾向を把握する（第一部門担当）
四　指導（学習）目標が達成されていった経過の概要（教科主任担当）
五　授業についての全般的印象
　イ　本時の授業で示された、通常の授業よりすぐれていた点（教科主任担当）
　ロ　本時の授業で、なお考えるべき未解決な問題を残している点（教科主任担当）
六　第一、二、三部門より見た問題点と全体会議において研究を要する問題（各部門責任者より）
七　授業者の自評（授業者の予想した子どもの反応と自祭授業における子どもの反応とのずれについて）（授業者）
八　分析研究すべき問題場面（又は文節）や解釈研究の中心になる特定児童の指定（全体討議）
九　全体討議による研究

この研究手法の授業研究を通じて、「ある場面を精細に分析し、事態の把握ができるようになり、四五分の流れのうえにたってある場面が見ることができるようになった」と述べた。さらに、授業研究では「ある観察の角度からよく見る態度」と、いまひとつは「特定の観点をもたないで、授業の全体を五感を通して把握の可能な最大限のものをとらえる」こと、両方の修練が教師には大事であるとした。

教育機器による客観的な授業記録を大事にしつつ、授業観察にあたっては局部的な目と全体的な目を持つことの重要さを指摘した。この研究スタイルによる子どもの思考の流れや、子どもの学び方の研究を明らかにする視点と方法は、その後の附属小学校での校内研究で引き継がれていく。

(2) 上杉政男の社会科「大津の昔と今」（一九六一年）の授業

一九六〇年前後になると、教育研究の中核として授業研究が本格的に開始され、研究テーマが一九六一年「授業の研究」、一九六二年「指導内容の構造化と授業の展開」となっていく。戦前と戦後の教育研究を分かつのは、子どもの授業の中での発言や活動を丁寧に記録して、これをもとに子どもの授業過程での思考や推理・判断の姿を分析・検討する研究スタイルが中心にすえられるか否かであった。それは授業を再現可能な形で記録するなかで、実証的な授業研究を進めていき、授業改造につなげていく観点を持つことであった。

一九六一年度『教育研究』第一二集の上杉政男の社会科「中学年における歴史的内容の指導過程」実践をとりあげて検討する。戦後に誕生した社会科は、具体的な子どもの生活経験にもとづく学習方法や学習形態に傾斜がかかった研究が中心になっていた。ともすれば問題解決学習の段階や形式を提唱していれば、子どもの社会科学習をとらえたものと見なすきらいをもち、授業研究の進展が遅れた。上杉実践は、この限界を克服して、授業過程における子どもの思考の流れをちみつに分析したものであった。子どもの思考体制にそって学習指導の方策をねりあげた実践で、今日でも学ぶべき多くの点がある。

三年社会科授業「大津の昔と今」は、第三学期一月から二月にかけて行われた実践で、上杉は次の四つの問題を考えさせたいとした。一　「おじいさんの子どものころ」（昔のこと）をどのように問題とし、理解させるか〈歴史的感覚やイメージのえがかせ方〉、二　「おじいさんの子どものころ」と「今のくらし」をどのようにくらべるか〈歴史的思考として対比〉、三　町を発展させた糸口をどのように見つけさせるか〈歴史的条件の把握〉、四　町の様子は昔からどのように変わったか〈歴史的思考の発達や変遷の把握〉

単元　「大津の昔と今」（三年一～二月）

中核目標　町の生活には、今昔の違い歴史的な移り変わりがいろいろな姿でみられることを理解させ、さらに工場の設置、鉄道や道路の開通、公共施設など町の人々のいろいろな努力があったことを知らせる。

計画　一　お正月と昔からつたわったこと
　　　二　家のくらしの今と昔（衣・食・住・交通・生産のしごとなど）
　　　三　石山の町の昔と今（工場の設置）
　　　四　学校のまわりの昔と今（交通・公共施設・商店街）
　　　五　大きくなった大津の町（町村合併・変ってきた町の姿）

「大津の昔と今」のなかで、第一の問題である〈歴史的感覚、イメージのえがかせ方〉と、第四の問題である〈歴史的思考の発達や変遷の把握〉に注目したい。上杉が中学年の子どもの歴史的な見方や考え方を授業で明らかにしようと意欲的に試みた実践から、この二つの点が詳細に分析できるからである。

この授業の導入は、「お正月と昔話」に関して祖父母や父母の子どもの頃のようすを聞いてきて、それを作文にまとめることから始められた。上杉は教科書や祖父母の話からパッと入るのでなく、「じわりじわりと生活の現実から、歴史と生活の接触するところをすくいあげる」方法をとった。子どもたちが聞き取りしてきた祖父母や父母の話は、「個々の家の歴史や昔に対する考え方がいろとりどりに強く出てきた」。

自分の家の歴史を美化したり、祖父母の偉大さを強調したり、父母などの苦心談だけしか語らないとか、さまざまな家族の歴史が、子どもの考え方の中に大きな影響を与えていると、上杉は書いている。

偏った考えから脱しきれない子どももおり、「子どもの生活のなかに育てられた物の見方考え方、生活の論理とでもいえるものは、指導過程に大きな影響を及ぼす」。学習指導の出発点に子どもがどのような考え方をしているかを把握することは、教師が「まず知悉《ちしつ》しなければならない」点であるとした。

本時の展開として、「祖父母の子どもの頃の学校のようす」について考えていく（第一の問題）。上杉は、子どもが祖父母から聞き取りした学校について話をさせていく。「遠足の時は竹の皮でにぎりめしをもっていったこと」、「はおりとはかまであった。女の人の髪の毛の結い方はちがっていた」、「石盤《せきばん》と石筆《せきひつ》で字を書いた」、「子どものおやつは豆やかき餅であった」。子どもは断片的な事実を口々に語るが、祖父母の子どもの頃の生活事実やようすを生き生きと把握させることが指導上の要点である。ここでは「生活をみる基本的な視点を把握させる」ことが大事であり、学校の生活では建物、先生、教科書、弁当、着物、学習や遊び、遠足などが学校生活の内容である。

ここから進んで、祖父母の子どもの頃のようすを知るためには、上杉は学校生活以外にどんなことがあるのかを子どもに話合わせている。「家のくらしで調べたいことをいいましょう」と呼びかけて、子どもから「飲み水、井戸水、山水、うちわ、着物、はかま、あかり、ランプ、乗り物」などを引き出している。ここで「祖父母の話を引用」するとともに、「着物、はかまを用意し」子どもに見せている。さらに、教室を暗室にしてランプをつけて昔の話を試みている。「ランプはこれです。さあおじいさんやおばあさんの頃にしてみましょう、といって教室を暗室にして、マッチをもち物静かな表情をして、火をつけると子どもたちはしーんとしてじっとみつめている。」「ランプの光のそばに昔の家の絵をおいて、おじいさんやおばあさんの子どもの頃のようすを説明した」。そして、貧しい食事、お弁当、家の手伝い、勉強など、「このようなくらしをしていたがおじいさんやおばあさんはがんばっていたんだ」と語っている。

中学年の歴史学習として、上杉は歴史の世界に子どもをどのように立たせていくかを工夫して、このような実感をこめて理解させていく授業構成にしたのである。この点に関して、「具体物（ランプ）や半具体物（絵）またはお話などがあるが、そのいずれかひとつでよいとはいえない。また、これら三者のつなぎをよく考え、その一連の話題が包む歴史的な世界をこわしてはならない」と述べている。

さて、第四の問題である〈歴史的思考の発達、変遷の把握〉にかかわっては、「町のようすは昔からどのように変わったか、移り変わりをどのようにとらえさせるか」を学ぶ学習を展開した。子どもの町の発達のとらえ方は、「にぎやかになってきた家が多くなり、人や車のいきが多いこと」ととらえており、そこに住んでいる人々の生活（職業・品物の入手・収入・交通などくらしの種々な面）にはねかえっている点に気づかない、と上杉は言う。

そこで、上杉は「附属小学校のある周囲」を町の発達を考えさせる材料とする授業を行った。三枚の地図が用意された。A　武士の時代の地図、B　昭和のはじめの地図、C　現在の地図である。AとBを示して対比させると「昔は川が多かったんやなあ」、「なんやこんな原っぱだったんか」と驚く。Bの地図を見せると、子どもは学校、大津駅、県庁などをあげたが、上杉は「町を発達させる上で重要な条件になっていることについては切実感が乏しい」と見た。

ここで上杉は、次のような発問をしている。「Bの地図から大津駅をとったらどうか」「県庁が無いとどうか」。子どもは「人がおりてこないと寂しい」とか、「田舎から県庁に通って来ない」などと答える程度であったが、上杉はこれらの発言を重視して、大津駅や県庁をつかむための「重要な具体的現象であると同時に認識の通路である」ととらえた。この認識に依拠して、「このあたりの町にどんな関係あるか即ち大津駅や県庁に関係のある町の動きや施設を検討していった」。「それらに無関係のものは全く存在しないぐらいに、この町との関係の糸が目に見えてくる」。

Bの段階における町の発達をとらえさせ、次のCの段階の地図と比較させた。子どもは国道、アパート、住宅街、集落などをあげた。このような指導を経て「この中で、このへんの町がにぎやかになるもとになったような大事なものがあります。何でしょう?」と問いかけた。ほとんどの子どもは、国道をあげた。次にA・B・Cを通しての移り変わりをつかませていくが、どの子も「アパートや住宅ができたのは国道が開通したからだ」ということまで理解は進んだ。

しかし、「そんなら国道の両側は東京までぎっしりとアパートや住宅が並んでいるのか」という反論をする子どもがいた。上杉の授業プランでは、「大津市全体の都市計画」と国道の周辺のアパート、住宅の多さが関係することを説明しようと考えていたが、授業計画を変更して国道と住宅地問題で話し合いを続けさせた。上杉は発言した子どもが守山市から通学しており、国道をよく見ている子どもであるとして、「常に生活経験をもとにして考えていく子どもを育てていくこと、教師としてはその問題に含まれている矛盾や反対の現実や条件について予想し、それを排除しないで学習要因として生かすことが要諦であろう」と書き、実践記録を締めくくっている。

以上の一九六〇年代の授業実践は、まぎれもなく戦後の附属小学校の教育研究を代表するものである。子どもの具体的な姿を通した授業研究を基本にすえるべきであるということが、一九六〇年代前後の約一〇年間で定まった。

一九六四（昭和三九）年に、現在地の膳所昭和町に附属小学校にとって待望の鉄筋校舎が完成した。東浦校舎より移転式を行い、翌一九六五（昭和四〇）年四月には新校舎で全員が学ぶ体制ができた。施設・設備の充実が戦後二五年たってやっと実現したのである。

附属小学校に一九六六（昭和四一）年度から「特殊学級」が一学級開設され、「ひら学級」と命名された。障害児教育の教育研究を行うための組織が整備された。同学級は翌一九六七年に二学級となり、一九六八年には中学校も開設されて小学校二学級、中学校一学級と増設された。一九七〇年には小学校二学級、中学校三学級に、一九七五年度には小学校三学級、中学校三学級へと充実化し、一九七八年の附属養護学校へと独立・発展していく基礎が固まった。一九七五（昭和五〇）年には、附属小学校の創立百周年記念式典が盛大に行われた。

4　一九七〇～九〇年代のカリキュラム開発と授業研究

(1)　発達特性にもとづくカリキュラム開発と授業研究

戦後の附属小学校の教育研究史を振り返ると、カリキュラム改革、年間指導計画などカリキュラム研究に集中する時期と、各教科の学習指導、学習内容・方法、授業過程を中心にした研究の時期とに、交互に取り組まれている。ほぼ一〇年ごとの学習指導要領の改訂前後には、カリキュラム開発や指導計画論などのカリキュラム研究に重点が置かれ、その後教科の教材開発や授業過程を中心にした教科指導研究に移行していく。

一九七〇年代から一九九〇年代半ばまでは、一九六八（昭和四三）年版、一九七七（昭和五二）年版、一九八九（平成元）年版の学習指導要領の発行前後に、カリキュラム研究に取り組まれている。これらの研究は、戦後直後のような全面的なカリキュラム改造の研究ではなく、改訂された学習指導要領をどのように実施するかについての年間指導計画の研究が主流であった。一九六九～一九七一年の時期と一九七五～一九七九年の時期に、カリキュラム構造化の研究が行われた。『学習体験のある教育課程の創造』（一九八〇年　明治図書）は「教科・道徳の学習体験」と「総合的学習体験」の二つに大別したカリキュラムについて論じたもので、特別活動（主に学校行事）の改革を提起している。

一九八三〜一九八五年には、後の一九八九（平成元）年版学習指導要領を先取りする形のカリキュラム研究を行い、当時の文部省の教育方法改善の開発研究の指定を受けている。『発達特性を生かした教育課程の構想　昭和六一―六三年度』低学年、中学年、高学年の三分冊は、一九八〇年代の附属小学校の基本カリキュラムになったもので、「学習の場の子どもの姿から発達特性を導き出す」として子どもの意欲、発言の質を検討してまとめている。

(2)「個を育てる」授業研究

この時期の附属小学校の教科指導の研究は、子どもの学習の質を正面から問題にすえた。授業研究のテーマは、「個が育つ」、「わかる授業」、「自ら学ぶ力を育てる」、「個の生き方を育む」、「自ら求め育つ」、「豊かな自己が育つ」など、子どもの発達特性に注目して授業づくりを反映したものである。一九七二〜一九七四年には子どもの「わかる授業」が研究され、『個が育つ授業の手法』（一九七五年　明治図書）として公刊された。授業構成において、材料（もの）と子どもの活動の仕方に注目しており、子どもひとりひとりが学習と出会う「身構え」層があり、子どもの個々が学習を追求する「吸収」層で学びを深めて、自分と学習内容を統一する「統合」層に至るという仮説を立てて、全教科で授業づくりを試みて、子どもの思考の変容をとらえようとした。

一九八〇〜一九八二（昭和五五〜五七）年に「自ら学ぶ力を育てる」をテーマにした学習指導研究が行われ、一九八六〜一九九五（昭和六一〜平成五）年の一〇年間は前半五年が「個の生き方を育む」、後半五年が「豊かな自己が育つ」をテーマにして研究に取り組まれた。「個の生き方を育む」研究は一九八六年度から以降、自己実現の充実と授業→問いを求め続ける子ども→個の意識に根ざした授業→学習の体験化と援助→自ら求め育つ学習の創出、と年間研究で重点化された。その総まとめは、『新学力観を生かした授業づくり』（一九九二年　明治図書）として刊行された。さらに、「豊かな自己が育つ」研究は一九九二年度以降、子どもの自己実現要求の変容と授業づくり→子どもの「自己の可能性の気づき」が教師の学習観を変える→「できた」の実感が子どもの学びを変える、と研究を深めて、一九九五年六月に『「できた」の実感がある学習をつくる』(明治図書)が公刊された。

一九九〇年代の二冊の公刊本は、一九八〇年代以来の子どもの発達特性に注目して取り組んできた、各教科における授業研究の成果であった。そこでは一九六〇年代末まで研究されたような、全員が同一の教科の単元による授業研究を通じて子どもの思考過程を追求する研究は行われていない。授業研究で子どもの「個」・「自己」に着目した研究視点は時宜を得て正当であったが、学習材や教材との関わり方で実証していくことが十分にできたとはいいがたい面があった。また、研究仮説の設定にあたり誰にも理解しやすい言葉で定義づけられたとは必ずしもいえず、附属小の独特な研究上の用語が使われ、仮説内容を授業過程で論証できるように改善する必要も残された。各教科の担任教員の独自性に任された授業研究になった点は否めず、全教員で共同した研究組織を構築する必要があった。

5　二〇〇〇年以降の教科創設と一二年一貫カリキュラムの開発

(1)　四教科群・一〇教科の構想プラン

一九九七年から一九九九年まで文部科学省指定のカリキュラム開発研究が行われ、二〇〇〇年から二〇〇二年も引き続き文部科学省の指定による滋賀大学附属四校園の一二年一貫カリキュラム開発の研究が行われた。この六年間は、カリキュラム開発に精力的に取り組まれた時代であったが、注目すべき点として現行の教科を解体して、新しい四つの教科群、一〇の新教科の創設が提案されたことであった。教科学習と総合学習との関連の追求から発展させて、新教科の枠組みによる授業実践が実施された。

四教科群、一〇教科は、子どもの「ひたる」学習（基礎・基本を重視した教科学習）における学習形態であると説明された。「ゆきかう」学習（四教科群をゆきかう総合学習）、「えらぶ」学習（各自がテーマを選ぶ総合学習）は、総合学習の実施形態であるのでそれほど問題はなかったが、次の四教科群、一〇教科は大胆な提案であった。

「表現群」（表現科、言語表現科、音楽表現科、造形表現科、身体表現科）
「真理群」（数量図形科、科学科、言語理解科）
「人間群」（人間科）
「実践群」（実践科）

研究発表会では参会者から現行教科区分との異同に関する質問が相ついだ。カリキュラム開発研究においては、誰のためにカリキュラム改造をするのか、何のためにカリキュラムを作るのかを原則にすべきであり、ここに相当の時間がさかれ教師集団で議論しなければならなかった。現行教科の枠ぐみが子どもの学ぶ力や学ぼうとする意欲の妨げとなっているならば、新しい教科創設を行わねばならない。とはいえ現行教科を解体して全く新しい創造的な教科学習を確立することは容易でない。この時期の新しい教科創設の研究は、最も研究困難な課題に立

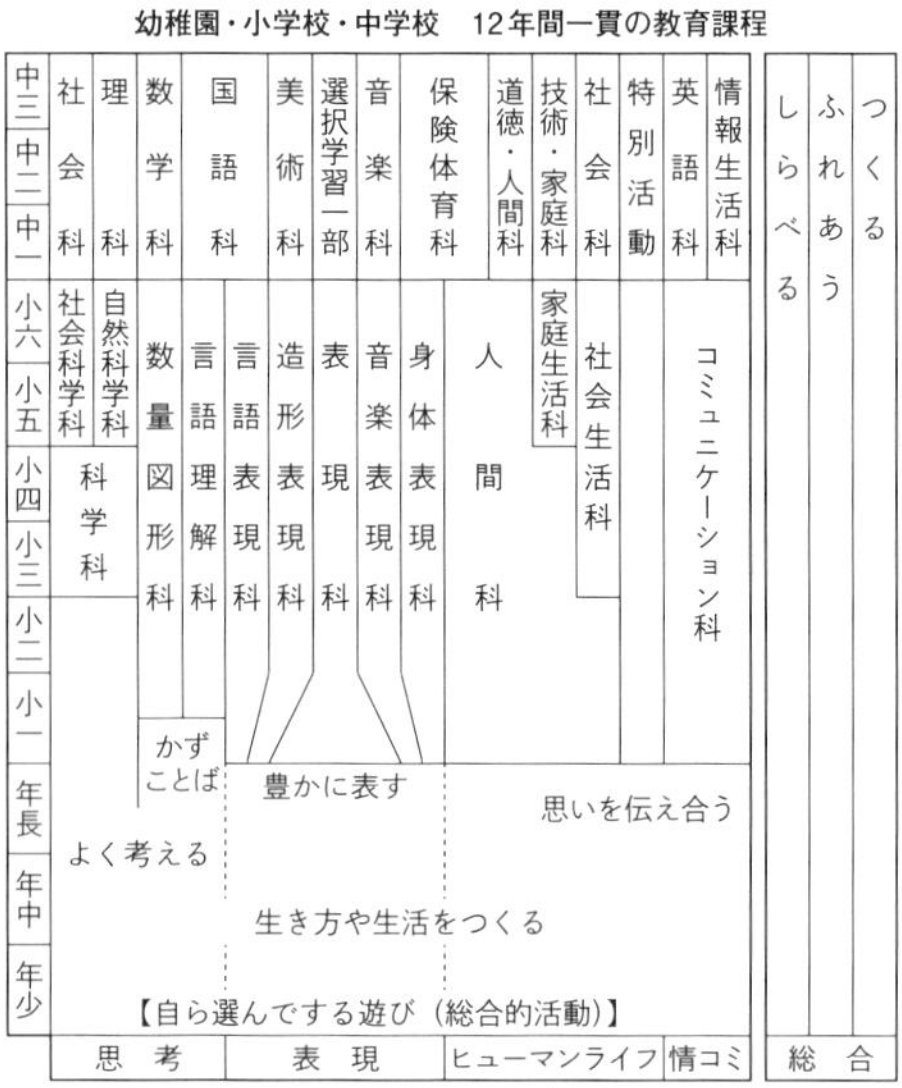

図15-1　2002年の12年一貫カリキュラム構造図

ち向かったといえよう。

二一世紀初頭になり附属学校四校園の共同研究として、幼稚園、小学校、中学校、養護学校の一二年一貫カリキュラム開発研究に取り組まれた。附属小学校はカリキュラム開発研究を引き続いて行うことで四校園中で最も自然な形で共同研究を推進できたが、他の三校園はそれほど簡単ではなかった。附属小学校の新教科の提案をベースにして、カリキュラム構造の研究として幼稚園から小学校、小学校から中学校への接続を構想して、一二年間の発達段階に即したカリキュラムを提案した。

三年間の短い間に研究組織を整え、専任教員八二名、非常勤講師を加えると一〇〇名の教員集団が部会に分かれて、新教科に基づくカリキュラム開発の研究を行った。戦後の半世紀間附属四校園それぞれが独自に研究してきたが、異なる校種間の共同研究の意義は、初めて子どもの発達段階や教科の授業研究、学習指導法の研究で交流し合ったことにあった。四校園カリキュラム研究の共同研究から、教科の授業研究や子どもの発達過程や発達段階に関する共同研究に発展することが期待された。

(2) 二〇〇三年以後の教科の授業研究への回帰

カリキュラムの枠組みの議論に終始した研究は、従来の教科での教科指導の研究、とりわけ授業過程や教材づくりの研究への回帰が望まれた。二〇〇三(平成一三)年から始まる附属小学校の研究は、文部科学省の開発指定研究が終わって、教科指導における基礎・基本の問題や、教材発掘や教材づくりの研究、授業における子どもの学習意欲の研究に力点を移しかえた。カリキュラム開発の六年間の研究期間は、教員の間に教科指導において授業研究を存分に行い、授業のなかで子どもを育てたいとする思いを強く持たせたようである。

二〇〇五年までの三年間、「教科研究の原点に戻った」という教師の研究意欲は高いものがある。校内の授業研究会での論争的な議論は活性化しており、教材研究の切り込み方や授業での子どもの活動や子どものわかり方をめぐって、活発な集団討議が行われてきていた。

おわりに

滋賀県教育史のテーマとして、近世の寺子屋や藩校から始まり、明治初期の小学校設立・開校や欧学校、地域版教科書、明治期の授業や学校行事、大正期の「直観科」授業や自由教育、昭和戦前期の郷土教育や国定教科書、国民学校の「郷土の観察」、戦後直後の「GHQ指令綴」文書、戦後のカリキュラム改革と授業研究を取り上げた。幅広いといえばいえるが多彩すぎてまとまりないともいえるし、時代も広がりすぎているともいえる内容を盛り込んだ一書である。もう少しそれぞれのテーマに焦点づけた内容にしても良かったとの思いがあるが、私の滋賀県教育史の研究は多様な問題関心を反映しており、その時期その時期に求められて調べて書くことが多かったので、それが正直に出ていると思って編纂した。

各章で取り上げた論文の多くは、前任校の滋賀大学教育学部在任中に執筆したものである。同学部附属図書館が毎年夏に所蔵旧教科書の公開展示を行っており、『図書館だより・きょういく』に資料解説を執筆することが多くあった。本著収録の第2章、第3章、第6章、第7章、第8章、第9章の各章は、二〇〇七年から二〇一〇年まで同誌に掲載されたものを修正・加筆した。また、滋賀大学広報誌『広報しがだい』に書いた解説を本論文中やコラムとして載せた。第10章、第11章、第15章の三章は、滋賀大学教育学部附属小学校『確かな学力』を伸ばす学習指導の創造』(明治図書　二〇〇五年)に「歴史編」として書いた論文を修正・加筆したものである。第4章、第5章は一九九六年に発表した原論文に今回大幅加筆したが、その後取り上げられることが少ないのでここに収録した。

第1章は、近江の寺子屋や私塾、明治初期の滋賀の私立小学校を調査していた大槻真佐子さん（当時院生）との共同研究の一部であり、第7章はこれまでに収集した滋賀の郷土教科書を加えて大幅に加筆・修正した。第14章は滋賀大学教育学部社会科教育研究室『社会科教育の創造』第一一号（二〇〇四年）の旧稿を大幅に加筆・修正した。第13章は現任校の『京都華頂大学・華頂短期大学研究紀要』第五九号（二〇一五年）の投稿論文の一部である。

滋賀県教育史の研究で何よりも原資料を発掘し、読み込むことの重要さを教えられた。地域の市町村に残る区有文書を読み込む中で、学校に残る沿革史や学校日誌の何気ない記録を読む中に、あるいは官庁統計の一見何でもない数字の羅列の中に、読み手の側の歴史を読み解く力量が問われることを知らされた。滋賀県教育史の研究で市町村教育史の仕事に出会えたことは、幸いであった。これまで『栗東町史』第三巻近代・現代（一九九一年）、『蒲生町史』第二巻近世・近現代（一九九九年）、『同』第四巻史料編（二〇〇一年）、『米原町史』通史編（二〇〇四年）、『近江八幡市史』第四巻自治の伝統（二〇〇八年）、『近江日野の歴史』第八巻史料編（二〇一〇年）、『同』第四巻近現代（二〇一四年）、『東近江市史能登川の歴史』第四巻史料民俗編（二〇一二年）、『同』第三巻近代・現代編（二〇一四年）の教育史の執筆に携わることができた。

滋賀県下の市町村史の近代・現代編の教育史担当として、明治初期、明治中・後期、大正期、昭和戦前期、戦後改革期、高度経済成長期の地域教育資料を吟味して、学校教育史や社会教育史の地域実態の詳細を書くように努力したつもりである。市町村によっては、枚数の制限の制約があったが、基本的には近代・現代の日本教育史の全体的な目配りをして、教育史の通史として叙述することができた。心がけたことは、戦前・戦後の市町村教育史の欠陥である狭い意味の郷土主義の教育史叙述に陥ることを避けて、全国的な教育史動向を踏まえて叙述することであった。

担当したどの市町村史においても、地域資料を駆使して自由に執筆させていただいた。とくに、『近江日野の歴史』第四巻・近現代編では、約八年間かけて丹念な資料調査を行うことができた。編集委員会も年に何回も行われて、執筆内容においても近代・現代の執筆メンバーが全員そろって提案しあって内容を検討し合った。

長い年月がたっても読み継がれる市町村史の性格上、徹底して資料調査をして厳密に事実を確定する作業が求められ、一時的な時期の一時的事象だけでなく、また特定の地域的な偏りをなくして叙述することが求められる。執筆担当した市町村史の教育史では、できるだけの努力はしたが、それが果たせたかどうか。

本書は二年前の滋賀大学定年の年に刊行する予定であったが、遅れてしまった。この間に二つの市町村教育史の資料発掘と執筆作業に従事してきた。今回のまとめは遅れたが、おかげでこれまで全く知られていなかった教育史の新資料を発見できて、本著にその成果の一端を盛り込むことができた。本著が今後、滋賀県教育史の研究をこころざす人への一助となり、案内書になれば幸いである。

さいごに、『滋賀の学校史』、『地域に根ざした学校づくりの源流—滋賀県島小学校の郷土教育—』（編著）に続いて、今回も文理閣の黒川美富子さん、山下信さんにお世話になり、心から御礼を申し上げる。

二〇一五年九月一五日

木全清博

原論文の出典

第1部　寺子屋・藩校から小学校・欧学校へ

第1章　近江における寺子屋の教育（前出の共同研究大概論文を改稿）

第2章　寺子屋の往来物教科書—庶民教育の入門教科書—（滋賀大学附属図書館教育学部分館『図書館だより・きょういく』二〇一〇年八月）原題「往来物について—日本の庶民教育の入門教科書」

第3章　彦根藩校弘道館の教育と藩校蔵書（同上『図書館だより・きょういく』二〇〇七年八月）原題「滋賀大学教育学部図書館に残る彦根藩弘道館蔵書について」

第4章　大津における小学校の設立・開校と教員養成の始まり（滋賀大学教育学部『教育実践研究指導センター紀要』第四巻第一号　一九九六年三月原題「明治6-10年の滋賀県の小学校の設立・開校」を修正・加筆

第5章　大津欧学校の設立・開校と県令松田道之（『近江歴史・考古論集』畑中誠治教授退官記念論集　一九九六年三月）原題「大津欧学校の教育—滋賀県における中等教育の開始—」

第2部　滋賀の教科書史・教材史

第6章　明治初期の小学校入門教科書と教則（前掲『図書館だより・きょういく』二〇一〇年八月）原題「明治初期の小学校教科書—往来物と啓蒙的翻訳教科書から文部省版・師範学校版教科書へ—」を修正・加筆

第7章　明治期の近江の郷土教科書—地理・歴史・習字・読本・商業—（前掲『図書館だより・きょういく』二〇〇九年八月）原題「近江の郷土教科書—郷土地誌・郷土史・郷土習字・郷土読本—」を大幅に加筆

第8章　国定地理教科書の中の「滋賀県」の扱い（前掲『図書館だより・きょういく』二〇〇九年八月）

第9章　明治期から昭和戦前期の修身教科書の変遷（前掲『図書館だより・きょういく』二〇〇八年八月）

第3部　滋賀の授業史・カリキュラム史

第10章　明治期の歴史・地理授業と学校行事（滋賀大学教育学部附属小学校『「確かな学力」を伸ばす学習指導の創造』明治図書　二〇〇五年一一月）原題「歴史編」を全面改稿
第11章　大正新教育運動の展開―「直観科」の授業と郷土教育―（第10章と同じ）
第12章　15年戦争下の国史・地理授業―「元寇」と「印度支那」の授業」―（滋賀大学教育学部平和教育研究会『平和教育の課題と方法に関する学際的研究（Ⅲ）』一九九〇年三月）を改稿
第13章　長浜国民学校における「郷土の観察」の授業（『京都華頂大学・華頂短期大学研究紀要』第五九号　二〇一四年一二月）原題「国民学校における「郷土の観察」・「国史」の授業(1)」を改稿
第14章　滋賀県下の「GHQ指令綴」の存在とその分析―御真影・奉安殿・教育勅語の撤去と三教科の授業停止―（滋賀大学教育学部社会科教育研究室『社会科教育の創造』No.11　二〇〇四年）原題「『御真影』・『奉安殿』の撤去と修身・国史・地理の教科書回収の実態」
第15章　戦後のカリキュラム研究と授業研究―附属小学校の場合―（第10章、第11章と同じ）
補論1　彦根における小学校の設立と旧教科書蔵書（拙著『滋賀県教育史資料目録(7)』「資料解説」一九九七年三月）原題「彦根市立図書館所蔵の小学校教科書」「彦根における小学校の開校」
補論2　戦後直後の滋賀における教育改革（滋賀県民主教育研究所『戦後滋賀の教育のあゆみ』二〇〇八年一一月）原題「戦後教育の出発：新学制のスタート」
コラム1　明治中・後期の近代日本の教科書1～6（同上『広報しがだい』No.32～35、37　二〇一一～二〇一三年、『広報しがだい』No.38～43　二〇一三～二〇一五年）
コラム2　実業補習学校の「読本」・「農業」教科書―滋賀県教育会編『補習読本』・『農業教科書』
コラム3　明治初期の滋賀の修身教科書―大島一雄『小学生徒心得』・瀬戸清『習礼入門』・高山直道『新撰生徒心得』
コラム4　彦根の郷土教育―磯田校の郷土調査―（『新修彦根市史』第9巻史料編近代2・現代　二〇〇七年「巻報5」）原題「彦根の郷土教育」

附録――資料・研究文献

第1部　寺子屋・藩校から小学校・欧学校へ

第1章　近江における寺子屋の教育

1　文部省総務局編『日本教育史資料』八　文部省　一八九二年　＊滋賀県の「私塾寺子屋表」は、四七八～五〇五頁に掲載。

2　石川謙『日本庶民教育史』刀江書院　一九二九年、新装版　玉川大学出版部　一九九八年

3　乙竹岩造『日本庶民教育史』上巻・中巻・下巻　目黒書店　一九二九年　＊滋賀県の項は、下巻四二五～四六七頁、再版　臨川書店　一九七二年

4　R・P・ドーア　松居弘道訳『江戸時代の教育』岩波書店　一九七〇年

5　高橋敏『日本民衆教育史研究』未来社　一九七八年

6　石川松太郎『藩校と寺子屋』教育社　一九七八年

7　利根啓三郎『寺子屋と庶民教育の実証的研究』雄山閣　一九八一年

8　梅村佳代『日本近世民衆教育史研究』梓出版社　一九九一年

（滋賀の寺子屋研究）

9　柴田純「近世中後期近江国在村一寺子屋の動向―門人帳の数量的分析を中心に―」（『日本社会の史的構造　近世・近代』思文閣　一九九五年）　＊旧五箇荘町（現東近江市）の寺子屋―時習斉

10　同上「教育熱の高さを物語る寺子屋　時習斉と地域文化」（『江戸時代人づくり風土記』二五滋賀　農文協　一九九六年）二五六～二六二頁

11　野村知男「『日本教育史資料』掲載の「寺子屋表」の研究(4)―京都府・滋賀県編―」（近畿大学教職教養部『教育論叢』第八巻第二号　一九九七年）

12　四方一弥「滋賀県における私塾寺子屋取調表の進達過程に関する一考察」（日本教育史資料研究会編　文部省科学研究費補助金

総合研究(A)報告書『日本近世教育の基礎資料に関する総合的研究』) 一九八一年 二一一～二一九頁

13 大槻真佐子「滋賀県における寺子屋の統計的研究」(滋賀大学教育学部社会科教育研究室『社会科教育の創造』第一〇号 二〇〇三年)

14 同「滋賀県における寺子屋の研究」(同上『同上』第11号 二〇〇四年)

15 守山市『守山市誌資料編教育』(一九九九年) 吉身村森定助と播磨田村髙田信成の寺子屋を紹介。

第2章 寺子屋の往来物教科書

1 同文館編輯局編『日本教育文庫 教科書篇』同文館 一九一一年

2 石川謙『寺子屋―庶民教育機関―』至文堂 一九六〇年

3 石川謙・石川松太郎編『日本教科書体系 往来編』全一七巻 講談社 一九六七～七七年

4 堀井靖枝「彦根城下の手跡指南職―12人の寺子屋師匠たち―」(近江地方史研究会『近江地方史短信』Vol.3 二〇一一年)

第3章 彦根藩校弘道館の教育と藩校蔵書

1 文部省総務局編『日本教育史資料』一 文部省 一八九〇年 *旧彦根藩学制・同学校・旧朝日山藩学校・旧水口藩学校・旧大溝藩学校・旧西大路藩学校・旧山上藩学校、『日本教育史資料』四 一八九一年 *旧彦根藩学制追加、『日本教育史資料』五「学士小伝」一八九一年 *彦根藩・水口藩・朝日山藩・西大路藩・彦根藩士学事意見書

2 杉浦重文原稿 杉浦重剛補修『旧膳所藩学制 全』杉浦重剛発行 一九〇一年 *遵義堂の沿革略史と蔵書目録を掲載

3 四方一弥「滋賀県における学制沿革取調に関する一考察―滋賀県庁文書をとおしてみた―」一二〇～一七四頁、「『旧山上藩学制志』の成立に関する一考察」三七六～四二九頁(日本教育史資料研究会『『日本教育史資料』の研究』玉川大学出版部 一九八六年)

4 池田宏「つぎつぎと設立された近江諸藩の藩校とその教育」(麻生直宏監修『江戸時代人づくり風土記』25滋賀 農文協 一九九六年)二二六～二三二頁

5 『彦根市史』中冊(一九六二年)五五四～五七六頁

6 『新修彦根市史』第二巻通史近世(二〇〇八年)六二一～六二六頁

第4章　大津の小学校設立・開校と教員養成の始まり

（明治初期の学事統計）

1　文部省『文部省年報』第一年報（明治六年＝一八七三年）以降の「滋賀県年報」記事あり。

＊第二年報（明治七年）〜第五報（明治一〇年）には「滋賀県公立小学校表」あり、一八七四（明治七）年から一八七七（明治一〇）年の「小学校名、位置（町村名）、設立年、教員数、生徒数（男・女）・授業料有無・扶助金配当額」を記載。とくに第五報（一八七七＝明治一〇年）〜第十七年報（一八八四＝明治一七年）の「滋賀県年報」記事が詳細である。（『文部省年報』は滋賀大学図書館教育学部分館に所蔵）

2　「滋賀県学事年報」第五報（一八七七＝明治一〇年）〜第十一年報（一八八三＝明治一六年）の七冊は、近江八幡市江頭区有文書「至誠学校」蔵書として所蔵されている。第十二年報（一八八四＝明治一七年）は江北図書館（現長浜市、旧伊香郡木之本町）に旧伊香郡役所文書中の一冊として所蔵。なお、二〇一五年現在では、滋賀県学事第一年報〜第四年報の原資料は、未発見である。各年報の巻末に「滋賀県管内公学校表」が掲載されている。

①『第三大学区滋賀県第五年報』（明治一〇年）、②『第三大学区滋賀県第六年報』（明治一一年）、③『滋賀県第七年報』（明治一二年）、④『滋賀県学事第八年報』（明治一三年）、⑤『滋賀県学事第九年報』（明治一四年）、⑥『滋賀県学事第十年報』（明治一五年）、⑦『滋賀県学事第十一年報』（明治一六年）、⑧『滋賀県学事第十二年報』（明治一七年）

＊明治一〇年代の滋賀県管内一二郡の「公学校表」により、「小学校名、位置（町村名）、設立年、教場数、教員数（男・女）、生徒数（男・女）、卒業生徒数、授業料有無、補助金交付額、首座教員名」を知ることが出来る。第八年報から「歳費金額」をつけ加え、第九年報以降は、教員の区分を「教員・助教員、授業生若クハ助手（各男・女別）」とし、生徒数も「在籍生徒数、出席生徒数（各男・女別）」として詳細にしている。

3　『滋賀県史』第一編（明治五〜七年）、『同』第二編（明治八〜一〇年）、『同』第三編（明治一一〜一二年）、『同』第四編（明治一三〜一五年）、『同』第五編（明治一六年）の「政治部学校」記事は、明治初期の滋賀県教育行政の基本資料である。ゆまに書房から一九八六年に復刻本が『府県資料　教育第十四巻滋賀県』として刊行されている。

（大津の小学校設立・開校）—旧大津町の市街地の小学校沿革資料

4　大津市立中央小学校所蔵資料で、明治期の学校沿革史文書が重要。①『明治六〜二四年　滋賀郡第三大学区高等尋常科大津小学校沿革史』上・下編、②『明治六〜二五年　大津尋常高等小学校沿革史』上・中・下編、③『明治二五〜三〇年　沿革誌原稿大津尋常高等小学校』、④『明治二六〜三〇年　大津尋常高等小学校沿革史』、⑤『明治三六〜三八年　大津尋常高等小学校沿革史』、⑥『明治三九年　大津尋常高等小学校沿革史』、⑦『明治四〇～四五年度　大津尋常高等小学校沿革史』。

大津市逢坂小学校所蔵資料で、明治初期の⑧『明治六～三〇年　大津第二小学校・南尋常小学校沿革』、⑨『明治三一～四〇年　大津南尋常小学校沿革史』、⑩『明治四一～四四年　大津南尋常小学校沿革史』がある。長等小学校所蔵資料には、⑪『明治一九～二一年　大津西尋常小学校　学校日誌』四冊、「修道学校・尋常科大津小学校第一支校・簡易科大津第一校」、⑫『明治二二～二五年　大津西尋常小学校　学校日誌』三冊、「尋常科大津小学校第一支校・簡易科大津第一校」、⑬『明治二五～二七年　大津西尋常小学校　学校日誌』、⑭『明治三〇～三三年　大津西尋常小学校　学校日誌』、⑮『明治三三～三四年　大津西尋常小学校　学校日誌』、⑯『明治三五～三八年　大津西尋常小学校　学校日誌』、⑰『明治三九～四一年　大津西尋常小学校　学校日誌がある。なお、大津市平野小学校所蔵資料として、⑱『明治九～二五年　沿革誌　大津尋常小学校』がある。

（彦根の小学校設立・開校）

5　彦根の小学校設立・開校に関する明治初期の沿革史資料は、各小学校で見つかっていない。旧彦根町内の市街地の小学校沿革資料は、筆者の調査時点ではほとんど保存されていなかった。

旧彦根町内の明治期の小学校資料では、彦根市城東小学校所蔵資料として明治二〇～四〇年代の学校日誌が断片的に八点あるだけである。①『明治二四年一二月～二五年一二月　後三条教場日誌第一』、②『明治二四年一二月～二六年一一月　上藪下教場学校日誌』、③『明治二四年一二月～二五年八月　小道具教場　学校日誌』、④『明治二五年七月～二七年三月　安清尋常小学校日誌』と、以下四点の彦根尋常高等小学校日誌である。⑤『明治三六年度日誌　彦根尋常高等小学校』、⑥『明治三九年度日誌　彦根尋常高等小学校』、⑦『明治四三年度日誌　彦根尋常高等小学校』、⑧『明治四五年度日誌　彦根尋常高等小学校』。

旧彦根町内ではない彦根市高宮小学校の小学校沿革史は、県内でも屈指の明治初期の学校動向を詳細に書き込んでいる。⑨『高宮小学校沿革史』上・下、⑩『内規・実現教育要領・本校之施設経営　高宮尋常高等小学校』。

（滋賀県の教員養成、師範学校史）

6　近江八幡市江頭区有の「至誠学校」蔵書中に、滋賀県師範学校関係の年報資料が保存されている。

①『滋賀県大津師範学校』第一年報（明治一〇年）、②『彦根伝習学校』第一年報（明治一〇年）、③『小浜伝習学校』第一年報（明治一〇年）、④『滋賀県師範学校及伝習学校』第二年報（明治一一年）、⑤『長浜講習学校』第一年報（明治一一年）、⑥『滋賀県師範学校』第三年報（明治一二年）、⑦『滋賀県師範学校』第四年報（明治一三年）、⑧『滋賀県師範学校』第五年報（明治一四年）までが、単独の刊行本である。翌年「滋賀県師範学校」第六年報（明治一五年）からは、前出の『滋賀県学事年報』第十年報の後に、綴じ込まれていく。⑨『滋賀県学事年報第十年報　滋賀県師範学校第六年報　滋賀県女子師範学校第一年報』（明治一五年）、

⑩『滋賀県学事年報第十一年報　滋賀県師範学校第七年報　滋賀県女子師範学校第二年報』（明治一六年）、⑪『滋賀県学事年報第十二年報　滋賀県師範学校第八年報　滋賀県女子師範学校第三年報』（明治一七年）。

7　『自明治八年五月至明治三七年一一月　滋賀県師範学校一覧』一九〇四年、『滋賀県女子師範学校一覧・大津高等女学校一覧』一九二二年、『滋賀県師範学校沿革畧史』一九三五年、『滋賀県師範学校六〇年史』一九三五年

8　川崎源『滋賀大学教育学部百年史』一九七二年

9　小熊伸一「滋賀県の就学告諭」（荒井明夫編『近代日本と黎明期における「就学告諭」の研究』東信堂　二〇〇八年）三六一～三八二頁

第5章　大津欧学校の教育

1　『滋賀新聞』（一八七二〈明治五〉年一〇月創刊）の欧学校記事掲載の各号。『滋賀新聞』は、以前東京大学明治新聞文庫所蔵であったが、現在は東京大学大学院法学政治学研究科附属近代日本法政史料センター所蔵になった。複写本が滋賀県立図書館に所蔵されている。同時期の一八七三（明治六）年創刊の『琵琶湖新聞』があり、琵琶湖新聞会社は小学校教科書を多数発行した。両新聞社とも、学校関係の教育記事を多く掲載した。

2　里内勝治郎「明治五年創立大津欧学校の由来⑴⑵」（『太湖』第一六三～一六四号　一九三九年八月～九月）、「明治初期ニ於ケル滋賀県ノ欧学教育ノ制度ノ資料」（滋賀県教育会『近江教育』第五二三号　一九三九年七月）

3　小島芦穂「大津欧学校」『里内文庫』資料A―261。『里内文庫』資料番号は、旧栗東町史編纂委員会の収集整理した番号。（里内文庫資料は、現在栗東歴史民俗博物館に移管）

4　七里源一「大津欧学校の試み―近代教育の模索―」（つがやま市民教養文化講座『近江能文化登伝統』中村印刷　二〇一〇年）四八〇～四九三頁

第2部　滋賀の教科書史・教材史

（全体）

1　石山脩平・海後宗臣編『教育文化史大系』Ⅰ・Ⅱ・Ⅲ　金子書房　一九五四年

2　国民教育研究所編『全書国民教育3　教科の歴史』明治図書　一九六八年

3　海後宗臣監修『日本近代教育史事典』平凡社　一九七一年

4 久保義三・米田俊彦・駒込武・児美川孝一郎『現代教育史事典』東京書籍 二〇〇一年
5 日本教育方法学会編『現代教育方法事典』図書文化 二〇〇四年

第6章 明治初期の入門教科書と教則
1 小教編纂所編『大日本小学教科書総覧』第一巻〜第八巻 厚生閣書店 一九三二〜三三年 ＊明治初年から三三年までの自由発行期、検定期の主要な小学読本教科書の復刻本。文部省編纂「小学読本」は第一巻に収録。
2 仲新『近代教科書の成立』初版 大日本雄弁会講談社 一九四九年、複製版 日本図書センター 一九八一年
3 唐沢富太郎『教科書の歴史―教科書と日本人の形成―』創文社 一九五六年
4 稲富栄次郎『明治初期教育思想の研究』福村書房 一九五六年
5 仲新『明治の教育』至文堂 一九六七年
6 木全清博「滋賀県における明治初期の教育史資料(2)―小学校教則（その1）―」（滋賀大学教育学部『滋賀大学教育研究所紀要』第二六号 一九九二年）、「滋賀県における明治初期の教育史資料(3)―小学校教則（その2）―」（同上『滋賀大学教育研究実践研究指導センター紀要』第二号 一九九四年）。前者で学制期の明治七年、八年、一〇年の小学校教則を、後者で教育令期の明治一二年、一三年教則と改正教育令期の明治一五年教則を分析・考察した。

第7章 明治期の近江の郷土教科書
1 木全清博『滋賀の学校史』文理閣 二〇〇四年
2 同「学校教育のはじまり」②地域独自の教則と地域版教科書づくり（滋賀民報社編『近代の滋賀』滋賀民報社 二〇〇二年）
3 同「明治期の郷土地理教科書」、「近江の郷土教科書」（滋賀大学附属図書館編『近代日本の教科書のあゆみ―明治期から現代まで―』サンライズ出版 二〇〇六年）

第8章 国定地理教科書の中の「滋賀県」の扱い
1 海後宗臣・仲新編『日本教科書体系』近代編・地理(1)(2)(3) 講談社 一九六五〜六六年
2 有本良彦「戦前・地理教育の分析」（教育科学研究会社会科部会編『社会科教育の理論』麦書房 一九六六年）
3 中川浩一『近代地理教育の源流』古今書院 一九七八年

4　有本良彦「地理」（『復刻国定教科書（国民学校期）解説』ほるぷ出版　一九八二年）
5　木全清博「地理教科書」（前出『近代日本の教科書のあゆみ』二〇〇六年）

第9章　明治から昭和戦前期の修身教科書の変遷
1　海後宗臣「教育勅語渙発以前に於ける小学校修身教授の変遷」、「教育勅語渙発以後に於ける小学校修身教授の変遷」、「道徳教材の百年」（『海後宗臣著作集　第六巻社会科・道徳教育』東京書籍　一九八一年）＊前二論文の初出は『国民精神文化研究』第一年第三冊（一九三四年）、第二年第八冊（一九三五年）であり、第三論文は東京教育研究所の『教育研究シリーズ3』一九六七年が初出である。
2　宮田丈夫編『道徳教育資料集成』1〜3　第一法規　一九五九年
3　海後宗臣・仲新編『日本教科書体系』近代編・修身(1)(2)(3)　講談社　一九六一〜六二年
4　松野修「欧米政治・法理論の受容と変容」、「修身教授方法としての暗誦主義の形成」『近代日本の公民教育』名古屋大学出版会　一九九七年

第3部　滋賀の授業史・カリキュラム史

（全体）
1　山本信良・今野敏彦『近代教育の天皇制イデオロギー』新泉社　一九七三年
＊1―一八七二〜一九二五年、2―一九二六〜三五年、3―一九三六〜四五年、4―一九四五〜五五年、5―一九五六〜七〇年
2　宮原誠一・丸木政臣・伊ケ崎暁生・藤岡貞彦『資料日本現代教育史』1〜4　三省堂　一九七四年
＊1―一九四五〜五〇年、2―一九五〇〜六〇年、3―一九六〇〜七三年、4―戦前
3　海老原治善『現代日本教育実践史』明治図書　一九七五年
4　梅根悟・海老原治善・中野光『資料日本教育実践史』1〜5　三省堂　一九七九年
5　海後宗臣『海後宗臣著作集』第七巻（日本教育史研究Ⅰ）・第八巻（日本教育史研究Ⅱ）東京書籍　一九八〇〜八一年
＊Ⅰ―「日本教育小史」・「日本教育史最近世」、Ⅱ―「明治初年の教育」・「現代日本小史　教育」・「戦後日本教育小史　教育」
6　久保義三『天皇制教育の史的展開　昭和史』上・下　三一書房　一九九四年

第10章　明治期の歴史・地理授業と学校行事
1　棚橋源太郎『小学各科教授法』金港堂書籍株式会社　一九〇二年
2　『自明治三七年四月至明治三八年三月　滋賀県師範学校附属小学校一覧』一九〇四年
3　教育学術研究会編纂『小学校事彙』同文館　一九〇四年　＊「教授、管理、訓練」の項などで各教科教授細目、教案、指導形式について、全国から附属小学校他の学校事例を紹介。滋賀県師範学校附属小学校の校外教授、運動会や学芸会、遠足・修学旅行のプログラムを掲載。
4　大江志乃夫『国民教育と軍隊―日本軍国主義教育の成立と展開―』新日本出版社　一九七四年
5　稲垣忠彦『増補版　明治教授理論史研究』評論社　一九九五年、初版一九六六年

第11章　大正新教育運動の展開
1　及川平治著・中野光編『世界教育学選集　分団式動的教育法』明治図書　一九七二年、初版一九一二年
2　及川平治『分団式各科動的教育法』弘学館　一九一五年
3　西口槌太郎『及川平治のカリキュラム改造論』黎明書房　一九七六年
4　木下竹次『学習原論』目黒書店　一九一三年、中野光編『世界教育学選集　学習原論』明治図書　一九七二年
5　木下竹次『学習各論』上・下　玉川大学出版部　一九七二年、初版は上・中・下の三巻本で上巻（一九二六年）中巻（一九二八年）下巻（一九二九年）目黒書店刊。
6　中野光『大正自由教育の研究』黎明書房　一九六八年
7　小原国芳他『八大教育主張』玉川大学出版部　一九七六年
8　山本稔・仲谷富夫・西川暢也『「赤い鳥」の六つの物語』サンライズ出版　一九九九年
9　山本稔『秋田喜三郎研究　創作的国語教育の展開』サンライズ印刷出版部　一九九二年
10　木全清博「昭和学園における谷騰の教育実践」(Ⅰ)～(Ⅳ)（『滋賀大学教育学部紀要　Ⅰ：教育科学』第五四～五七号　二〇〇四～〇七年、(Ⅰ)成城小学校時代の理科教育の実践、(Ⅱ)ドルトン・プランと昭和学園の教育、(Ⅲ)労作教育と文集『こまどり』の中の子ども、(Ⅳ)子どもの協同自治生活。

第12章　15年戦争下の国史・地理授業

1　八幡小学校『日本精神を中核とせる我が校経営の実際』文泉堂　一九三四年
2　八日市小学校『皇道実践我が校の訓練』明治図書　一九三九年
3　島小学校『国民精神総動員と小学校教育の実践』明治図書　一九三八年
4　山本信良・今野敏彦『大正・昭和教育の天皇制イデオロギー』（Ⅰ）（Ⅱ）新泉社　一九七六～七七年
5　木全清博「日中戦争下の戦時教育」（『近代の滋賀』滋賀民報社　二〇〇二年）
6　同編著『地域に根ざした学校づくりの源流―滋賀県島小学校の郷土教育―』文理閣　二〇〇七年

第13章　長浜国民学校における「郷土の観察」の授業

1　島小学校は、一九四〇年度に『農村国民学校の学級経営』、『農村国民学校教科経営実践体系』、『国民学校学校行事科《ママ課》外施設の実践』、『国民学校の実践的経営』の四冊を明治図書から刊行した。また、同校実践のリーダーであった栗下喜久治郎は、『体験村の教育建設記』を第一書房から刊行した。
2　神田次郎『実践日野の教育の錬成記録』明治図書　一九四二年
3　中村紀久二・山住正己編著『複刻国定教科書（国民学校期）解説』ほるぷ出版　一九八二年、＊山住正己「Ⅱ　国民学校の成立と教科書」
4　長浜功『国民学校の研究』明石書店　一九八五年
5　戸田金一『昭和戦争期の国民学校』吉川弘文館　一九九三年
6　吉村文成『戦争の時代の子どもたち―瀬田国民学校五年智組の学級日誌より―』岩波ジュニア新書　二〇一〇年

第14章　滋賀県下の「GHQ指令綴」の存在とその分析

1　ジョージ・K・カワグチ『新教育の設計』教育タイムス社出版部　一九四九年
2　文部大臣官房文書課『終戦教育事務処理提要』第一～第四輯、第一輯（一九四五年）、第二輯（一九四六年）、第三輯（一九四九年）、第四輯（一九五〇年）。のちに、『近代日本教育制度史料』第二一～二五巻　講談社　一九六四年に収録・刊行された。
3　外務省特別資料部編『日本占領及び管理重要文書集』東洋経済新報社　一九四九年
4　下程勇吉編『新教育十年』黎明書房　一九五七年

5 伊ケ崎暁生・吉原公一郎編・解説『戦後教育の原典1 新教育指針 一九四六年五月』現代史出版会 一九七五年
6 久保義三『対日占領政策と戦後教育改革』三省堂 一九八四年
7 片上宗二『日本社会科成立史研究』風間書房 一九九三年
8 マーク・T・オア 土持ゲーリー法一訳『占領下日本の教育改革政策』玉川大学出版部 一九九三年
9 H・J・ワングーリック 土持ゲーリー法一監訳『占領下日本の教科書改革』玉川大学出版部 一九九八年

第15章 戦後のカリキュラム研究と授業研究

1 大津中央小学校『コミュニティースクール滋賀中央プラン＝構成と展開』一九四九年
2 石部小学校『本校カリキュラム構成のあと』一九四九年
3 深尾昌峰「滋賀県における初期社会科の成立過程と実践」(『社会科教育の創造』第四号 一九九七年)、大津中央小プランと石部小プランを分析。
4 渡晋一「滋賀県における初期社会科の研究」(前出『社会科教育の創造』第一二号 二〇〇五年)
5 木全清博「歴史編 三．戦後民主主義教育の担い手を育てる」(滋賀大学教育学部附属小学校『「確かな学力」を伸ばす学習指導の創造』明治図書 二〇〇五年)
6 同「滋賀大学教育学部附属小学校における戦後の教育研究史―一九四七～二〇〇四年―」(『滋賀大学教育学部教育実践総合センター紀要』第一三号 二〇〇五年)
7 同「附属小学校の教育史をひもとく」(滋賀大学教育学部附属小学校『初等教育みずうみ』第一三四号 二〇〇六年)
8 水谷哲郎「中学校社会科教育の再構築―滋賀大学教育学部附属中学校研究史の検討から―」(『社会科教育の創造』第一三号 二〇〇六年)
9 上田孝俊『占領軍政下における滋賀県実験学校教育課程の研究―教科主義と生活カリキュラムの分化―』神戸大学大学院総合人間学研究科提出博士論文 二〇〇六年、滋賀県女師附小の一九四七年プラン、多賀小プラン、坂田小プラン、稲村小プランを分析。
10 日本教育方法学会編『日本の授業研究』上・下巻 学文社 二〇一〇年 ＊上巻―授業研究の歴史と教師教育、下巻―授業研究の方法と形態

（滋賀県の教育雑誌）

1　木全清博「滋賀県における教育雑誌」（滋賀県教育史研究会『滋賀県教育史研究会』創刊号　一九九八年）、主として滋賀県教育会の『滋賀県私立教育会雑誌』・『近江教育』・『滋賀教育』について県内外の所在一覧と内容概観を紹介した。掲載誌は一号のみで休刊。

2　上田孝俊『滋賀県教育会雑誌目次一覧』二〇〇九年、「目次一覧」と解説「滋賀県教育会雑誌復刻の意義と今後の研究展望」。二〇〇九年時点での確認できた所在地一覧を明示し、目次一覧を示した。ＣＤ版もあり。──木全論文で未発見の雑誌の号数を調査、整理している。

【著者紹介】
木全清博（きまた　きよひろ）

1948年1月　愛知県岩倉市生まれ
1973年　大阪教育大学大学院社会科教育専攻修了
現在：京都華頂大学教授・滋賀大学名誉教授
専攻：滋賀県教育史、社会科教育史
主要著書：『社会認識の発達と歴史教育』（岩崎書店　1985年）、『社会科の歴史』上（民衆社　1988年）、『滋賀県教育史資料目録』第1集～第10集（1991～2000年）、『叙述のスタイルと歴史教育』（共著　三元社　2003年）、『滋賀の学校史』（文理閣　2004年）、『近代日本の教科書のあゆみ―明治期から現代まで―』（編著　サンライズ出版　2006年）、『地域に根ざした学校づくりの源流―滋賀県島小学校の郷土教育―』（編著　文理閣　2007年）、『学力と教育課程の創造』（共著　同時代社　2013年）、『戦後日本の教育実践―戦後教育史像の再構築をめざして―』（共著　三恵社　2013年）

滋賀の教育史―寺子屋・藩校から小学校へ―

2015年11月25日　第1刷発行

著　者　木全清博
発行者　黒川美富子
発行所　図書出版　文理閣
京都市下京区七条河原町西南角 〒600-8146
電話（075）351-7553　FAX（075）351-7560
http://www.bunrikaku.com
印　刷　新日本プロセス株式会社

ISBN978-4-89259-776-3